本书系国家社会科学基金重大项目"民间规范与地方立法研究（16ZDA069）"的阶段性成果

教育部哲学社会科学研究重大课题攻关项目"粤港澳大湾区法律建设研究"（20JZD019）的阶段性成果

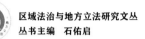区域法治与地方立法研究文丛
丛书主编　石佑启

地方智库报告
Local Think Tank

中国地方立法蓝皮书

广东省地方立法年度观察报告〔2021〕

GUANGDONGSHENG DIFANG LIFA NIANDU GUANCHA BAOGAO (2021)

主编　石佑启　朱最新

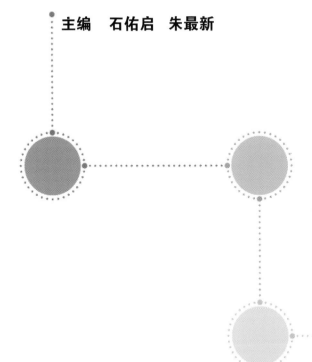

中国社会科学出版社

图书在版编目（CIP）数据

中国地方立法蓝皮书. 广东省地方立法年度观察报告. 2021 / 石佑启，朱最新主编. —北京：中国社会科学出版社，2021.8
ISBN 978 - 7 - 5203 - 8694 - 4

Ⅰ.①中…　Ⅱ.①石…②朱…　Ⅲ.①地方法规—立法—研究报告—广东—2021　Ⅳ.①D927

中国版本图书馆 CIP 数据核字（2021）第 133928 号

出 版 人	赵剑英
责任编辑	许　琳
责任校对	鲁　明
责任印制	郝美娜

出　　版	中国社会科学出版社
社　　址	北京鼓楼西大街甲 158 号
邮　　编	100720
网　　址	http://www.csspw.cn
发 行 部	010 - 84083685
门 市 部	010 - 84029450
经　　销	新华书店及其他书店

印　　刷	北京君升印刷有限公司
装　　订	廊坊市广阳区广增装订厂
版　　次	2021 年 8 月第 1 版
印　　次	2021 年 8 月第 1 次印刷

开　　本	710×1000　1/16
印　　张	13.75
插　　页	2
字　　数	231 千字
定　　价	78.00 元

前　言

　　法律是治国之重器，良法是善治之前提。建设中国特色社会主义法治体系，必须坚持立法先行，发挥立法的引领和推动作用，抓住提高立法质量这个关键。要恪守以民为本、立法为民理念，贯彻社会主义核心价值观，使每一项立法都符合宪法精神，反映人民意志，得到人民拥护。地方立法既是国家法律的具体化，也是地方事务的法制化。在地方立法深入推进，特别是 2015 年修改的《中华人民共和国立法法》（以下简称《立法法（2015）》）授予设区的市地方立法权后，提高地方立法质量，发挥地方立法在统筹社会力量、平衡社会利益、调整社会关系、规范社会行为的功能和作用显得尤为重要。广东是改革开放的先行区，也是最早享有地方立法权的地区。为了适应全面深化改革、全面依法治国的要求，总结广东省地方立法情况，深入探讨新形势下进一步完善地方立法制度、提高地方立法质量和效率的有效途径，积极推进地方立法工作的改革创新，充分发挥地方立法的引领和推动作用，广东外语外贸大学区域一体化法治研究中心（即广东省地方立法研究评估与咨询服务基地）自 2015 年以来连续 6 年公开发行《中国地方立法蓝皮书：广东省地方立法年度观察报告》（以下简称《年度观察报告》）。《年度观察报告（2014）》侧重于定性研究。2016年起，《年度观察报告》主要侧重于定量分析，设计了包括立法程序、立法结果、立法内容、立法公开、立法优化 5 个一级指标，立法程序的制定与执行等 17 个二级指标，是否广泛向社会公开征求立法项目等 34 个三级指标的广东人大立法法治评估指标体系，以及包括立法程序、立法结果、立法内容、立法公开、立法优化 5 个一级指标，规章制定工作计划等 17个二级指标，是否有规章制定工作计划等 32 个三级指标的广东政府立法法治评估指标体系等两大指标体系，并根据两大指标体系进行年度观察。《年度观察报告》的两大指标体系对地方立法实践产生了重大影响。广东省不少设区的市地方立法都是根据《年度观察报告》两大指标体系来规范相关地方立法活动，提高地方立法质量。《年度观察报告》对提高广东省地方立法质量和效率发挥了应有的效用。然而，随着实践的发展，广东地方立法日益民主化、规范化、科学化、法治化，有些评估中发现的问题并非通过第三方评估本身可以解决，因而《年度观察报告》边际效益近年来出现递减。为了更好发挥地方立法第三方评估的作用，及时发现、总结广东地方立法创新经验，《年度观察报告》在总体观察的基础上增加了经验分享的板块。为此，在广东省法学会领导下，基地开展了"广东省首届地方立法实践优秀研究作品评选活动"，诚邀广东省内立法实务工作者、专家学者紧扣地方立法创新实践，对广东地方立法实际情况进行理论总结，并从征文中遴选10篇优秀论文作为经验分享。这次改版后效应如何还有待实践的验证。欢迎社会各界，尤其是广东省、各设区的市的立法机关对《广东省地方立法年度观察报告（2021）》存在的疏漏、问题与不足提出批评指正，也敬请社会各界，尤其是广东省、各设区的市的立法机关对《广东省地方立法年度观察报告》的研究继续提供更多的支持与帮助。在此，对参与"广东省首届地方立法实践优秀作品征文活动"评选工作的冯玉军（中国人民大学）、贺海仁（中国社会科学院）、钟永明（广东省人大常委会法工委）、李琼（广东省人大常委会法工委）、林楚炎（广东省司法厅）、董皞（广州大学）、邓世豹（广东财经大学）、王权典（华南农业大学）、姜滨（广东省法学会）、钟惋曼（广东省法学会）等领导、专家的辛苦付出表示衷心的感谢！也对一直以来支持、关心、爱护、帮助《广东省地方立法年度观察报告》成长的各位领导、专家、学者、立法机关的工作人员表示诚挚的感谢！

目　　录

上编　总体观察编

下编　经验分享编

上编　总体观察编

第一章

广东人大及其常委会
立法观察报告（2021）

廖衡　谢宇*

一　广东人大及其常委会立法状况

在人大立法方面，广东省现有省人大及其常委会，广州、深圳、佛山、东莞、中山、珠海、江门、肇庆、惠州、汕头、潮州、揭阳、汕尾、湛江、茂名、阳江、云浮、韶关、清远、梅州、河源等21个地级以上市的人大及其常委会，乳源瑶族自治县、连山壮族瑶族自治县、连南瑶族自治县等3个民族区域自治地方人大，共25个立法主体。总体来看，2020年广东人大及其常委会根据党中央决策部署和省委"1＋1＋9"工作部署，分解落实省十三届人大常委会立法规划，围绕中心大局，对立法工作作了科学合理地安排，积极回应了人大代表和人民群众关切，抓住立法质量等关键问题，发挥了立法引领、推动、规范和保障作用，有力地促进了经济社会发展和改革攻坚任务的完成。

（一）广东省人大及其常委会立法状况

2020年，广东省人大及其常委会共制定、修改了20件地方性法规和法规性决定。其中，制定地方性法规共8件，分别是《广东省学校安全条例》《广东省促进民族地区发展条例》《广东省标准化条例》《广东省不设区的市和市

* 廖衡，广东外语外贸大学法学院2019级法律硕士研究生；谢宇，广东外语外贸大学广东省地方立法研究评估与咨询服务基地专职研究员，法学博士。

辖区人民代表大会常务委员会街道工作委员会工作条例》《广东省实施〈中华人民共和国反家庭暴力法〉办法》《广东省水污染防治条例》《广东省高危险性体育项目经营活动管理规定》《广东省绿色建筑条例》；修改地方性法规共9件，分别是《广东省野生动物保护管理条例》《广东省宗教事务条例》《广东省规章设定罚款限额规定》《广东省村民委员会选举办法》《广东省林地保护管理条例》《广东省志愿服务条例》《广东省湿地保护条例》《广东省城乡生活垃圾管理条例》《广东省促进科学技术进步条例》。颁布法规性决定共3件。

此外，广东省人大及其常委会还有11件法规正在向社会征求意见中，分别是《广东省社会信用条例》《广东省工艺美术保护和发展条例》《广东省科学技术普及条例》《广东省中医药条例》《广东省革命遗址保护条例》《广东省外商投资权益保护条例》《广东省人力资源市场条例》《广东省生态环境教育条例》《广东省文明行为促进条例》、《广东省市场监管条例》（新修）、《广东省失业保险条例》（新修）；有4件法规已经通过一审，分别是《广东省深汕特别合作区发展条例》《广东省生态公益林条例》《广东省科学技术普及条例》《广东省各级人民代表大会代表建议、批评和意见办理规定》（新修）。

表1-1　　　　　　　　广东省人大及其常委会立法状况

广东省人大及其常委会立法状况	计划数	继续审议的法规案8件，初次审议的法规案16件，预备审议项目28件
	征求意见数（11）	《广东省社会信用条例》
		《广东省工艺美术保护和发展条例》
		《广东省科学技术普及条例》
		《广东省中医药条例》
		《广东省革命遗址保护条例》
		《广东省外商投资权益保护条例》
		《广东省人力资源市场条例》
		《广东省生态环境教育条例》
		《广东省文明行为促进条例》
		《广东省市场监管条例》（新修）
		《广东省失业保险条例》（新修）
	一审数（4）	《广东省深汕特别合作区发展条例》
		《广东省生态公益林条例》
		《广东省科学技术普及条例》
		《广东省各级人民代表大会代表建议、批评和意见办理规定》（新修）

	二审数	暂无数据
广东省人大及其常委会立法状况	通过数（20）	《广东省人民代表大会常务委员会关于依法防控新型冠状病毒肺炎疫情切实保障人民群众生命健康安全的决定》（2020年2月11日） 《广东省学校安全条例》（2020年4月29日） 《广东省促进民族地区发展条例》（2020年4月29日） 《广东省标准化条例》（2020年7月29日） 《广东省不设区的市和市辖区人民代表大会常务委员会街道工作委员会工作条例》（2020年7月29日） 《广东省实施〈中华人民共和国反家庭暴力法〉办法》（2020年7月29日） 《广东省资源税具体适用税率等事项的决定》（2020年7月29日） 《广东省人民代表大会常务委员会关于加强检察公益诉讼工作的决定》（2020年7月29日） 《广东省水污染防治条例》（2020年11月27日） 《广东省高危险性体育项目经营活动管理规定》（2020年11月27日） 《广东省绿色建筑条例》（2020年11月27日） 《广东省野生动物保护管理条例》（新修）（2020年3月31日） 《广东省宗教事务条例》（新修）（2020年4月29日） 《广东省规章设定罚款限额规定》（新修）（2020年7月29日） 《广东省村民委员会选举办法》（新修）（2020年9月29日） 《广东省林地保护管理条例》（新修）（2020年9月29日） 《广东省志愿服务条例》（新修）（2020年11月27日） 《广东省湿地保护条例》（新修）（2020年11月27日） 《广东省城乡生活垃圾管理条例》（新修）（2020年11月27日） 《广东省促进科学技术进步条例》（新修）（2020年11月27日）

注：本表根据广东省人大常委会门户网站、省人民政府门户网站和省司法厅门户网站的相关数据整理而成，截止日期2020年12月31日。

（二）地级以上市人大及其常委会立法状况

2020年，广东各地级以上市人大及其常委会亦积极开展地方人大立法工作，共制定了50件地方性法规，修改了12件地方性法规，51件地方性法规正在向社会征求意见中，9件地方性法规通过了一审，10件地方性法规通过了二审。

1. 广州市人大及其常委会立法状况

广州市人大及其常委会制定了《广州市禁止滥食野生动物条例》《广州市文明行为促进条例》《广州市房屋租赁管理规定》《广州市烟花爆竹

安全管理规定》《广州市物业管理条例》《广州市优化营商环境条例》《广州市幼儿园条例》《广州市科技创新促进条例》；《广州市慈善促进条例》《广州市排水管理条例》（新修）、《广州市养犬管理条例》（新修）、《广州市地名管理条例》（新修）正在向社会征求意见中；《广州临空经济示范区条例》通过了一审，详见表 1 - 2。

表 1 - 2　　　　　　　　广州市人大及其常委会立法状况①

广州市人大及其常委会立法状况	计划数	正式项目 17 项，预备项目 13 件
	征求意见数（4）	《广州市慈善促进条例》
		《广州市排水管理条例》（新修）
		《广州市养犬管理条例》（新修）
		《广州市地名管理条例》（新修）
	一审数（1）	《广州临空经济示范区条例》
	二审数	暂无数据
	通过数（8）	《广州市禁止滥食野生动物条例》（2020 年 4 月 29 日）
		《广州市文明行为促进条例》（2020 年 6 月 30 日）
		《广州市房屋租赁管理规定》（2020 年 7 月 29 日）
		《广州市烟花爆竹安全管理规定》（2020 年 7 月 29 日）
		《广州市物业管理条例》（2020 年 10 月 28 日）
		《广州市优化营商环境条例》（2020 年 10 月 28 日）
		《广州市幼儿园条例》（2020 年 11 月 27 日）
		《广州市科技创新促进条例》（2020 年 12 月 30 日）

2. 深圳市人大及其常委会立法状况

深圳市人大及其常委会制定了《深圳经济特区全面禁止食用野生动物条例》《深圳经济特区平安建设条例》《深圳经济特区电梯使用安全若干规定》《深圳经济特区科技创新条例》《深圳经济特区生态环境公益诉讼若干规定》《深圳经济特区前海蛇口自由贸易试验片区条例》《深圳经济特区个人破产条例》《深圳国际仲裁院条例》《深圳经济特区突发公共卫生事件应急条例》《深圳经济特区绿色金融条例》《深圳经济特区优化营商环境条例》《深圳经济特区健康条例》《深圳经济特区排水条例》《深圳

---

① 本表根据广州市人大常委会、市人民政府和市司法局门户网站的相关数据整理而成，截止日期 2020 年 12 月 31 日，以下各市相同。

经济特区商事登记若干规定》《深圳经济特区养老服务条例》《深圳经济
特区城市更新条例》；修改了《深圳经济特区出租小汽车管理条例》《深
圳经济特区知识产权保护条例》《深圳经济特区前海深港现代服务业合作
区条例》《深圳经济特区社会养老保险条例》；《深圳经济特区职业技能鉴
定条例》（新修）、《深圳经济特区生态环境保护条例》《深圳经济特区税
收管理和信息共享保障条例》《深圳经济特区企业国有资产监督管理条例》
《深圳经济特区互联网租赁自行车管理若干规定》《深圳经济特区职业教育
条例》《深圳经济特区安全生产监督管理条例》《深圳经济特区公共图书
馆条例》（新修）、《深圳经济特区和谐劳动关系促进条例》（新修）正在向
社会征求意见中；《深圳经济特区数据条例》通过了一审。详见表1-3。

表1-3 **深圳市人大及其常委会立法状况**

	计划数	继续审议项目1项，拟新提交审议项目31项，预备项目33项
深圳市人大及其常委会立法状况	征求意见数（9）	《深圳经济特区职业技能鉴定条例》（新修） 《深圳经济特区生态环境保护条例》 《深圳经济特区税收管理和信息共享保障条例》 《深圳经济特区企业国有资产监督管理条例》 《深圳经济特区互联网租赁自行车管理若干规定》 《深圳经济特区职业教育条例》 《深圳经济特区安全生产监督管理条例》 《深圳经济特区公共图书馆条例》（新修） 《深圳经济特区和谐劳动关系促进条例》（新修）
	一审数（1）	《深圳经济特区数据条例》
	二审数	暂无数据
	通过数（20）	《深圳经济特区全面禁止食用野生动物条例》（2020年3月31日） 《深圳经济特区出租小汽车管理条例》（新修）（2020年6月15日） 《深圳经济特区知识产权保护条例》（新修）（2020年6月30日） 《深圳经济特区平安建设条例》（2020年6月30日） 《深圳经济特区电梯使用安全若干规定》（2020年6月30日） 《深圳经济特区科技创新条例》（2020年8月26日） 《深圳经济特区生态环境公益诉讼若干规定》（2020年8月26日） 《深圳经济特区前海蛇口自由贸易试验片区条例》（2020年8月26日） 《深圳经济特区个人破产条例》（2020年8月26日） 《深圳国际仲裁院条例》（2020年8月26日） 《深圳经济特区突发公共卫生事件应急条例》（2020年8月26日） 《深圳经济特区前海深港现代服务业合作区条例》（新修）（2020年8月26日）

深圳市人大及其常委会立法状况	《深圳经济特区绿色金融条例》（2020 年 10 月 29 日） 《深圳经济特区优化营商环境条例》（2020 年 10 月 29 日） 《深圳经济特区健康条例》（2020 年 10 月 29 日） 《深圳经济特区排水条例》（2020 年 10 月 29 日） 《深圳经济特区商事登记若干规定》（2020 年 10 月 29 日） 《深圳经济特区养老服务条例》（2020 年 11 月 8 日） 《深圳经济特区城市更新条例》（2020 年 12 月 30 日） 《深圳经济特区社会养老保险条例》（新修）（2020 年 12 月 30 日）

3. 佛山市人大及其常委会立法状况

佛山市人大及其常委会制定了《佛山市流动人口居住登记条例》；《佛山市文明行为促进条例》正在向社会征求意见；《佛山市河涌水污染防治条例》通过了一审；《佛山市住宅物业管理条例》《佛山市流动人口居住登记条例》通过了二审。见表 1 - 4。

表 1 - 4　　　　　　　　　　**佛山市人大及其常委会立法状况**

佛山市人大及其常委会立法状况	计划数	正式项目 3 件，预备项目 1 件（调整后）
	征求意见数（1）	《佛山市文明行为促进条例》
	一审数（1）	《佛山市河涌水污染防治条例》
	二审数（2）	《佛山市住宅物业管理条例》 《佛山市流动人口居住登记条例》
	通过数（1）	《佛山市流动人口居住登记条例》（2020 年 10 月 30 日）

4. 东莞市人大及其常委会立法状况

东莞市人大及其常委会制定了《东莞市养犬管理条例》；《东莞市电动自行车管理条例》《东莞市气象灾害防御条例》正在向社会征求意见中；《东莞市户外广告设施和招牌设置管理条例》通过了一审。见表 1 - 5。

表1-5 东莞市人大及其常委会立法状况

东莞市人大及其常委会立法状况	计划数	提请常委会审议的法规案2件
	征求意见数(2)	《东莞市电动自行车管理条例》 《东莞市气象灾害防御条例》
	一审数(1)	《东莞市户外广告设施和招牌设置管理条例》
	二审数	暂无数据
	通过数(1)	《东莞市养犬管理条例》(2020年9月29日)

5. 中山市人大及其常委会立法状况

中山市人大及其常委会未制定、修改地方性法规,《中山市慈善万人行促进条例》《中山市人才促进条例》正在向社会征求意见中,《中山市未成年人托管服务条例》通过了二审。见表1-6。

表1-6 中山市人大及其常委会立法状况

中山市人大及其常委会立法状况	计划数	继续审议法规案1件,启动起草工作,年内按计划提请常委会审议法规案2件
	征求意见数(2)	《中山市慈善万人行促进条例》 《中山市人才促进条例》
	一审数	暂无数据
	二审数(1)	《中山市未成年人托管服务条例》
	通过数	暂无数据

6. 珠海市人大及其常委会立法状况

珠海市人大及其常委会制定了《珠海经济特区禁止食用野生动物条例》《珠海经济特区生活垃圾分类管理条例》《珠海经济特区港澳旅游从业人员在横琴新区执业规定》;修改了《珠海经济特区生态文明建设促进条例》《珠海经济特区出租车管理条例》《珠海市环境保护条例》《珠海市服务业环境管理条例》《珠海经济特区安全生产条例》《珠海市森林防火条例》《珠海经济特区土地管理条例》《珠海经济特区前山河流域管理条例》;《珠海经济特区横琴新区条例》(新修)、《市人大常委会关于优化珠海市营商环境的决定》《珠海市文明行为条例》《珠海经济特区科技创新促进条例》(新修)、《珠海经济特区停车场建设与管理条例》《珠海经济特区海域海岛保护条例》（新修）、《珠海经济特区无居民海岛开发利用管理规定》（新修）、《珠海市供水用水管理条例》（新修）、《珠海国际仲裁院条例》《珠海经济特区城市更新条例》《珠海经济特区历史文化名镇保护条例》正在向社会征求意见中。见表1-7。

表1-7　　　　　　　　　　珠海市人大及其常委会立法状况

珠海市人大及其常委会立法状况	计划数	拟提请市人大常委会审议项目24项，预备项目7项，调研项目6项
	征求意见数（11）	《珠海经济特区横琴新区条例》（新修） 《市人大常委会关于优化珠海市营商环境的决定》 《珠海市文明行为条例》 《珠海经济特区科技创新促进条例》（新修） 《珠海经济特区停车场建设与管理条例》 《珠海经济特区海域海岛保护条例》（新修） 《珠海经济特区无居民海岛开发利用管理规定》（新修） 《珠海市供水用水管理条例》（新修） 《珠海国际仲裁院条例》 《珠海经济特区城市更新条例》 《珠海经济特区历史文化名镇保护条例》
	一审数	暂无数据
	二审数	暂无数据
	通过数（11）	《珠海经济特区生态文明建设促进条例》（新修）（2020年3月31日） 《珠海经济特区禁止食用野生动物条例》（2020年3月31日） 《珠海经济特区生活垃圾分类管理条例》（2020年9月29日） 《珠海经济特区出租车管理条例》（新修）（2020年5月27日） 《珠海市环境保护条例》（新修）（2020年5月27日） 《珠海市服务业环境管理条例》（新修）（2020年5月27日） 《珠海经济特区港澳旅游从业人员在横琴新区执业规定》（2020年9月29日） 《珠海经济特区安全生产条例》（新修）（2020年11月27日） 《珠海市森林防火条例》（新修）（2020年11月27日） 《珠海经济特区土地管理条例》（新修）（2020年11月27日） 《珠海经济特区前山河流域管理条例》（新修）（2020年11月27日）

7. 江门市人大及其常委会立法状况

江门市人大及其常委会制定了《江门市历史文化街区和历史建筑保护条例》;《江门市文明行为促进条例》正在向社会征求意见中。见表1-8。

表1-8　　　　　　　　**江门市人大及其常委会立法状况**

江门市人大及其常委会立法状况	计划数	继续审议1项,提请初次审议1项,预备项目2项,调研项目1项
	征求意见数(1)	《江门市文明行为促进条例》
	一审数	暂无数据
	二审数	暂无数据
	通过数(1)	《江门市历史文化街区和历史建筑保护条例》(2020年8月28日)

8. 肇庆市人大及其常委会立法状况

肇庆市人大及其常委会制定了《肇庆市星湖风景名胜区七星岩景区保护管理条例》;《肇庆市城市生活垃圾分类管理条例》《肇庆市农村人居环境治理条例》《肇庆市供用电设施保护条例》正在向社会征求意见中。见表1-9。

表1-9　　　　　　　　**肇庆市人大及其常委会立法状况**

肇庆市人大及其常委会立法状况	计划数	初次审议项目2项,继续审议项目1,预备项目2项
	征求意见数(3)	《肇庆市城市生活垃圾分类管理条例》《肇庆市农村人居环境治理条例》《肇庆市供用电设施保护条例》
	一审数	暂无数据
	二审数	暂无数据
	通过数(1)	《肇庆市星湖风景名胜区七星岩景区保护管理条例》(2020年9月8日)

9. 惠州市人大及其常委会立法状况

惠州市人大及其常委会制定了《惠州市扬尘污染防治条例》;《惠州市文明行为促进条例》《惠州市城市养犬管理条例》《惠州市物业管理条例》正在向社会征求意见中;《惠州市市容和环境卫生管理条例》通过了二审。见表1-10。

表 1 - 10   **惠州市人大及其常委会立法状况**

惠州市人大及其常委会立法状况	计划数	审议项目 4 件，预备项目 2 件
	征求意见数（3）	《惠州市文明行为促进条例》 《惠州市城市养犬管理条例》 《惠州市物业管理条例》
	一审数	暂无数据
	二审数（1）	《惠州市市容和环境卫生管理条例》
	通过数（1）	《惠州市扬尘污染防治条例》（2020 年 9 月 29 日）

10. 汕头市人大及其常委会立法状况

汕头市人大及其常委会制定了《汕头经济特区文明行为促进条例》《汕头经济特区城市绿化条例》；《汕头市防御雷电灾害条例》（新修）、《汕头经济特区出租汽车客运条例》（新修）、《关于促进和保障亚青会筹备和举办工作的决定》《汕头经济特区道路交通安全条例》（新修）、《汕头市环境噪声污染防治条例》（新修）、《汕头市生活垃圾分类管理条例》正在向社会征求意见中。见表 1 - 11。

表 1 - 11   **汕头市人大及其常委会立法状况**

汕头市人大及其常委会立法状况	计划数	继续审议项目 3 件，拟提请审议项目 6 件，调研预备项目 3 件
	征求意见数（6）	《汕头市防御雷电灾害条例》（新修） 《汕头经济特区出租汽车客运条例》（新修） 《关于促进和保障亚青会筹备和举办工作的决定》 《汕头经济特区道路交通安全条例》（新修） 《汕头市环境噪声污染防治条例》（新修） 《汕头市生活垃圾分类管理条例》
	一审数	暂无数据
	二审数	暂无数据
	通过数（2）	《汕头经济特区文明行为促进条例》（2020 年 8 月 13 日） 《汕头经济特区城市绿化条例》（2020 年 10 月 28 日）

11. 潮州市人大及其常委会立法状况

潮州市人大及其常委会制定了《潮州市凤凰山区域生态环境保护条例》《潮州市畲族文化保护条例》；《潮州市传统工艺美术促进条例》正在

向社会征求意见中。见表 1 – 12。

表 1 – 12　　　　　　　**潮州市人大及其常委会立法状况**

潮州市人大及其常委会立法状况	计划数	正式项目共 3 件，预备项目共 2 件
	征求意见数（1）	《潮州市传统工艺美术促进条例》
	一审数	暂无数据
	二审数	暂无数据
	通过数（2）	《潮州市凤凰山区域生态环境保护条例》（2020 年 8 月 24 日）《潮州市畲族文化保护条例》（2020 年 12 月 30 日）

12. 揭阳市人大及其常委会立法状况

揭阳市人大及其常委会制定了《揭阳市市容管理条例》；《揭阳市烟花爆竹燃放安全管理条例》正在向社会征求意见中；《揭阳市物业管理条例》通过了一审。见表 1 – 13。

表 1 – 13　　　　　　　**揭阳市人大及其常委会立法状况**

揭阳市人大及其常委会立法状况	计划数	共安排 4 件法规项目，继续审议项目 2 件，正式项目 1 件，预备项目 1 件
	征求意见数（1）	《揭阳市烟花爆竹燃放安全管理条例》
	一审数（1）	《揭阳市物业管理条例》
	二审数	暂无数据
	通过数（1）	《揭阳市市容管理条例》（2020 年 7 月 30 日）

13. 汕尾市人大及其常委会立法状况

汕尾市人大及其常委会制定了《汕尾市海砂资源保护条例》《汕尾市扬尘污染防治条例》《汕尾市居住出租房屋安全管理条例》；《汕尾市城乡生活垃圾分类管理条例》正在向社会征求意见中；《汕尾市电力设施保护和供用电秩序维护条例》通过了二审。见表 1 – 14。

表1-14 **汕尾市人大及其常委会立法状况**

汕尾市人大及其常委会立法状况	计划数	继续审议的法规案3件，初次审议的法规案2件，预备审议项目2件
	征求意见数（1）	《汕尾市城乡生活垃圾分类管理条例》
	一审数	暂无数据
	二审数（1）	《汕尾市电力设施保护和供用电秩序维护条例》
	通过数（3）	《汕尾市海砂资源保护条例》（2020年9月1日）《汕尾市扬尘污染防治条例》（2020年9月1日）《汕尾市居住出租房屋安全管理条例》（2020年9月29日）

14. 湛江市人大及其常委会立法状况

湛江市人大及其常委会制定了《湛江市鹤地水库水质保护条例》；《湛江湾保护条例》通过了一审。见表1-15。

表1-15 **湛江市人大及其常委会立法状况**

湛江市人大及其常委会立法状况	计划数	2020年度安排4件法规项目，提请初次审议的法规案1件，继续审议的法规案1件，预备审议项目2件
	征求意见数	暂无数据
	一审数（1）	《湛江湾保护条例》
	二审数	暂无数据
	通过数（1）	《湛江市鹤地水库水质保护条例》（2020年12月28日）

15. 茂名市人大及其常委会立法状况

茂名市人大及其常委会制定了《茂名市烟花爆竹燃放安全管理条例》《茂名市危险化学品道路运输管理条例》《茂名市村庄规划建设管理条例》；《茂名市生活垃圾分类管理条例》《茂名市野外用火管理条例》正在向社会征求意见中。见表1-16。

表1-16 **茂名市人大及其常委会立法状况**

茂名市人大及其常委会立法状况	计划数	共安排8件法规项目，其中，继续审议项目3件，初次审议项目2件，预备项目3件（调整后）
	征求意见数（2）	《茂名市生活垃圾分类管理条例》《茂名市野外用火管理条例》

续表

茂名市人大及其常委会立法状况	一审数	暂无数据
	二审数	暂无数据
	通过数（3）	《茂名市烟花爆竹燃放安全管理条例》（2020年6月23日） 《茂名市危险化学品道路运输管理条例》（2020年8月27日） 《茂名市村庄规划建设管理条例》（2020年11月27日）

16. 阳江市人大及其常委会立法状况

阳江市人大及其常委会制定了《阳江市公园绿地管理条例》;《阳江市扬尘污染防治条例》通过了一审。见表1-17。

表1-17   **阳江市人大及其常委会立法状况**

阳江市人大及其常委会立法状况	计划数	2020年度官网未公示明确计划
	征求意见数	暂无数据
	一审数（1）	《阳江市扬尘污染防治条例》
	二审数	暂无数据
	通过数（1）	《阳江市公园绿地管理条例》（2020年10月29日）

17. 云浮市人大及其常委会立法状况

云浮市人大及其常委会制定了《云浮市石材生产加工污染环境防治条例》;《云浮市文明行为促进条例》正在向社会征求意见中;《云浮市生活垃圾分类管理条例》《云浮市村庄规划建设管理条例》通过了一审。见表1-18。

表1-18   **云浮市人大及其常委会立法状况**

云浮市人大及其常委会立法状况	计划数	共安排5件法规项目，继续审议法规案2件，提请初次审议法规案2件，预备审议项目1件（调整后）
	征求意见数（1）	《云浮市文明行为促进条例》
	一审数（2）	《云浮市生活垃圾分类管理条例》《云浮市村庄规划建设管理条例》
	二审数	暂无数据
	通过数（1）	《云浮市石材生产加工污染环境防治条例》（2020年10月21日）

18. 韶关市人大及其常委会立法状况

韶关市人大及其常委会制定了《韶关市文明行为促进条例》;《韶关市

农村住房建设管理条例》《韶关市建筑垃圾管理条例》通过了二审。见表
1－19。

表 1－19　　　　　　　　　　**韶关市人大及其常委会立法状况**

韶关市人大及其常委会立法状况	计划数	2020 年度官网未公示明确计划
	征求意见数	暂无数据
	一审数	暂无数据
	二审数（2）	《韶关市农村住房建设管理条例》《韶关市建筑垃圾管理条例》
	通过数（1）	《韶关市文明行为促进条例》（2020 年 6 月 12 日）

19. 清远市人大及其常委会立法状况

清远市人大及其常委会制定了《清远市文明行为促进条例》；《清远市
住宅物业小区管理条例》正在向社会征求意见中；《清远市城市生活垃圾
处理条例》通过了二审。见表 1－20。

表 1－20　　　　　　　　　　**清远市人大及其常委会立法状况**

清远市人大及其常委会立法状况	计划数	2020 年度官网未公示明确计划
	征求意见数（1）	《清远市住宅物业小区管理条例》
	一审数	暂无数据
	二审数（1）	《清远市城市生活垃圾处理条例》
	通过数（1）	《清远市文明行为促进条例》（2020 年 8 月 24 日）

20. 梅州市人大及其常委会立法状况

梅州市人大及其常委会制定了《梅州市红色资源保护条例》；《梅州市
农村生活垃圾处理条例》正在向社会征求意见中。见表 1－21。

表 1－21　　　　　　　　　　**梅州市人大及其常委会立法状况**

梅州市人大及其常委会立法状况	计划数	继续安排审议的法规案 1 件，提请常委会初次审议的法规案 1 件，预备项目 2 件
	征求意见数（1）	《梅州市农村生活垃圾处理条例》
	一审数	暂无数据
	二审数	暂无数据
	通过数（1）	《梅州市红色资源保护条例》（2020 年 9 月 27 日）

21. 河源市人大及其常委会立法状况

河源市人大及其常委会制定了《河源市革命旧址保护条例》;《河源市扬尘污染防治条例》正在向社会征求意见中。见表 1 – 22。

表 1 – 22　　　　　　　　**河源市人大及其常委会立法状况**

河源市人大及其常委会立法状况	计划数	2020 年拟安排 3 件法规项目,其中正式项目 2 件,预备项目 1 件
	征求意见数(1)	《河源市扬尘污染防治条例》
	一审数	暂无数据
	二审数	暂无数据
	通过数(1)	《河源市革命旧址保护条例》(2020 年 11 月 27 日)

(三) 自治县人大立法状况

相较于省人大及其常委会和各地级以上市人大及其常委会的立法工作而言,民族自治县的立法工作显得十分薄弱。2020 年,民族自治县共制定了 1 件地方性法规。

1. 乳源瑶族自治县人大立法状况

经过网络检索,并未检索到乳源瑶族自治县 2020 年立法计划,也未检索到其相关立法信息。见表 1 – 23。

表 1 – 23　　　　　　　　**乳源瑶族自治县人大立法状况**

乳源瑶族自治县人大立法状况	计划数	2020 年度官网未公示明确计划
	征求意见数	暂无数据
	一审数	暂无数据
	二审数	暂无数据
	通过数	暂无数据

2. 连山壮族瑶族自治县人大立法状况

经过网络检索,并未检索到连山壮族瑶族自治县 2020 年立法计划,但检索到其于 2020 年 5 月 28 日通过了《连山壮族瑶族自治县有机稻产业发展条例》。见表 1 – 24。

表 1－24　　　　　　　　　**连山壮族瑶族自治县人大立法状况**

连山壮族瑶族自治县人大立法状况	计划数	2020 年度官网未公示明确计划
	征求意见数	暂无数据
	一审数	暂无数据
	二审数	暂无数据
	通过数（1）	《连山壮族瑶族自治县有机稻产业发展条例》（2020 年 5 月 28 日）

3. 连南瑶族自治县人大立法状况

经过网络检索，并未检索到连南瑶族自治县 2020 年立法计划，也未检索到其相关立法信息。见表 1－25。

表 1－25　　　　　　　　　**连南瑶族自治县人大立法状况**

连南瑶族自治县人大立法状况	计划数	2020 年度官网未公示明确计划
	征求意见数	暂无数据
	一审数	暂无数据
	二审数	暂无数据
	通过数	暂无数据

二　广东人大及其常委会立法的特色与亮点

（一）注重重要领域立法

2020 年，广东人大及其常委会充分聚焦法律制度的空白点和冲突点，统筹谋划和整体推进立改废释各项工作，加快建立健全国家治理急需、满足人民日益增长的美好生活需要必备的法律制度。具体体现在以下方面：（1）在新冠肺炎疫情防控领域，广州市人大及其常委会制定了《广州市禁止滥食野生动物条例》，深圳市人大及其常委会制定了《深圳经济特区全面禁止食用野生动物条例》《深圳经济特区突发公共卫生事件应急条例》，珠海市人大及其常委会制定了《珠海经济特区禁止食用野生动物条例》等，填补疫情防控的制度缺漏。（2）在优化营商环境领域，广州、深圳充分利用地方立法权，分别制定了《广州市优化营商环境条例》和《深圳经济特区优化营商环境条例》，为营造稳定、透明、可预期和公平竞争的国际一流营商环境，推进治理体系和治理能力现代化提供法治化保障。（3）在文明行为倡导领域，各地级以上市人大及其常委会充分发挥立法权限，结合自身实际制定了《广州市文明行为促进条例》《汕头经济特区文明行为促进条例》《韶关市文明行为促进条例》《清远市文明行为促进条例》等，此外，还有《广东省文明行为促进条例》《珠海市文明行为条例》《江门市文明行为促进条例》《惠州市文明行为促进条例》等正在审议中。

（二）聚焦社会治理创新

为全力助推形成"双区驱动效应"，以改革创新精神加强涉粤港澳大湾区建设立法，广东人大及其常委会围绕疫情防控、高质量加快构建"一核一带一区"区域发展格局等重要工作，结合实际情况，在立法工作中进一步突出创新性，提升立法效率，有效推动了社会治理创新。例如，为及时有效应对疫情，广州市人大常委会仅用4天时间就率先出台疫情防控有关决定，同时迅速成立起草小组用时34天完成《广州市禁止滥食野生动物条例》制定工作。深圳市人大常委会则通过《深圳经济特区突发公共卫生事件应急条例》，成为疫情以来全国首部地方突发公共卫生应急条例。此外，深圳市人大及其常委会还不断发挥"立法试验田"作用，在全国率先推出多项有开创意义的法规，出台的《深圳经济特区科技创新条例》《深圳经济特区绿色金融条例》《深圳经济特区个人破产条例》《深圳国际仲裁院条例》均是相关领域首部法规。[①]

（三）强化监督提高质量

人民有所呼，立法有所应。立法监督是指国家权力机关依照法律赋予的权限，在创制法律、法规过程中，为保证法律、法规与宪法不相抵触，保证法律、法规的客观公正，保障立法工作的顺利进行而建立的制约监督

---

① 南方日报：《广东各地人大立法突出创新性》，http://jyrdw.gov.cn/newsshow.asp? Id＝1967，访问时间：2020年12月28日。

机制。围绕中心工作和民生问题，广东各地人大积极创新监督形式，提质增效：（1）广州市人大创设预算"三审"和专题审查制度，在全国率先实现预决算全过程闭环监督，建设预算联网监督系统经验被全国人大和省人大推广。（2）多级代表联动正成为广东各地人大监督的有效手段。例如，汕头市人大组织多级代表深入练江流域 18 个镇（街道）、349 个村（社区），挨家挨户深入村民代表家中与村民促膝长谈，了解掌握一手情况，形成联合调研视察专题报告，并组织党政领导赴练江驻点工作，亲身体验练江的污染程度和影响。（3）各地市人大不断完善代表联系群众制度。广东各地人大不断畅通社情民意反映和表达渠道，着重加强县乡（镇）人大工作和建设成果。例如，东莞在镇人大代表中适当增加非莞籍务工人大代表数量，肇庆在与广西接壤的乡镇设立省际人大代表联络站，协同推进区域协调发展。（4）代表票决制探索也逐步扩大覆盖面。目前，广东多地已在县乡（镇）两级探索民生实事项目代表票决制，部分地级以上市则在市县镇三级全面推行。不少地方在票决基础上，还组织代表对项目实施情况开展工作评议和满意度测评，使民生实事项目更加符合民需、贴近民意、惠及民众。

三　广东人大及其常委会立法未来展望

（一）充分行使立法权

《立法法》赋予设区的市立法权，是我国地方政治变革的迫切需要，不仅符合"地方改革于法有据"的现实要求，而且是对地方行政决策模式变革的呼唤。赋予设区的市立法权有利于发挥中央和地方两个积极性；有利于公民政治参与，扩大人民民主；有利于科学决策，杜绝和减少决策失误。2020 年，广东人大及其常委会在行使立法权上稍显不足。主要体现为：就民族自治地方立法而言，乳源瑶族自治县、连山壮族瑶族自治县、连南瑶族自治县 3 个民族自治地方，并未制定年度立法计划，立法相关信息也未能在网络公开；就各地级以上市立法而言，非珠三角地市立法较少，例如河源、梅州、阳江、湛江等粤北、粤西地区；就省人大及其常委会立法而言，存在需要立法但尚未立法的情况，例如广东 88 岁的阿婆被狗绳绊倒身亡①,虽然官方通报系意外事件,但应当通过立法来规范动物的饲养和管理,防患于未然。广东人大及其常委会在改革发展过程中要充分行使立法权,使立法工作适应改革开放和社会主义现代化建设要求,特别是要加强同民法典相关联、相配套的法规制度建设,不断总结实践经验,修改完善相关地方立法。

(二)完善立法体制机制

推进科学立法,关键是完善立法体制机制。党的十九届四中全会提出:"完善立法体制机制。坚持科学立法、民主立法、依法立法,完善党委领导、人大主导、政府依托、各方参与的立法工作格局,立改废释并举,不断提高立法质量和效率。"这为做好新时代立法工作指明了方向、明确了要求。从 2020 年情况来看,广东人大及其常委会在立法体制机制上还有待完善。主要存在以下问题:一是部分立法主体并未制定、公开年度立法计划,例如阳江、韶关、清远、乳源瑶族自治县、连山壮族瑶族自治县、连南瑶族自治县。二是部分立法主体制定的立法计划过于笼统、宏观,比如单纯罗列继续审议项目和预备项目等意义不大,有必要明确具体的执行时间节点。广东人大及其常委会有必要继续完善科学立法、民主立法、依法立法体制机制,在制定立法计划和公开方面下好"绣花针"功夫。首先,要制定详细的年度立法计划,标明具体实施的时间节点,例如一审、二审等时间,特殊情况可以进行调整、更改,例如佛山、茂名、云浮对立法计划进行了调整、更改;其次,制定的年度立法计划需要公开,在人大官网或政府官网等公开向社会征求意见,让更多公民有序参与立法工作,完善立法体制机制。

(三)继续提升立法效率

当今世界正经历百年未有之大变局,我国正处于实现中华民族伟大复兴关键时期,广东正迎来推进粤港澳大湾区建设和支持深圳先行示范区建设、支持广州实现老城市新活力的重大历史机遇。在此背景之下,广东人大及其常委会更需要主动作为,积极探索,继续提高立法效率。2020 年,

---

① 魏丽娜:《广东 88 岁老人被狗绳绊倒身亡 官方通报:系意外事件》,《广州日报》2020 年8 月 20 日。

受新冠肺炎疫情影响，部分人大及其常委会的年度立法计划并没有很好地贯彻落实，立法计划一度成为"一纸空文"，被束之高阁，一些领域又急需制定法规予以规范，"迟到"的立法将影响立法的效果。展望未来，广东人大及其常委会要在保证立法质量的前提下，加快工作步伐，对省委有要求、实践有需要、群众有期待的立法项目，要抓紧推进起草工作，及时提请省人大常委会审议，尽快补齐受疫情影响的"迟到"法规，以高效率立法配合高质量立法，保障和促进高质量发展。

第二章

广东政府立法观察报告(2021)

陈思彤　黄喆[*]

一　广东政府立法状况

在政府立法方面，广东省现有广东省政府、广州市政府、深圳市政府、佛山市政府、东莞市政府、中山市政府、珠海市政府、江门市政府、肇庆市政府、惠州市政府、汕头市政府、潮州市政府、揭阳市政府、汕尾市政府、湛江市政府、茂名市政府、阳江市政府、云浮市政府、韶关市政府、清远市政府、梅州市政府、河源市政府22个地方政府立法主体。随着《法治广东建设第二个五年规划（2016—2020年）》《广东省2020年全面依法治省工作要点》两份文件落地实施进入收官阶段，2020年以来，广东省及省内地级市政府在关键环节和重点领域的立法取得重大进展，规章清理工作有序推进。

（一）广东省政府立法状况

2020年，广东省政府共制定、修改了24件政府规章。其中，制定通过政府规章7件，分别是《广东省快递市场管理办法》《广东省行政规范性文件管理规定》《广东省城市轨道交通运营安全管理办法》《广东省安全生产责任保险实施办法》《广东省耕地质量管理规定》《广东省行政检查办法》《广东省科技计划项目监督规定》；修改通过政府规章17件，分

---

* 陈思彤，广东外语外贸大学法学院2019级法律硕士研究生；黄喆，广东外语外贸大学法学院副教授、广东省地方立法研究评估与咨询服务基地兼职研究员，法学博士。

别是《广东省地震重点监视防御区防震减灾工作管理办法》《广东省社会力量举办非学历高等教育管理办法》《广东省植物检疫实施办法》《广东省开平碉楼保护管理规定》《广东省人工鱼礁管理规定》《广东省民办社会福利机构管理规定》《广东省公共安全视频图像信息系统管理办法》《广东省西江广州引水工程管理办法》《广东省海上搜寻救助工作规定》《广东省省管水利枢纽管理办法》《广东省东深供水工程管理办法》《广东省碳排放管理试行办法》《广东省水权交易管理试行办法》《广东省森林和陆生野生动物类型自然保护区管理办法》《广东省节约用水办法》《广东省林地林木流转办法》《广东省自然灾害救助办法》。

此外，广东省政府有8件政府规章尚在向社会征求意见，分别是《广东省临时救助办法》《广东省国有建设用地地上地下空间确权登记暂行办法》《广东省特困人员救助供养工作规定》《广东省重大行政决策程序规定》《广东省异地商会登记管理办法》《广东省困难残疾人生活补贴和重度残疾人护理补贴实施办法》《广东省社区社会组织分类管理办法》《广东省网上中介服务超市管理办法》。见表2－1。

表2－1　　　　　　　　　　广东省政府立法状况

广东省政府立法状况	计划数	计划年内完成规章制定项目9件，规章预备项目10件
	制定通过数（7）	《广东省快递市场管理办法》
		《广东省行政规范性文件管理规定》
		《广东省城市轨道交通运营安全管理办法》
		《广东省安全生产责任保险实施办法》
		《广东省耕地质量管理规定》
		《广东省行政检查办法》
		《广东省科技计划项目监督规定》
	修改通过数（17）	《广东省地震重点监视防御区防震减灾工作管理办法》
		《广东省社会力量举办非学历高等教育管理办法》
		《广东省植物检疫实施办法》
		《广东省开平碉楼保护管理规定》
		《广东省人工鱼礁管理规定》
		《广东省民办社会福利机构管理规定》
		《广东省公共安全视频图像信息系统管理办法》
		《广东省西江广州引水工程管理办法》
		《广东省海上搜寻救助工作规定》
		《广东省省管水利枢纽管理办法》

续表

广东省政府立法状况		
		《广东省东深供水工程管理办法》 《广东省碳排放管理试行办法》 《广东省水权交易管理试行办法》 《广东省森林和陆生野生动物类型自然保护区管理办法》 《广东省节约用水办法》 《广东省林地林木流转办法》 《广东省自然灾害救助办法》
	废止数	暂无数据
	征求意见数（8）	《广东省临时救助办法》 《广东省国有建设用地地上地下空间确权登记暂行办法》 《广东省特困人员救助供养工作规定》 《广东省重大行政决策程序规定》 《广东省异地商会登记管理办法》 《广东省困难残疾人生活补贴和重度残疾人护理补贴实施办法》 《广东省社区社会组织分类管理办法》 《广东省网上中介服务超市管理办法》

本表根据广东省人民政府官网、省司法厅官网、北大法宝等网站相关数据整理而成，截止日期2020年12月31日。

（二）地级市以上政府立法状况

2020年，广东省内各地级市政府制定了27件政府规章，修改了32件政府规章，废止了15件政府规章；56件地方政府规章已向社会征求意见。

1. 广州市政府立法状况

广州市政府制定了《广州市拥军优属实施办法》《广州市互联网租赁自行车管理办法》《广州市户外广告和招牌设置管理办法》《广州市无障碍环境建设管理规定》《广州市非物质文化遗产保护办法》；修改了《广州市闲置土地处理办法》《广州市行政备案管理办法》《广州市规章制定公众参与办法》《广州市人民政府规章制定办法》；废止了《广州市职工伤病劳动能力鉴定办法》《广州市市区出租小客车管理办法》；《广州市公共法律服务促进办法》《广州市建筑外立面安全管理暂行办法》《广州市献血管理规定》《广州市爱国卫生工作规定》已向社会公众征求意见并反馈意见。见表2-2。

表 2 - 2   **广州市政府立法状况**

广州市政府立法状况	计划数	计划年内审议规章项目9件，适时审议规章项目11件，调研项目9件
	制定通过数（5）	《广州市拥军优属实施办法》 《广州市互联网租赁自行车管理办法》 《广州市户外广告和招牌设置管理办法》 《广州市无障碍环境建设管理规定》 《广州市非物质文化遗产保护办法》
	修改通过数（4）	《广州市闲置土地处理办法》 《广州市行政备案管理办法》 《广州市规章制定公众参与办法》 《广州市人民政府规章制定办法》
	废止数（2）	《广州市职工伤病劳动能力鉴定办法》 《广州市市区出租小客车管理办法》
	征求意见数（4）	《广州市公共法律服务促进办法》 《广州市建筑外立面安全管理暂行办法》 《广州市献血管理规定》 《广州市爱国卫生工作规定》

注：本表根据广州市人民政府、市司法局以及有关部门官网、北大法宝等网站数据整理而成，截止日期2020年12月31日，以下各市相同。

2. 深圳市政府立法状况

深圳市政府制定了《深圳市建筑废弃物管理办法》《深圳市社会投资建设项目报建登记实施办法》《深圳市政府投资建设项目施工许可管理规定》；修改了《深圳市燃气管道安全保护办法》《深圳经济特区污染物排放许可证管理办法》《〈深圳经济特区出租小汽车管理条例〉实施细则》《深圳市城市道路管理办法》《深圳市绿色建筑促进办法》《深圳市人才安居办法》《深圳市地下综合管廊管理办法（试行）》《深圳市预拌混凝土和预拌砂浆管理规定》《深圳市计划用水办法》《深圳市建设项目用水节水管理办法》《深圳市劳动能力鉴定管理办法》；废止了《深圳市组织机构代码管理办法》《深圳第26届世界大学生夏季运动会知识产权保护规定》《深圳第26届世界大学生夏季运动会特殊标志保护规定》《深圳第26届世界大学生夏季运动会广告管理规定》；《深圳市海绵城市建设管理规定》《深圳市地方标准管理办法》《深圳市长期护理保险办法》《深圳市高龄老

人津贴发放管理办法》《深圳市文化志愿服务管理办法》《深圳市医疗保障信用管理办法》《深圳市外商投资股权投资企业试点办法》《深圳市属国有企业参股管理办法（试行）》《深圳市公租房保障和城市棚户区改造中央财政专项资金管理暂行办法》《深圳市户外广告设施管理办法》《〈深圳市经济特区物业管理条例〉实施若干规定（废止)》《深圳市房地产市场监管办法》《深圳市生活垃圾处理费征收和使用管理办法》《深圳市食品生产许可实施办法》《深圳市最低生活保障办法》已面向社会征求意见。见表2–3。

表2–3　　　　　　　　　深圳市政府立法状况

	计划数	计划年内完成规章制定项目10件，规章预备项目12件
深圳市政府立法状况	制定通过数（3）	《深圳市建筑废弃物管理办法》 《深圳市社会投资建设项目报建登记实施办法》 《深圳市政府投资建设项目施工许可管理规定》
	修改通过数（11）	《深圳市燃气管道安全保护办法》 《深圳经济特区污染物排放许可证管理办法》 《〈深圳经济特区出租小汽车管理条例〉实施细则》 《深圳市城市道路管理办法》 《深圳市绿色建筑促进办法》 《深圳市人才安居办法》 《深圳市地下综合管廊管理办法（试行）》 《深圳市预拌混凝土和预拌砂浆管理规定》 《深圳市计划用水办法》 《深圳市建设项目用水节水管理办法》 《深圳市劳动能力鉴定管理办法》
	废止数（4）	《深圳市组织机构代码管理办法》 《深圳第26届世界大学生夏季运动会知识产权保护规定》 《深圳第26届世界大学生夏季运动会特殊标志保护规定》 《深圳第26届世界大学生夏季运动会广告管理规定》
	征求意见数（15）	《深圳市海绵城市建设管理规定》 《深圳市地方标准管理办法》 《深圳市长期护理保险办法》 《深圳市高龄老人津贴发放管理办法》 《深圳市文化志愿服务管理办法》 《深圳市医疗保障信用管理办法》 《深圳市外商投资股权投资企业试点办法》

深圳市政府立法状况	《深圳市属国有企业参股管理办法（试行）》 《深圳市公租房保障和城市棚户区改造中央财政专项资金管理暂行办法》 《深圳市户外广告设施管理办法》 《〈深圳市经济特区物业管理条例〉实施若干规定（废止）》 《深圳市房地产市场监管办法》 《深圳市生活垃圾处理费征收和使用管理办法》 《深圳市食品生产许可实施办法》 《深圳市最低生活保障办法》

3. 佛山市政府立法状况

佛山市制定了《佛山市电动自行车管理规定》《佛山市公安机关警务辅助人员管理办法》《佛山市停车场管理办法》；佛山市房屋使用安全管理暂行规定》《佛山市集体户口管理规定》《佛山市居住房屋租赁管理办法》《佛山市商品房屋租赁管理实施办法（修订）》《佛山市燃气管理办法》《佛山市公共图书馆管理办法》已向社会征求意见。见表2-4。

表2-4　　　　　　　　　　　**佛山市政府立法状况**

佛山市政府立法状况	计划数	计划年内完成规章制定项目2件，规章预备项目1件
	制定通过数（3）	《佛山市电动自行车管理规定》 《佛山市公安机关警务辅助人员管理办法》 《佛山市停车场管理办法》
	修改通过数	暂无数据
	废止数	暂无数据
	征求意见数（6）	《佛山市房屋使用安全管理暂行规定》 《佛山市集体户口管理规定》 《佛山市居住房屋租赁管理办法》 《佛山市商品房屋租赁管理实施办法（修订）》 《佛山市燃气管理办法》 《佛山市公共图书馆管理办法》

4. 东莞市政府立法状况

东莞市制定了《东莞市公园管理办法》；修改了《东莞市燃气管理办

法》；《东莞市城市轨道交通运营管理办法（修订)》已向社会征求意见。见表 2 - 5。

表 2 - 5　　　　　　　　**东莞市政府立法状况**

东莞市政府立法状况	计划数	计划年内完成规章制定项目 1 件，规章修订项目 1 件，规章预备项目 2 件
	制定通过数（1）	《东莞市公园管理办法》
	修改通过数（1）	《东莞市燃气管理办法》
	废止数	暂无数据
	征求意见数（1）	《东莞市城市轨道交通运营管理办法（修订)》

5. 中山市政府立法状况

中山市政府制定了《中山市政务数据管理办法》；修改了《中山市城乡建设档案管理办法》《中山市扬尘污染防治管理办法》《中山市历史文化名城保护规定》；《中山市生活垃圾分类管理办法》《中山市户外广告管理办法（修正)》已向社会征求意见。见表 2 - 6。

表 2 - 6　　　　　　　　**中山市政府立法状况**

中山市政府立法状况	计划数	计划年内完成规章提请审议项目 2 件，规章立法调研项目 7 件
	制定通过数（1）	《中山市政务数据管理办法》
	修改通过数（3）	《中山市城乡建设档案管理办法》 《中山市扬尘污染防治管理办法》 《中山市历史文化名城保护规定》
	废止数	暂无数据
	征求意见数（2）	《中山市生活垃圾分类管理办法》 《中山市户外广告管理办法（修正)》

6. 珠海市政府立法状况

珠海市政府制定了《珠海市土地储备管理办法》《珠海市河流型集中式饮用水水源保护区扶持激励办法》；修改了《珠海市人民政府关于委托组织实施征收土地工作的规定》《珠海市闲置土地处置办法》《珠海经济特区历史文化名镇名村和历史建筑保护办法》《珠海市农贸市场管理办法》《珠海经济特区牛羊定点屠宰管理办法》《珠海市建筑节能办法》《珠海市

预拌混凝土和预拌砂浆管理规定》《珠海市新型墙体材料应用管理办法》《珠海市烟花爆竹安全管理规定》；废止了《珠海市城市绿化办法》《珠海市建设工程造价管理规定》《珠海市香洲渔港管理规定》。《珠海经济特区城乡规划条例实施办法（修正）》《珠海市村镇规划建设管理办法（修正）》已向社会征求意见。见表 2 - 7。

表 2 - 7　　　　　　　　　　**珠海市政府立法状况**

珠海市政府立法状况	计划数	计划年内完成规章审议项目 8 件，预备规章项目 8 件
	制定通过数（2）	《珠海市土地储备管理办法》 《珠海市河流型集中式饮用水水源保护区扶持激励办法》
	修改通过数（9）	《珠海市人民政府关于委托组织实施征收土地工作的规定》 《珠海市闲置土地处置办法》 《珠海经济特区历史文化名镇名村和历史建筑保护办法》 《珠海市农贸市场管理办法》 《珠海经济特区牛羊定点屠宰管理办法》 《珠海市建筑节能办法》 《珠海市预拌混凝土和预拌砂浆管理规定》 《珠海市新型墙体材料应用管理办法》 《珠海市烟花爆竹安全管理规定》
	废止数（3）	《珠海市城市绿化办法》 《珠海市建设工程造价管理规定》 《珠海市香洲渔港管理规定》
	征求意见数（2）	《珠海经济特区城乡规划条例实施办法（修正）》 《珠海市村镇规划建设管理办法（修正）》

7. 江门市政府立法状况

江门市政府制定了《江门市气象灾害防御规定》；《江门市扬尘污染防治管理办法（修订）》《江门市消防水源管理办法（修订）》《江门市生活垃圾分类管理办法》已向社会征求意见。见表 2 - 8。

表 2 - 8　　　　　　　　　　**江门市政府立法状况**

江门市政府立法状况	计划数	计划年内完成规章制定项目 1 件，规章修订项目 1 件
	制定通过数（1）	《江门市气象灾害防御规定》
	修改通过数	暂无数据
	废止数	暂无数据

江门市政府立法状况	征求意见数（3）	《江门市扬尘污染防治管理办法（修订）》
		《江门市消防水源管理办法（修订）》
		《江门市生活垃圾分类管理办法》

8. 肇庆市政府立法状况

肇庆市政府制定了《肇庆市城市地下空间开发利用管理办法》《肇庆市人民政府起草地方性法规草案和制定政府规章程序规定》；《肇庆市无障碍环境建设管理办法》已向社会征求意见。见表2-9。

表2-9　　　　　　　　　**肇庆市政府立法状况**

肇庆市政府立法状况	计划数	计划年内完成规章制订项目2件
	制定通过数（2）	《肇庆市城市地下空间开发利用管理办法》
		《肇庆市人民政府起草地方性法规草案和制定政府规章程序规定》
	修改通过数	暂无数据
	废止数	暂无数据
	征求意见数（1）	《肇庆市无障碍环境建设管理办法》

9. 惠州市政府立法状况

惠州市政府制定了《惠州市户外广告和招牌设置管理办法》；《惠州市城镇排水与生活污水处理管理办法》已向社会征求意见。见表2-10。

表2-10　　　　　　　　　**惠州市政府立法状况**

惠州市政府立法状况	计划数	计划年内完成规章制订项目2件
	制定通过数（1）	《惠州市户外广告和招牌设置管理办法》
	修改通过数	暂无数据
	废止数	暂无数据
	征求意见数（1）	《惠州市城镇排水与生活污水处理管理办法》

10. 汕头市政府立法状况

汕头市政府制定了《汕头市第三届亚洲青年运动会知识产权保护办法》，修改通过了《汕头市人民政府公告管理规定》《汕头市人民政府重大行政决策量化标准规定》；废止了《汕头市较大安全事故行政责任追究办法》《汕头市科学技术奖励办法》《汕头市房地产经纪服务管理办法》《汕头经济特区企业投诉管理办法》《汕头经济特区公众移动通信基站管理规定》《汕头市行政执法案卷评查办法》；《汕头经济特区行政裁决规定》《汕头市城乡居民最低生活保障办法》《汕头市数字化城市管理实施办法》《汕头经济特区住宅专项维修资金管理办法（修改）》《汕头市专利奖励办法》《汕头经济特区不动产登记办法》已向社会征求意见。见表2－11。

表2－11　　　　　　　　　　　汕头市政府立法状况

	计划数	暂无数据
汕头市政府立法状况	制定通过数（1）	《汕头市第三届亚洲青年运动会知识产权保护办法》
	修改通过数（2）	《汕头市人民政府公告管理规定》
		《汕头市人民政府重大行政决策量化标准规定》
	废止数（6）	《汕头市较大安全事故行政责任追究办法》
		《汕头市科学技术奖励办法》
		《汕头市房地产经纪服务管理办法》
		《汕头经济特区企业投诉管理办法》
		《汕头经济特区公众移动通信基站管理规定》
		《汕头市行政执法案卷评查办法》
	征求意见数（6）	《汕头经济特区行政裁决规定》
		《汕头市城乡居民最低生活保障办法》
		《汕头市数字化城市管理实施办法》
		《汕头经济特区住宅专项维修资金管理办法（修改）》
		《汕头市专利奖励办法》
		《汕头经济特区不动产登记办法》

11. 潮州市政府立法状况

潮州市政府制定了《潮州市城镇燃气安全管理办法》；《潮州市气象灾害防御规定》已向社会征求意见。见表2－12。

表2－12　　　　　　　　　　　潮州市政府立法状况

潮州市政府立法状况	计划数	计划年内完成规章制定项目2件
	制定通过数（1）	《潮州市城镇燃气安全管理办法》
	修改通过数	暂无数据

潮州市政府立法状况	废止数	暂无数据
	征求意见数（1）	《潮州市气象灾害防御规定》

12. 揭阳市政府立法状况

《揭阳市户外广告和招牌设置管理办法（修订）》《揭阳市城市绿化管理办法》已向社会征求意见。见表 2 - 13。

表 2 - 13　　　　　　　**揭阳市政府规章制定状况**

揭阳市政府立法状况	计划数	计划年内完成规章制定项目 2 件，预备规章项目 1 件
	制定通过数	暂无数据
	修改通过数	暂无数据
	废止数	暂无数据
	征求意见数（2）	《揭阳市户外广告和招牌设置管理办法（修订）》《揭阳市城市绿化管理办法》

13. 汕尾市政府立法状况

《汕尾市电动自行车管理办法》已向社会征求意见。见表 2 - 14。

表 2 - 14　　　　　　　**汕尾市政府规章制定状况**

汕尾市政府规章制定状况	计划数	计划年内完成规章制定项目 3 件
	制定通过数	暂无数据
	修改通过数	暂无数据
	废止数	暂无数据
	征求意见数（1）	《汕尾市电动自行车管理办法》

14. 湛江市政府立法状况

湛江市政府修改了《湛江市专职消防队建设管理规定》；《湛江市地下水管理办法》《广东徐闻珊瑚礁国家级自然保护区管理办法》已向社会征求意见。见表 2 - 15。

表 2 - 15　　　　　　　　**湛江市政府立法状况**

湛江市政府立法状况	计划数	计划年内完成规章制定项目 2 件，预备规章项目 1 件，规章调研论证项目 2 件
	制定通过数	暂无数据
	修改通过数（1）	《湛江市专职消防队建设管理规定》
	废止数	暂无数据
	征求意见数（2）	《湛江市地下水管理办法》 《广东徐闻珊瑚礁国家级自然保护区管理办法》

15. 茂名市政府立法状况

茂名市政府制定了《茂名市不可移动文物修缮工程管理规定》；修改了《茂名市户外广告设施和招牌设置管理规定》；《茂名市物业管理办法》《茂名市商品房预售资金监督管理办法》已向社会征求意见。见表 2 - 16。

表 2 - 16　　　　　　　　**茂名市政府立法状况**

茂名市政府立法状况	计划数	计划年内完成规章审议项目 1 件，预备规章项目 2 件
	制定通过数（3）	《茂名市不可移动文物修缮工程管理规定》
	修改通过数（1）	《茂名市户外广告设施和招牌设置管理规定》
	废止数	暂无数据
	征求意见数（2）	《茂名市物业管理办法》 《茂名市商品房预售资金监督管理办法》

16. 阳江市政府立法状况

暂无数据见表 2 - 17。

表 2 - 17　　　　　　　　**阳江市政府立法状况**

阳江市政府立法状况	计划数	暂无数据
	制定通过数	暂无数据
	修改通过数	暂无数据
	废止数	暂无数据
	征求意见数	暂无数据

17. 云浮市政府立法状况

云浮市政府制定了《云浮市城乡建设档案管理办法》;《云浮市人民政府拟定地方性法规草案和制定政府规章程序规定(修订)》已向社会征求意见。见表2-18。

表2-18　　　　　　　**云浮市政府立法状况**

云浮市政府立法状况	计划数	计划年内完成规章修订1件
	制定通过数(1)	《云浮市城乡建设档案管理办法》
	修改通过数	暂无数据
	废止数	暂无数据
	征求意见数(1)	《云浮市人民政府拟定地方性法规草案和制定政府规章程序规定(修订)》

18. 韶关市政府立法状况

《韶关市生活垃圾分类管理办法》《韶关市城市市容和环境卫生管理办法》已向社会征求意见。见表2-19。

表2-19　　　　　　　**韶关市政府立法状况**

韶关市政府立法状况	计划数	计划年内完成规章制定项目2件
	制定通过数	暂无数据
	修改通过数	暂无数据
	废止数	暂无数据
	征求意见数(2)	《韶关市生活垃圾分类管理办法》《韶关市城市市容和环境卫生管理办法》

19. 清远市政府立法状况

清远市政府制定了《清远市在建违法建设查处办法》;《清远市排水管理办法》已向社会征求意见。见表2-20。

表2-20　　　　　　　**清远市政府立法状况**

清远市政府立法状况	计划数	计划年内完成规章制定项目1件
	制定通过数(2)	《清远市在建违法建设查处办法》
	修改通过数	暂无数据

清远市政府立法状况	废止数	暂无数据
	征求意见数（1）	《清远市排水管理办法》

20. 梅州市政府立法状况

梅州市政府制定了《梅州市非物质文化遗产代表性项目管理办法》；《梅州市电梯安全管理办法》《梅州市城市生活垃圾分类管理办法》已向社会征求意见。见表 2－21。

表 2－21　　　　　　　　**梅州市政府立法状况**

梅州市政府立法状况	计划数	计划年内完成规章制定项目1件，预备规章项目2件
	制定通过数（1）	《梅州市非物质文化遗产代表性项目管理办法》
	修改通过数	暂无数据
	废止数	暂无数据
	征求意见数（2）	《梅州市电梯安全管理办法》 《梅州市城市生活垃圾分类管理办法》

21. 河源市政府立法状况

河源市政府制定了《河源市农村村民住房建设管理办法》；《河源市城市供水用水管理办法》已向社会征求意见。见表 2－22。

表 2－22　　　　　　　　**河源市政府立法状况**

河源市政府立法状况	计划数	计划年内完成规章制定项目2件，预备规章项目1件
	制定通过数（1）	《河源市农村村民住房建设管理办法》
	修改通过数	暂无数据
	废止数	暂无数据
	征求意见数（1）	《河源市城市供水用水管理办法》

二　广东政府立法的特色与亮点

（一）机构改革后地方政府及时响应并作出调整

随着 2018 年《关于国务院机构改革方案的说明》（下称《说明》）的出台，国务院指出在深化机构和行政体制改革中需要落实"改革机构设置，优化职能配置"，同时，国务院在《说明》中也对当时的行政机构职能布局作出结构性调整。此次调整对现行有效的行政规章条文具有一定的影响，所以，2018 年各地政府部门相继开展立法清理工作，针对现存政府规章与改革后机构设置不匹配的条文进行修改，进一步明确、优化行政部门的职能。如《广东省社会力量举办非学历高等教育管理办法》将第二条第二款中的"县级以上人民政府劳动行政部门"修改为"县级以上人民政府人力资源社会保障部门"；《关于国务院机构改革方案的说明》要求："消防部队从武警序列剥离，现役编制全部转为地方行政编制，成建制划归应急管理部……"①，《湛江市专职消防队建设管理规定》将第 7 条第 3 项中的"现役消防官兵"修改为"国家综合性消防救援队伍指战员"。

（二）出台快递行业管控规则，指引快递行业规范发展

快递运输行业作为互联网产业经济的重要一环。为促进快递业健康发展，保障快递安全，保护快递用户合法权益，加强对快递业的监督管理，2019 年，我国对《快递暂行条例》进行修订。2020 年，广东省政府根据本省实际情况，制定并通过了《广东省快递市场管理办法》。该管理办法对快递行业提出了"快递企业接投诉应 7 日内处理""经营快递业务的企业应当对其提供寄递服务的营业场所、处理场所，包括其开办的快递末端网点、设置的智能快件箱进行全天候视频监控""不得因收件地址偏远多收费"等具体操作要求。②

---

① 王勇：《关于国务院机构改革方案的说明》，http://www.xinhuanet.com/politics/2018lh/2018-03/14/c_1122533011.htm，访问时间：2020 年 12 月 28 日。

② 林曦等：《〈广东省快递市场管理办法〉下月实施》，http://news.ycwb.com/2020-12/16/content_1352294.htm，访问时间：2020 年 12 月 27 日。

（三）户外广告投放治理有法可依，助力城市环境优化

户外广告是一座城市景观特殊的构成要素，但近年来户外广告和招牌呈现出过多、过滥、设置不规范、水平不高以及审批和监管职责交叉不清等问题。为了适应新时代的社会发展需求，在2020年，《广州市户外广告和招牌设置管理办法》《惠州市户外广告和招牌设置管理办法》《茂名市户外广告设施和招牌设置管理规定》3部地方政府规章相继出台。3地在立法上均对户外广告牌的设置作出了禁止性规定："利用或者遮挡指路牌、交通信号灯、电子监控等交通安全设施、交通标志及其支架的；霓虹灯、LED等光源性广告设施与交通信号灯、电子监控设施距离过近，户外广告设施和招牌的形式与交通安全设施、交通标志相近，影响交通安全设施、交通标志正常使用的；影响道路交通安全的区域；破坏建筑物、构筑物结构安全，影响市政公共设施、无障碍设施使用的；影响消防安全设施使用，妨碍消防车通行以及影响逃生、灭火救援和消防登高扑救的；利用立交、高架道路桥梁、危房、违章建筑的；利用行道树、绿化带，侵占、损毁绿地，占用机动车道、人行道路面或者阻碍机动车、行人通行的；国家机关、学校、医院、名胜风景点、文物保护单位的建筑控制地带；妨碍生产生活，损害市容市貌的；不得设置户外广告牌。"①

广州、惠州、茂名3地均对户外广告牌申请程序、监督管理作出明确规定。如其中，惠州市为适应电子政务发展，在《惠州市户外广告和招牌设置管理办法》中指出主管部门可对"户外广告或者户外广告设施的设置人、地点、位置、时间、期限、数量、规格、结构、面积"等信息生成二维码并嵌入户外广告或户外广告设施，以便主管部门与相对人查询、监督。

公益广告是不以营利为目的而为社会提供免费服务的广告活动，对全社会进行道德和思想教育具有重要作用。茂名市在最新修订的《茂名市户外广告设施和招牌设置管理规定》中对本市户外公益广告设置的责任部门、数量、投放时间作出了细致规定。②

针对电子广告显示屏开放时间过长容易造成光污染、设置角度失范成

---

① 参见《广州市户外广告和招牌设置管理办法》第9条、《惠州市户外广告和招牌设置管理办法》第15条、《茂名市户外广告设施和招牌设置管理规定（2020修正）》第12条。

② 《茂名市户外广告设施和招牌设置管理规定（2020修正）》第31条。

为交通安全隐患等问题，广州与茂名在立法上给予了回应。《广州市户外广告和招牌设置管理办法》规定："以电子显示屏形式设置的户外广告，不得在朝向道路与来车方向呈垂直视角的方向设置，不得在每日 22：30 至次日 7：30 开启"；"以投影形式设置的户外广告应当严格控制投射角度和音量，对投影器材做隐藏处理；大小、亮度和色彩应当与投影载体的整体造型及照明效果有机结合；不得投影到机动车道的路面上，影响交通安全"。① 茂名市在此基础上，还对电子显示屏播放广告时的音量进行规范，要求"科学控制音量，声音强度应符合《声环境质量标准》（GB3096—93）的要求"。②

（四）无障碍社会环境建设立法工作逐步铺开，展现法治温情

创造无障碍环境，事关残疾人等社会成员平等参与社会生活，事关社会文明和进步。2020 年，广州在总结本市实践经验的基础上，借鉴了国内主要城市的立法经验，重新拟定了《广州市无障碍环境建设管理规定》（下称《规定》）。《规定》总共 28 条，未分章。首先，《规定》不再局限于无障碍设施建设和管理范畴，全面涵盖了设施无障碍、信息无障碍、服务无障碍等内容。其次，《规定》进一步细化了统筹和部门职责分工。明确市、区人民政府残疾人工作议事协调机构负责组织协调本行政区域内的无障碍环境建设与管理工作，并制定具体协调工作制度，为其统筹促进相关部门开展无障碍环境建设工作提供依据。明确各职能部门在管辖范围内，需要依据《规定》的要求，畅通工作交流机制，建设无障碍环境。再者，《规定》明确了无障碍环境建设需要制定科学规划，要求市、区住建部门应当会同交通、林业园林、水务、城市管理综合执法、港务、政务服务数据管理、工业和信息化、发展改革、规划和自然资源等部门，编制本行政区域无障碍环境建设发展规划，报本级人民政府批准后实施。最后，优化了公共交通领域无障碍建设。《规定》明确已建成的城市轨道交通车站未设置可供轮椅车使用的无障碍电梯，但具备改造条件的，应当逐步实行改造；一些重点场所应设置无障碍停车位但尚未设置的，应当逐步完善。并明确公共（电）汽车、轨道交通车辆和巡游出租车运营单位应当配

---

① 参见《广州市户外广告和招牌设置管理办法》第 19 条。

② 参见《茂名市户外广告设施和招牌设置管理规定（2020 修正）》第 13 条。

置一定比例的可供轮椅乘客使用的无障碍车辆，并制定相配套的无障碍服务规范。《规定》还提出了无障碍建设信息化的要求，配备手扶电梯或者直升电梯的公共图书馆、地铁站、人行天桥、地下通道等公共场所，应当逐步在电梯处设置语音提示功能，便于视力残疾人、老年人等使用电梯。①

（五）着重针对规范闲置土地使用进行立法

为加强土地管理，依法处理和充分利用闲置土地，切实保护耕地，目前，广州市人民政府办公厅公布《广州市闲置土地处理办法》（下称《办法》），其中涉及闲置土地包括已完善建设用地手续的闲置土地和未完善建设用地手续的闲置土地。根据《办法》，闲置土地临时使用期限一般不得超过 2 年。临时使用期限届满，用地单位应当在 30 日内清理场地、完善开工相关手续并动工开发建设。已完善建设用地手续的闲置土地，闲置期间累计满 2 年的，政府可以无偿收回。经认定土地闲置满 1 年的，《办法》明确，市土地行政主管部门可以按照 3 种标准计收土地闲置费，即用地单位以出让方式取得土地使用权的，按出让土地价款的 20% 计收土地闲置费；用地单位以划拨方式取得土地使用权，有划拨土地价款的，按划拨土地价款的 20% 计收土地闲置费；无划拨土地价款的，按划拨土地时土地使用权价格的 20% 计收土地闲置费。

三　未来展望

（一）着力完善规章制定计划的动态跟进工作

根据我国《立法法》的规定，享有规章制定权限的主体应当制定年度立法计划，法制机构应当及时跟踪了解立法计划的落实情况。据观察，广东省及省内 20 个地级市均制定了年度立法计划（除阳江市暂无数据外）。但在实践过程中，部分地级市的年度立法计划的动态告知工作仍处于空白状态，使得公众对年度立法计划的落实情况无从知悉。实践中主要存在如下情形：（1）规章年度制定计划未按时公布。如阳江市。（2）规章年度

---

① 广州市司法局：《广州市无障碍环境建设管理规定解读材料》，http：//www.gzdpf.org.cn/Article/govfa/23047.html，访问时间：2020 年 12 月 27 日。

制定计划与实际审议通过的规章不衔接。如广东省政府 2020 年计划年内完成《广东省教育教学成果奖励办法》《广东省国防信息动员实施办法》《广东省法治政府建设与监督办法》《广东省地震预警管理办法》等 9 部省级规章制定项目，但在其官方网站上，截至 2020 年 12 月 31 日，尚未能查询到上述年度立法计划内的立法项目的进展，也未能查询到 2020 年广东省政府年度立法计划的修订信息，而广东省 2020 年制定通过的《广东省快递市场管理办法》《广东省行政规范性文件管理规定》《广东省城市轨道交通运营安全管理办法》《广东省安全生产责任保险实施办法》《广东省耕地质量管理规定》《广东省行政检查办法》《广东省科技计划项目监督规定》并未列入 2020 年年度规章制定计划。（3）规章年度制定计划并未完全落实。如潮州市人民政府在 2020 年年度立法计划中规定年内完成《潮州市城市户外广告设施和招牌设置管理办法》及《潮州市气象灾害防御规定》两部地方政府规章的制定工作，但截至 2020 年 12 月 31 日，《潮州市气象灾害防御规定》仅处于公开征求意见阶段，《潮州市城市户外广告设施和招牌设置管理办法》的制定过程尚未查询到相关数据。（4）规章年度制定计划进度稍显滞后。东莞市人民政府在 2020 年年度立法计划中规定年内完成《东莞市公园管理办法》的制定工作及《东莞市城市轨道交通运营管理办法》的修订工作，但截至 2020 年 12 月 31 日，东莞市人民政府仅完成了《东莞市公园管理办法》的制定工作，《东莞市城市轨道交通运营管理办法》已面向社会征求意见。综上，笔者认为，在 2021 年的规章制定工作中，广东省应当从上而下形成一套规范的规章制定计划动态工作方案，省政府及各地级市按季度公开规章年度立法计划的落实情况，及时调整，接受社会监督。

（二）　规范规章出台后的宣传与解读工作

法律的生命在于实施，且法律的实施也有助于给立法完善提供方向指引。一部新的政府规章出台后，如果得不到有效地实施，那么它的存在将失去意义。在 2020 年，广东省各地级市虽加快了社会治理法律体系的建设，但在政府规章出台后的宣传与解读工作仍存在较大的改善空间：首先，部分城市在出台政府规章后没有制作相关的解读宣传文件。其次，部分城市在出台政府规章的时候，并未随附政策解读文件，而是在政策实施一段时间后才在官网公布政策解读文件，具有滞后性。再者，尽管大部分城市都会在政府规章公布后一定时间内制作规章的宣传与解读文件，但公布的形式未形成统一格式，或是以图片形式刊载，或是发布规范性文件，或是二者兼具。因此，在 2021 年，广东省各地级市应在省政府的领导下，探索规范规章出台后宣传与解读的工作制度，明确规章出台后解读说明文件的公布期间、公布渠道、公布形式、责任部门、法律责任承担等问题，提高政府的法治水平。

（三）加快推进海绵城市建设立法工作

海绵城市的国际通用术语为"低影响开发雨水系统构建"[①]，是指下雨时吸水、蓄水、渗水、净水，需要时将蓄存的水释放并加以利用，实现雨水在城市中自由迁移的生态技术系统。它是新一代城市雨洪管理概念，应用这项生态系统技术后，城市能够像海绵一样，在适应环境变化和应对雨水带来的自然灾害等方面具有良好的弹性。2012 年 4 月，在《2012 低碳城市与区域发展科技论坛》中，"海绵城市"概念首次提出；2013 年 12 月 12 日，习近平总书记在《中央城镇化工作会议》的讲话中强调："提升城市排水系统时要优先考虑把有限的雨水留下来，优先考虑更多利用自然力量排水，建设自然存积、自然渗透、自然净化的海绵城市"；2017 年李克强总理的政府工作报告明确"让海绵城市建设不仅仅限于试点城市，而是所有城市都应该重视"。[②] 深圳市海绵城市建设工作领导小组办公室先后到 10 个区（含新区）海绵办、相关企业、设计单位和行业协会听取意见，并召集了由市海绵城市建设工作领导小组成员单位参加的座谈会，数易其稿，最终形成了《深圳市海绵城市建设管理规定》征求意见稿，通过深圳市水务局网站发布了《深圳市海绵城市建设工作领导小组办公室关于征求〈深圳市海绵城市建设管理规定（征求意见稿）〉意见的通告》。接下来，广东省各地级市可以相互借鉴，逐步铺开海绵城市建设的立法工作，促进环境友好型社会的建设。

---

① 王立彬：《明天，我们住什么样的城市——聚焦海绵城市建设》，http：//www. xinhuanet. com//politics/2015 - 10/17/c_ 128327284. htm，访问时间：2020 年 12 月 27 日。

② 刘阳：《解读两会政府工作报告 建设有里有面的"海绵城市"》，http：//news. cnr. cn/native/gd/20170322/t20170322_ 523671556. shtml，访问时间：2020 年 12 月 27 日。

第三章

广东省人大常委会规范性文件
备案审查观察报告（2021）

涂青林[*]

　　规范性文件备案审查，是宪法法律赋予人大的一项重要职权，是符合中国国情、具有中国特色的一项宪法性制度。2020 年，广东省人大常委会深入学习贯彻习近平新时代中国特色社会主义思想，坚决贯彻落实党中央关于加强备案审查工作决策部署和全国人大常委会、省委的工作要求，以切实加强备案审查制度和能力为抓手和推力，积极探索、实践和创新，扎实推进工作落实，推动备案审查工作规范化、数字化和智能化发展，备案审查各项工作有了新进展、取得新成效。

一　始终强调以习近平新时代中国特色社会主义
　　思想引领提升备案审查工作

　　省人大常委会坚持用习近平新时代中国特色社会主义思想武装头脑，重点学习贯彻习近平总书记关于全面依法治国新理念新思想新战略、关于坚持和完善人民代表大会制度的重要思想、关于加强宪法实施和监督及加强备案审查工作的重要论述，用以强化思想武装，提高政治站位，引领和提升备案审查工作。

（一）坚持维护党的领导，守牢备案审查主线

　　习近平总书记提出，必须坚持实现党领导立法，坚持通过法定程序使

---

* 涂青林，广东省人大常委会法工委处长。

党的主张成为国家意志、形成法律，通过法律保障党的路线方针政策有效实施。备案审查是贯彻实施宪法法律的重要保障，政治性很强，必须坚持党的领导，确保正确政治方向。省人大常委会将加强备案审查工作，作为增强"四个意识"，坚定"四个自信"，做到"两个维护"的重要体现。实践中，首先坚持政治标准，审查规范性文件是否有利于维护党的领导，是否符合党的路线方针政策，监督和促进各类规范性文件贯彻党的路线方针政策和重大决策部署，保证中央令行禁止。例如，对广东省某件党内规范性文件设立"乡村建设代建部门"的规定，与党和国家机构改革的重大决策精神不一致的问题，提出了建议修改该规定的联动审查意见并为省委办公厅采纳，维护了党的重大决策的统一性和权威性。

（二）坚持维护宪法权威，守牢备案审查基线

习近平总书记提出，坚持依法治国首先要坚持依宪治国，坚持依法执政首先要坚持依宪执政。备案审查是符合中国国情、具有中国特色的一项宪法性制度。省人大常委会将加强备案审查工作，作为坚持依宪治国、加强宪法实施与监督和维护宪法权威的重要举措。工作中，坚持以宪法为依据和基准，守牢维护宪法权威这一主线，监督广东省法规、规章和规范性文件符合宪法精神，让文本上的宪法"活起来""落下去"，保障宪法法律正确实施。

（三）坚持维护法制统一，守牢备案审查底线

习近平总书记提出，要加强宪法和法律实施，维护社会主义法制的统一、尊严、权威，形成人们不愿违法、不能违法、不敢违法的法治环境，做到有法必依、执法必严、违法必究。省人大常委会将加强备案审查工作，作为维护国家法制统一的重要抓手，守牢规范性文件不得与上位法相抵触这一底线。建立了发现和纠错机制，综合运用主动审查、依申请审查、专项审查、移送审查和智能辅助审查等多种审查方式，实现审查全覆盖、能发现，用好提出书面审查意见、召开审查会议、督促自行纠正等法定的纠错方式，探索通报、函询、约谈和督促制定机关暂停适用存在不适当性问题的规范性文件条款等多种纠错方式，及时发现并纠正规范性文件中与宪法、法律、法规相抵触问题。增强审查刚性，体现备案审查制度权威。

二　备案审查工作取得新进展

2020 年，省人大常委会主动适应新形势新任务新要求，备案审查工作以前所未有的力度、广度和深度推进，在备案审查制度、能力、队伍建设等各方面都取得了突出进展，备案审查工作正充分发挥着重要作用。

（一）备案工作规范有序

备案审查是宪法法律赋予人大的一项重要职权，是保障宪法法律实施、维护国家法制统一的宪法性制度。根据宪法、立法法、监督法和《广东省各级人民代表大会常务委员会规范性文件备案审查条例》（以下简称《省备案审查条例》）的规定，省人大常委会对省政府制定的规章和发布的行政决定、命令，省法院、省检察院制定的规范性文件，经济特区所在地的市制定的经济特区法规，地级以上市人大及其常委会作出的决议、决定，地级以上市政府制定的规章等进行备案和审查，对与法律法规相抵触的规范性文件依法予以纠正。2020 年，省政府、省法院、省检察院，各地级以上市人大及其常委会、市政府等制定机关，认真贯彻全面依法治国的要求，依法制定有关规范性文件。从备案审查工作情况看，规范性文件总体上是符合法律法规规定的。

2020 年，按照"有件必备"的要求，全省各报备机关通过全省统一的备案审查信息平台进行规范性文件报备，有关制定机关向省人大常委会报备规范性文件共 268 件，自觉接受省人大常委会的监督，基本做到了报送及时、材料齐全、格式规范，报备率、规范率、及时率分别为 100%、100%、98%，对比上一年，报备率、规范率均保持了 100%，及时率提高了 1%。省人大常委会通过信息平台对报备的规范性文件进行登记和备案，印发了 2019 年度备案工作情况简报。落实省备案审查条例规定，印发通知，加强指导，推动将地方各级法院、检察院制定的规范性文件纳入同级人大常委会备案范围。

（二）审查纠正力度明显加大

省人大常委会进一步加强规范性文件审查工作，提出审查研究意见或督促制定机关纠正存在与宪法法律法规规定、原则和精神相抵触、不适当问题的规范性文件 46 件，有力维护了国家法制统一和公民、组织的合法权益。

一是做好依申请审查工作。2020 年，省人大常委会收到公民和组织对有关规范性文件提出的审查建议共 19 件，均通过信息平台逐一进行登记、研究、处理和反馈。其中，属于省人大常委会审查范围的有 7 件，由省人大常委会法工委加强与有关建议人联系和与制定机关沟通，会同省人大监察司法委、教科文卫委、社会委等有关委员会认真研究，提出审查研究意见，积极稳妥作出处理。例如：有公民提出，某政府规范性文件规定，独生子女死亡或伤、病残达三级以上并改享计划生育家庭特别扶助金的，取消或终止其独生子女奖励金，与上位法规定相抵触。经审查认为，该规定与省计划生育条例关于独生子女父母奖励金和失独伤残家庭扶助金两种待遇享受的规定不一致。经沟通，制定机关已将修改相关规范性文件列入其工作计划。有公民提出，某设区的市政府规章规定，用人单位按照是否本市户籍为职工参加不同档次的基本医疗保险，非户籍职工没有选择权，与宪法法律规定相抵触。经审查认为，该规定与社会保险法关于由用人单位和职工按照国家规定共同缴纳基本医疗保险费的规定不一致。经沟通，制定机关研究提出修改计划。有公民提出，某法院规范性文件规定，用人单位自用工之日起超过一个月不满一年未与劳动者签订劳动合同应支付二倍工资的情形，适用一年的一般仲裁时效，与上位法规定相抵触。经审查认为，该规定与劳动争议调解仲裁法、劳动合同法等法律法规关于上述二倍工资的法律性质属于赔偿金应适用一般仲裁时效的规定相一致，没有违反上位法规定。省人大常委会法工委依法向审查建议人和制定机关作了反馈。对不属于省人大常委会审查范围的 12 件审查建议，法工委通过备案审查衔接联动机制分别移送有关机关研究处理。

二是加强主动审查工作。省人大常委会办公厅将备案的所有规范性文件按照职责分发有关委员会审查。省人大常委会法工委主动与有关委员会会商研究，采取运用信息平台进行智能辅助审查、委托专业机构开展审查研究等多种方式，对规范性文件进行逐件主动审查。按照全国人大常委会法工委的要求，重点加强对地方政府规章的审查，并将规章的规定是否与行政许可法、行政处罚法、行政强制法等法律的规定和精神相抵触、是否违法设定公民、组织的权利和增加其义务作为重点审查内容。对审查中发现的问题，提出审查研究意见，或者向制定机关指出并推动其研究和处理。例如：某地方政府规章规定，对施工单位在施工工地未设置硬质密闭围挡或者未采取覆盖、洒水抑尘有效防尘措施等违法行为的处罚幅度为1万元以上10万元以下。经审查认为，该规定与省环境保护条例关于该类违法行为的处罚幅度为5万元以上10万元以下的规定，存在抵触情形。某地方政府规章规定，村（居）民委员会发现违法建设行为的应当予以劝阻、制止，不履行该职责的，由有关街道办事处、镇政府予以通报批评和责令限期改正。经审查认为，该规定与居民委员会组织法、村民委员会组织法等法律法规关于基层群众性自治组织的法定义务及行政监督的规定不一致。对上述问题，省人大常委会已向制定机关指出并要求其研究处理。

三是纠正力度明显加大。按照"有错必纠"的要求，省人大常委会对备案审查中发现存在问题的规范性文件，实行分类纠正。对属于省人大常委会审查范围的，依法提出审查研究意见，探索通报、函询、约谈等多种方式，加强与制定机关的沟通，督促其采取研究修改、停止执行等方式进行纠正，增强备案审查制度的刚性和权威。例如：有两件地方政府规章，规定对违反企业内部管理制度的从事瓶装燃气运送服务人员给予行政处罚，与城镇燃气管理条例等上位法的有关规定不一致。法工委向省司法厅和两个市的人大常委会通报了审查研究意见，督促制定机关作出了修改并重新报备。对属于其他有权机关审查范围的，通过备案审查衔接联动机制进行移交，促请有关机关研究处理并反馈处理情况。有3件设区的市政府规范性文件，规定医保定点零售药店不得出售日用品等非药品，与社会保险法等法律法规关于医保定点零售药店经营行为的有关规定不一致。经移送和协调，省司法厅和有关市人大依法监督纠正，3件规范性文件的有关规定已停止执行。

（三）加强备案审查制度机制建设

一是深入组织贯彻实施《广东省备案审查条例》。广东省人大常委会主动适应新时代要求，于2018年11月在全国率先出台备案审查条例，自2019年1月1日起实施。条例规定了立法宗旨、工作体制、规范性文件的备案范围、审查方式、审查标准、审查程序和保障与监督等制度规范，为做好全省备案审查工作提供了有力法治保障。省人大常委会大力组织推动条例宣贯工作，先后在省人大常委会召开的有关会议和专门举办的条例宣贯暨信息平台使用学习培训班上作出部署、提出要求，并将抓好条例宣传贯彻实施、督促各地各单位落实条例规定的各项制度，作为推进备案审查工作的关键，着力抓实抓细。注重将学习贯彻习近平总书记全面依法治国新理念新思想新战略、党中央有关决策部署和宣传与实施宪法贯彻到条例宣传贯彻实施的全过程和各方面。注重采取多种形式，增强条例宣贯实效。通过撰写条例释义、解读文章、宣讲课件和组织骨干力量宣讲、协调新闻报道等多种方式，大力开展条例宣贯工作。组织省"一府两院"和省市县三级人大有关人员进行条例宣贯专题培训，在省人大举办的县乡人大负责同志培训班上安排条例宣贯课程，派员赴 21 个地级以上市开展条例宣讲，并指导推动各市抓好县（区）的条例宣贯工作，从而实现了条例宣贯全覆盖。截至 2020 年底，组织对全省各级人大和制定机关的同志共 4000 多人次进行了条例宣贯培训，有力推动了全省各级备案审查工作的规范有序开展，促进了规范性文件制定质量的提高，全省备案审查工作整体上了一个新台阶。

二是推动落实听取审议备案审查报告制度。全国人大常委会法工委在 2020 年 10 月召开的全国人大备案审查工作经验交流会上提出，各省区市要在 2021 年上半年实现设区的市全部进行备案审查工作报告，2022 年内覆盖全部县级人大常委会。广东省于 2018 年就开始推动此项工作，在备案审查条例中作出了专门规定，并纳入广东法治考评的范围，加强示范指导，推进报告工作的制度化常态化。省人大常委会法工委在连续两年向省人大常委会会议报告备案审查工作的同时，提出工作指引，大力推动市县两级人大常委会参照省的做法推进，在 2020 年实现了全省所有地级以上市和 120 多个县人大常委会会议听取备案审查工作情况报告，实现了省市县三级人大常委会听取审议备案审查工作情况报告全覆盖。全省统一的备案审查信息平台还设置了"备案审查报告"栏目，省市县三级的备案审查工作报告都上传到该栏目中，既展示各地的工作成果，也可供全省有关同志交流学习。

三是探索建立引入专业力量有序参与备案审查机制。为增强备案审查的科学性、民主性，创造性地落实"有备必审"的要求，采取委托研究、征求意见和加强成果转化运用等措施，在全国率先探索建立了引入专业力量有序参与备案审查的工作机制。2019 年首次委托有关立法基地、省律师协会对 223 件规范性文件进行研究、对 37 件生态环保领域的省政府规章进行专项研究，提出审查研究意见。2020 年再次委托有关高校法学院对 151 件规范性文件进行研究。同时，就备案审查中的重点难点问题，征求立法基地、人大代表、立法咨询专家等方面的意见，提高备案审查科学性、公信力。加强对上述意见的研究和转化运用，为备案审查提供决策参考。

（四）加强备案审查能力建设

广东省人大常委会采取多种措施认真落实党中央和全国人大常委会关于加强备案审查制度和能力建设的部署要求，并努力把制度能力建设的优势转化为工作效能。

一是加强全省统一的备案审查信息平台升级建设。2019 年 3 月，栗战书委员长在全国人大常委会工作报告中提出，各省要将省级人大备案审查信息平台延伸到设区的市、自治州、自治县。法制委、法工委会同常委会办公厅，将信息平台建设作为加强备案审查制度和能力建设的重要抓手，加快统筹规划、先行先试和全面授权，已将信息平台延伸至全省所有的县和镇人大使用，着力打造了功能更加强大、使用更加便捷的信息平台 2.0 版，平台升级建设基本完成。优化了电子备案、智能审查、意见征集、统计分析等备案审查主要功能和业务流程标准，拓展了智能辅助立法、立法计划、法规意见征集和立法文件模板等立法服务功能。探索人工智能新技术的运用，开发了法律法规知识图谱功能，建立了全省法规规章规范性文件数据库，并在广东人大网站向社会公开发布了《广东省地方性法规数据库》，提供权威、可查询和下载的法规文本。强化全面授权使用和培训，落实新制定的信息平台使用管理办法，信息平台纵向联通五级人大，横向联通"一府两院"，实现了全省"一张网"。2020 年 10 月在全国人大备案审查工作经验交流座谈会暨备案审查工作培训班上，广东省作为先进典型就创新广东备案审查能力并在全国率先建设完成全省统一的备案审查信息平台 2.0 版等工作作了专题发言，获得与会领导和同志们的充分肯定。

二是加大备案审查指导培训工作力度。采取组织学习贯彻重要会议精神、定期举办培训班和通过备案审查信息平台、业务微信群加强工作交流指导等多种形式，健全指导培训机制。组织对 2020 年召开的全国性备案审查会议的精神进行传达和学习贯彻。提出审查标准指引，组织撰写广东省第一批审查案例 37 件并印送各市县人大，发挥指导性审查案例的规范审查、统一尺度等作用，指导市县"审什么"和"怎么审"。将备案审查工作内容纳入县乡人大负责同志培训班和立法工作培训班，促进市县两级人大常委会领导对备案审查工作的了解和重视支持，推动各级人大和有关制定机关提高工作队伍的能力素质。

三　备案审查工作的机遇与挑战

新形势下，备案审查工作迎来新机遇。一方面，党中央有新要求。党中央对加强备案审查工作提出"有件必备、有备必审、有错必纠"的总要求。党的十九大提出，加强宪法实施和监督，推进合宪性审查工作，维护宪法权威。党的十九届四中全会进一步提出，加强宪法实施和监督，落实宪法解释程序机制，推进合宪性审查工作，加强备案审查制度和能力建设，依法撤销和纠正违宪违法的规范性文件。另一方面，人民群众有新期待。随着全面依法治国深入推进，全社会的法治观念不断增强，对能否及时发现和依法纠正存在违宪违法问题的规范性文件，人民群众关切越来越高。上述新要求新期待必然推动地方人大常委会主动适应新形势，大力开展规范性文件备案审查工作，实现新的发展。

备案审查工作也有新挑战。一是有件必备的工作任务越来越重。目前，广东省21个地级以上市政府都具有规章制定权，将各级法院、检察院制定的规范性文件纳入了同级人大常委会备案审查范围，省市县三级人大常委会备案审查工作量大大增加。二是审查能力仍需提高。除了党中央对备案审查工作的要求越来越高，备案审查有一个特点，层级越低的规范性文件，需要遵守的上位法越多，不仅要符合法律、行政法规和地方性法规，还需要符合上级机关制定的规范性文件，且直接涉及人民群众的切身利益，审查难度越来越大，对审查能力要求也越来越高。与新的备案审查任务相比，各级人大常委会现有备案审查工作机构和专业工作人员力量需要进一步健全和充实。

四　进一步做好备案审查工作的举措和展望

中央全面依法治国工作会议和全国人大常委会对备案审查工作提出了

明确的工作任务和要求。省人大常委会将主动适应新形势新任务新要求，进一步增强责任感和使命感，明确工作目标，突出工作重点，全面加强备案审查工作，并重点抓好以下几个方面的工作：

（一）进一步做好全国人大备案审查工作办法的宣传贯彻实施工作

我们要紧扣工作实际，采取多种形式大力宣传贯彻实施《备案审查工作办法》。各地要结合备案审查工作大培训、大调研、大交流、大探索、大督促活动的开展，将宣传贯彻实施 2019 年 12 月全国人大常委会委员长会议通过的《备案审查工作办法》和《省备案审查条例》落细落实，并以此为抓手，着力在"严格执行"上下功夫，进一步落实党中央提出的"有件必备、有备必审、有错必纠"工作要求。一是严把备案关。督促制定机关及时、规范报备规范性文件，对制定机关迟报、漏报、报备材料不全、报备不规范等行为及时予以提醒、督促、改正，进一步规范其报备行为。广东省地方性法规向全国人大常委会的报备，要严格落实《备案审查工作办法》和省人大常委会关于地方性法规报备规定的要求，对设区的市法规报备材料，要在公告后的 10 日内通过全省统一的备案审查信息平台报送，并由省人大常委会向全国人大常委会报备；对于违反规定未及时、规范报送的，一律进行通报，并纳入广东法治考评的内容。二是严把审查关。全面加强审查工作，做好依申请审查、主动审查、专项审查和移送审查工作，特别是要按照全国人大备案审查交流会的部署，加强主动审查和专项审查，并对备案的每一件规范性文件都要开展主动审查，不能备而不审。三是严把纠正关。强化制度刚性，发现存在违反法律法规问题的，采取沟通、函询、约谈、通报等多种方式，坚决依法予以纠正。

（二）进一步加强备案审查制度机制建设

一是推动《省备案审查条例》的修改。将条例的修改纳入 2021 年省人大常委会立法工作计划，与《备案审查工作办法》相衔接相配套，并研究将广东省各级监察委制定的规范性文件纳入同级人大常委会备案审查范围，实现备案审查全覆盖。二是巩固向人大常委会报告备案审查工作情况制度。在广东省今年已实现省市县三级备案审查报告工作全覆盖的基础上，进一步推进报告工作的制度化常态化，提高报告质量。2020 年指导各市要继续做好该项工作，发挥好示范作用，同时指导、推动县级人大常委会做好该项工作。三是健全全省备案审查工作指导培训机制。采取召开有关会议、举办专题培训班、通过备案审查信息平台和业务微信群在线交流培训等多种形式，巩固全省备案审查工作指导和人员培训机制，提高工作队伍的政治和业务能力。省人大常委会将于2021年适时举办全省备案审查工作培训班，并指导各地级以上市结合自身实际，开展该项工作，加大对本地区同级"一府两院"及县乡人大的指导培训。四是健全人大系统备案审查工作合力机制。由人大常委会法工委负责备案审查工作的综合协调，各专门委员会、常委会工作机构根据职责分工负责具体审查。同时，发挥各专工委的优势，加强协作，形成审查工作合力。五是建立健全备案审查示范单位创建工作机制。及时总结各地开展备案审查创建示范县（区）、示范镇活动经验做法，出台指导意见，完善工作机制，继续树立典型、以点带面，深入推进全省备案审查工作。

（三）进一步贯彻落实党中央关于推进合宪性审查工作部署

深入学习贯彻习近平总书记关于宪法的重要论述精神，贯彻落实党中央和全国人大常委会推进合宪性审查工作部署，保证宪法法律在广东省得到遵守和执行。将加强备案审查工作作为贯彻落实党中央合宪性审查工作部署的重要抓手，充分发挥衔接联动机制作用，发现可能存在合宪性问题的，或者遇到宪法有关规定的理解和适用问题，及时组织会商研究，由省人大常委会向全国人大常委会报告，依法监督和促进规范性文件符合宪法法律规定、原则和精神。

（四）进一步用好全省统一的备案审查信息平台

自2019年11月始至2020年11月历时一年，省人大常委会已组织建设完成全省统一的备案审查信息平台升级版。近3年来，全省开展信息平台延伸至市县乡使用工作，经过省市县乡四级人大和"一府两院"的共同努力，构建了全省一张网。接下来，要深化使用好信息平台升级版，充分发挥它的作用，共同推进地方立法和备案审查工作的规范化数字化智能化发展。一是要高度重视。要将加强全省统一的备案审查信息平台升级版使用，作为提高全省备案审查能力建设的重要抓手和创新载体，将开展在线备案审查工作，作为新职责新常态新方式。二是加强组织领导，落实省人大常委会制定的《备案审查信息平台运行和使用管理暂行办法》，结合实际，制定本市加强信息平台使用的管理办法，明确具体牵头推进工作的机构、人员及其职责。三是做好全省法规规范性文件数据库建设工作。依托全省统一的信息平台，在 2020 年已完成全省法规数据库建设的基础上，要加强对各地各有关机关对现行有效规范性文件的全面清理和电子报备，力争 2020 年上半年完成全省各级各类现行有效规范性文件的全面梳理和电子报备工作。

（五）进一步做好备案审查理论研究和宣传工作

依托广东省高校、研究机构、专家和新闻媒体，加大备案审查理论研究和宣传力度，增强社会对备案审查工作的了解和支持，共同维护社会主义法制统一和权威。

（审定：广东外语外贸大学法学院 余彦 副教授）

第四章

广东设区的市法规审查指导
用力点实证研究(2021)

李琼[*]

2015 年 3 月 15 日《立法法》通过修改,将立法权赋予所有设区的市一级,广东省享有设区的市立法权的达 21 市,数量在全国最多。学术界曾多有顾虑,担心各市各行其事或者搞立法大跃进,可能导致法律体系不协调,甚至破坏法制统一[①];实务界也曾担忧,大部分设区的市立法经验全无、能力不足,立法质量难以保证,可能有违立法权下沉的初衷。[②] 广东立法机关为切实推动这一完善立法制度重大举措顺利落实,依法赋予省人大常委会法制工作委员会法规审查指导工作职能,新设法规审查指导

* 李琼,广东省人大常委会法制工作委员会经济法规处处长,广东省法学会地方立法学研究会常务理事,广东省立法工作专业人才。

① 秦前红:《地方立法权主体扩容利弊》,http://opinion. aisixiang. com/data/81960. html,访问时间:2020 年 4 月 1 日;焦洪昌、马晓:《地方立法权扩容与国家治理现代化》,《中共中央党校学报》2014 年第 5 期;马英娟:《地方立法主体扩容:现实需求与面临挑战》,《上海师范大学学报》(哲学社会科学版)2015 年第 3 期;王春业:《设区的市地方立法权运行现状之考察》,《北京行政学院学报》2016 年第 6 期;尹士国、李杰:《论设区的市地方性法规的审查批准制度》,《中州大学学报》2017 年第 3 期。

② 各省级地方在推进赋予设区的市地方立法权的过程中,发现市级人大立法能力普遍薄弱。主要参见河南省人大常委会法工委:《认真贯彻实施立法法 积极稳妥赋予设区的市地方立法权》,http://www. npc. cn/npc/lfzt/rlyw/2015 - 09/24/content_ 1947147. htm,2015 年 9 月 24 日,访问时间:2020 年 4 月 1 日;朱宁宁:《广东积极稳妥推进设区的市立法工作 考虑各市立法能力不搞"一刀切"》,《法制日报》2015 年 9 月 21 日第 7 版;陕西省人大常委会法制工作委员会:《坚持标准 加强指导 积极稳妥推进设区的市立法工作》,中国人大网:http://www. npc. cn/npc/lfzt/rlyw/2016 - 09/18/content_ 1997650. htm,访问时间:2020 年 4 月 1 日;刘永亮,万祥裕,孙文燕,黄立虎:《对新赋予设区的市行使地方立法权相关问题探析》,http://jxrd. jxnews. com. cn/system/2016/09/05/015169802. shtml,访问时间:2020 年 4 月 1 日。

处，归口负责设区的市立法的业务指导工作，为省人大常委会审查批准设区的市的立项提供专业服务。① 法规审查指导工作机构为帮助设区的市立法工作起好步、开好篇，稳步发展，未雨绸缪、先行先试，建立健全一系列工作制度的同时，因地制宜、因事制宜，认真研究共性问题以及较为典型的个性问题，在恪守"不抵触"原则前提下，抓住提高立法质量这个关键，创新审查指导工作方式方法，努力为各市出台一部又一部法规发挥职能作用，自 2015 年 3 月《立法法》修改至 2020 年 11 月，广东省人大常委会共批准设区的市地方性法规（含修改、废止决定）200 件，其中佛山等 17 个新享有地方立法权的市制定的法规达 120 件。笔者作为法规审查指导工作机构首批工作人员，曾与同事们共同致力于设区的市法规审查指导这项全新的工作，在实践与探索中体会到，设区的市立法有着雷同的偏差或者类似的问题，它们正是审查指导实际工作中重点把关的用力点。笔者刍议的重点把关的用力点，可理解为类似使用钥匙、门闩或者功能相近的东西，在事物的构成要素中起着开关、疏堵的作用，点位准确，用力得当，可以释疑解惑，打开思路，找到方法，达成目的。本文对设区的市法规立项把关、制度设计指导、合法性审查以及立法技术规范工作实例进行分析研究，以期找到审查指导的用力点，弄清"抓什么"，明白"怎么抓"，使具体开展设区的市法规审查指导工作时能够精准发力，提高效率，于提高设区的市立法质量应当有所裨益。

一　法规立项把关用力点在于确立事项范围

法规立项是立法程序的始端，关乎立法活动的目的初衷、决心意图和努力方向，通常以立法规划、立法计划的文件形式固定下来以利执行。法规审查指导工作机构每年都会收集各市拟立法规项目，逐项进行研究，提出相关意见建议，确保不涉及全国人大及其常委会的专属立法权，不超越城乡建设与管理、环境保护、历史文化保护 3 个方面的立法权限。② 在立项把关过程中，偶有涉及越权立项的情况，通过研讨立法权限给出建议容

① 《广东省机构编制委员会办公室关于调整省人大常委会法制工作委员会内设机构的函》粤机编办发〔2016〕13 号。
② 参见《中华人民共和国立法》第四条、第八条、第七十二条的规定。

易得到快速顺利的解决。争议较多、意见不易统一的往往是立法调整的事项及其范围的确立，法规审查指导工作机构将此作为用力点，注意修正3种实际偏差，在避免越权立法的同时避免盲目立法和重复立法等情况发生。

（一）修正法规立项选题追求大而全的偏差

广东新获得立法权的市开始制定地方性法规，立法热情高涨、需求大量迸发，一些大而全的法规项目，经过市民呼吁、行业力荐，或者通过领导点题、部门推动，摆到了立项取舍决策的台面，成为设区的市立法早期需要纠正的较为普遍的实际偏差。① 有的市提出制定《生态文明建设条例》，调整事项范围涵盖整个生态系统、环保体制及其相关多项建设，而从本地实际情况、自身立法能力上看，试图通过"大杂烩""一锅煮"解决所有生态文明建设的问题是不现实的，法规审查指导工作机构建议该市立法工作机构调整该法规的适用范围，把规范事项放在政府诸多部门聚焦生态文明建设，形成合力搞好促进与保障上，将项目改题为《生态文明建设促进与保障条例》。有的市着手制定《某某江流域保护条例》，除保护水体外，还将项目建设、产业发展、森林管护、物种保护、水资源调配、取水许可、河道管理，以及生态移民、沿河两岸村庄管理均纳入调整范围，法规草案多达100多条，法规审查指导工作机构鉴于草案所作规定或有上位法规定，或牵涉很多法律部门关系，有的还关系民生村计大事，绝非一两条规定可以揽括，建议紧扣流域最为重要的、百姓反映最为强烈的水质问题作为主要调整目标，最后，该市立法工作机构将法规名称调整为《某某江流域水质保护条例》。有的市坚持制定《城乡规划条例》，形成了法规草案，也提上了审议日程，因城乡规划法、本省城乡规划条例等上位法对城乡规划编制主体、内容、程序、效力及其实施都作了明确规定，市级立法的空间十分有限，难以体现本地特色，后来该市立法工作机构搁置了此项法规。

设区的市每年法规立项，法规审查指导工作机构都主动介入，对项目调整的事项范围进行必要把关，明确不支持立全局性、综合性的法规，要求勿"求大求全"，并倡导单项立法，讲究"短少精干""一事一法""有

---

① 易有禄：《设区市立法权行使的实证分析——以立法权限的遵循为中心》，《政治与法律》2017 年第 6 期。

特色"，引导各市立法工作机构着力做好一片城、一座山、一条河、一个湖、一处文化古迹的保护立法，注重当地文化遗产和优秀传统的保护和传承，增加法规的针对性、操作性，同时体现本地特点，切实起到对国家法律、本省法规"拾遗补缺"的作用。①

（二）修正经济领域法规立项越权的偏差

广东是改革开放的前沿，对商品经济、市场经济接触较早、认识较深，契约意识、规则意识比较强。一些市在深化改革开放、促进经济高质量发展方面立法需求较为特殊，有城乡建设与管理方面，有少数项目直接或者间接地涉及经济领域，调整事项属于经济法法律部门调整范畴，是否属于权限范围内需要研究，对可能越权的立项偏差需要纠正。有市拟制定《某某临空经济示范区条例》，将管委会行政管理职能予以授权，并对临空经济示范区开发建设的体制机制、规划建设、产业发展、优惠政策等进行规定；有市拟制定《某某滨海新区条例》，通过立法设立"管委会＋法定机构"的政企合作模式，同时调整新区治理结构、开发建设、产业发展、投资促进、社会建设等事项；还有市拟将《农村集体资产交易管理条例》予以立项，计划通过立法解决农村因集体资产运营管理不透明、不民主、不规范等影响基层稳定和谐的问题。此类项目虽有立法的必要性及其意义所在，但无法避免涉及村民组织法等宪法相关法律关系，并对经济事务作出调整和规范，法规审查指导工作机构考虑立法权限上存疑，加之设区的市权限范围内立法项目存量较多、选择余地尚大，建议相关市立法工作机构将此类涉及经济领域立法的项目移出了年度立法计划。

对于城乡建设与管理方面立法调整事项范围的把关，法规审查指导工作机构原则上如此理解和把握："城乡建设"既包括城乡道路交通、市政管网等基础设施的建设，也包括医院、学校、体育设施等公共机构、公共设施的建设；"城乡管理"除了包括对市容、市政等事项的管理，也包括对城乡人员、组织提供服务和社会保障以及行政管理等，还包括妇女权益

---

① 参见李适时《进一步加强和改进地方立法工作》，《中国人大》2016 年第 18 期；黄龙云主编：《广东地方立法实践与探索》，广东人民出版社 2015 年版，第 139—140 页；中国人大网：《惠州市人大常委会：坚持"四个结合"加强立法能力建设——广东省惠州市立法能力建设的实践与探索》，http://www.npc.gov.cn/lfzt/rlyw/2017－09/13/content_2028816.htm，访问时间：2020 年 4 月 1 日。

保障、旅游业促进，义务献血、老年人权益保障、文明行为促进、信息经济智慧应用促进、绩效管理、职业技能培训等。[①] 经济发展需要对特定区域进行立法规范，可能涉及管理体制变通、经济体制变革等，对立法权限原则性的理解和把握并不能完全满足先行先试的需求，但这一类项目为数不会多，建议一般由省立项为妥；如果相关市迫切需要又坚持立项，应将示范区、新区等的规范调整事项限制在管理和服务上，避免超出立法权限范围。

（三）修正法规立项中重复立法的偏差

广东立法主体属典型的多层次结构，从省、设区的市，到经济特区、少数民族自治县都有主体享有立法权。设区的市处于最基层立法层次，由于不尽了解国家和本省的现阶段立法项目安排，有时存在重复现象，需要提示纠正。有市制定的《森林火源管理条例》于 2017 年 3 月 1 日施行，而同年 6 月 2 日新制定的广东省森林防火条例出台，出现了市条例与省条例关于"森林特别防护期"的规定不一致的问题，2018 年 8 月，该市立法工作机构对刚刚施行一年多的条例进行了修改。之后，有市拟将制定《农村土壤污染防治条例》列入 2018 年度立法计划，法规审查指导工作机构考虑到全国人大常委会当年正在制定土壤污染防治法，建议作了暂缓立项处理。

对法规立项把关时，法规审查指导工作机构注意收集全国人大常委会、国务院以及本省的立法规划和立法计划，把用力点放在将设区的市拟立项目与国家和本省立法规划、计划比照比对上。[②] 既节约立法资源，避免重复立法，又防止抢抓出台，规避与上位法规定可能不一致情况的发生，从始端维护法制统一。

二　制度内容设计指导工作的用力点 在于坚持问题导向

法律法规制度建设注重解决基础性、长期性、普遍性的问题，非常必

---

① 全国人大常委会法制工作委员会办公室编：《法律询问答复汇编》，2017 年 7 月。

② 莫小松、马艳、韦华珍：《广西首次为乡村清洁工作立法 人大常委会提前介入设区的市立法规划》，《法制日报》2016 年 2 月 16 日第 3 版。

要和重要，若针对性差，有效性不足，没有实际可操作性，就会直接影响法规实施的效果。法规审查指导工作机构强调增强问题意识，坚持问题导向，把认识和化解问题矛盾作为突破口和用力点，一般在设区的市法规草案一审以及个别法规草案二审之后，相对集中时间，协助邀请省级法律及相关专业领域专家、省直有关部门实务工作者召开立法论证会，着重讨论所作制度设计是否科学、合理、可行，能否解决实际问题，帮助法规制定者调整改变、补充完善其制度设计，促使解决不同程度存在的"没有针对问题立法"的问题，以及"立法不能解决问题"的问题。实际需要从以下几点用力解决问题：

（一）用力解决内容结构没有紧扣主题宗旨的问题

法律法规不仅要体现价值理念，规定应然状态，而且还要能够合理有效地解决现实生活中的实际问题。法规草案起草时，可能被纷繁杂乱的立法诉求所干扰，致使在搭建法规框架、确立章节结构时不能很好地坚持立法指导思想，一开始存在"跑偏"的可能，也难免会走"弯路"。出现这种情况，草案文本结构内容往往需要作出调整。有市制定《出租屋治安与消防安全管理条例》，一审后的法规草案以管信息、管人员、管设施、管处罚为基本结构，以规定出租人、承租人义务，规定相关禁止性行为，以及规定行政处罚为主要内容。专家论证时对此稿重赋予行政相对人义务、轻落实行政人自身职责的现象提出质疑，法规审查指导工作机构与该市立法工作机构沟通，使该草案文本更多地从立法为民、便民、利民的角度，完善政府及其部门"主动上门服务"的规定，在强化出租屋出租行为监管的同时，为出租人、承租人提供相关便利，变强势管理为服务型管理，既围绕保障出租屋安全这一立法初衷作文章，又践行地方立法宗旨体察民情、回应民意。

法规审查指导工作机构在法规草案起草、修改过程中，明确要求既要有立法理论相支撑，又要有实践经验相印证，起草、修改法规草案，从构想草案框架、搭建草案毛坯，到敲定草案大体内容，都应注重从践行立法宗旨角度入手破题，认真设计相关法律制度以期实现立法目的，只有紧扣立法主题，牢记立法宗旨，起草、修改的法规草案才能符合立法精神、实现立法目的。

（二）用力解决重点举措没有瞄准重点问题的问题

立法就是为了解决问题。设区的市制定法规不同程度地存在重复上位法、照搬兄弟省市规定的情况，作出的规定没有切合本地实际，能否切实解决本地问题难免令人担忧。① 有市下决心通过制定《重点流域水环境保护条例》为"被点名"河流治污整改提供法制支撑，发挥推动作用，条例草案二审后形成了一系列污染防治措施，包括饮用水源保护区建设、汇入支流水质要求、水污染物排放控制、重点排污单位监测、城镇水污染物排放、产业准入、禁止限制项目、"散乱污"企业整治以及农村、农业、渔业、畜禽、港口码头污染防治等各个方面，非常全面。然而这些措施，要么水污染防治法等上位法已有规定，要么不够具体，不够精细，操作性不强。为切实找准问题，法规审查指导工作机构协助组织一批国家级、省级专家到该市调研论证，了解证实一个事实真相：其重点流域水环境80%的污染源来自生产生活污水直排，主要原因在于城镇排污管网没能实现全覆盖，农村生活污水处理设施建设滞后，雨污分流管理措施欠缺。为瞄准重点问题"对症下药"，建议该市立法工作机构删去了条例草案重复上位法的相关规定，专门针对管网问题增加作出5条规定，如规定：城镇污水集中处理设施及配套管网应当实现全覆盖，实行县级人民政府行政首长负责制，县级人民政府主要负责人为第一责任人；距离城镇近的村纳入城镇污水设施统一处理，远的大的村应当建设农村生活污水处理设施；小的散的村也要建设污水净化池等分散式污水处理设施等，并专门设置了两条4款罚则，相关制度设计有责任主体及保障机制、有实施范围及考核标准、有监管要求及责任追究，严格落实这些法定治污措施，80%的污染源有望得到有效控制和解决，进一步可望实现立法治水的目的。

每一部法律规范都有需要解决的关键问题，把握了这个关键问题，就抓住了矛盾的主要方面。对法规草案所作制度设计进行指导，必须找到问题所在，法规审查指导工作机构在不能参加设区的市所有法规实地调研的情况下，通过树立正确的问题意识、掌握科学的解决问题的思维方法，认

---

① 曲茂辉：《我国上位法与下位法内容相关性实证分析》，《中国法学》2014年第2期；孙波：《试论地方立法"抄袭"》，《法商研究》2007年第5期；王子林：《地方立法重复空泛现象的分析与对策》，《人大研究》2018年第11期；高慧广：《重复立法的现象与对策》，《法学杂志》1994年第6期。

真听取专家论证的意见，运用经实践检验的立法经验，综合给出意见和建议，便是制度设计指导用力的方法和诀窍。

（三）用力解决制度内部逻辑关系不够严谨的问题

立法设计一项或者几项制度，不是单一的、孤立的制度，实质往往是成套的制度，必然需要严密的内部逻辑，有时需要数个条文来表述，这些条文可能散布于法规草案各个章节当中，其逻辑关系是否严密的问题，容易被忽视。有市制定《某市砚石资源保护条例》，草案设计了对砚石资源实行分区保护的核心制度，分为重点保护区、一般保护区，没有与法律划定的各种保护区概念明显区分开来，也没有与本省对砚石资源保护政策规定已经使用的保护区概念相衔接。对此，法规审查指导工作机构建议理清不同保护区概念及其相互间的逻辑关系，并与政策规定协调，将端砚石资源保护区域确定分为禁止开采区、限制开采区、限制勘查区3类，便于百姓直观地理解，且不容易产生歧义。另有市制定《野外用火管理条例》，也将分区保护作为一切野外用火管理的核心制度设计，分为森林防火区、农业生产区、居民生活区，没有对不同区域的管理措施加以严格的区分，不同区域管理措施交叉重叠、重点不清，容易产生混淆，致使分区失去意义。对此，法规审查指导工作机构建议切合当地实际，对野外用火管理区域分为森林防火区、农业生产生活区、城镇居住区3类，对其划定的标准、条件、程序，实施的主体、权限，实质保护的对象、方法、手段等逐一作出规定，并对各区不同的概念定义、管理措施、处罚幅度逐一梳理，确保整套分区管理制度之间界线分明、互不相干、切实可行。

地方立法设计的法律制度特别是重点制度、核心制度贯穿整个法规，可能涉及大部分的条文规定。如果重点制度、核心制度设计不能规范严谨，程序合理严密，再好的设计也收不到良好的实施效果。因此，需要立法者对重点制度、核心制度的内部逻辑关系认真进行梳理，厘清法规制度各条文之间的逻辑关系，使之密切关联、相互呼应，自成体系。制度内部逻辑关系的梳理不能光凭直观感觉，还需要作深入的思考分析，这既是制度设计指导工作的用力点所在，也是重点难点所在，最能体现法规审查指导工作机构人员的"功力"和"造诣"。

三 合法性审查工作用力点在于符合政策取向

依据《立法法》规定，对设区的市报请批准的法规进行合法性审查，确保所作规定与上位法不抵触，乃广东省人大常委会的法定权责，法规审查指导工作机构始终将合法性审查作为核心任务，严肃对待、严格把关、严谨办理，努力将合法性问题全部解决在法规审议通过、审查批准之前。实际情况是，"不抵触"的原则从省到各市认识高度一致，都能自觉恪守，各市立法工作机构法规制定过程中涉及的合法性问题，若与上位法相抵触的，一旦发现一经研究和沟通，即可得到迅速解决和消除，更多的需要研究把关的合法性问题，往往发生在对相关政策取向的理解把握上。

政策是立法的核心。任何立法及其条文背后起决定性作用的是政策。任何立法都要有一个基本的政策取向，立这个法干什么？不是为了立法而立法，立法要实现什么目标，解决什么问题，确立什么制度机制，采取什么措施办法，这些都属于立法政策问题。[①] 法律法规是定型化的政策，政策问题没有搞清楚，政策意图、政策取向看不清，确定不下来，法是立不出来的，或者是立不好的。实践中，具体项目所关联的政策取向有显性的，也有隐性的，法规审查指导工作机构需要率先领会相关政策取向，并以其取向为导向，集中注意力找准用力点，发现问题并加以解决。

（一）发现义务性规范与民主立法核心要求有偏颇之处并加以解决

民主立法的核心要求在于为了人民、依靠人民。[②] 设区的市立法中时常有此类现象：立哪个领域的法则片面地强调哪个领域重要，"自说自话单打一"；或者本着良好初衷建立的法律制度，老百姓并不买账，"剃头挑子一头热"。有市制定《客家围龙屋保护条例》，在对第一类"文物级"、第二类"历史建筑级"客家围龙屋依法实施保护外，还对具有较高历史、艺术、科学、文化和社会价值的第三类客家围龙屋实行立法保护，但只赋

---

① 王子林：《地方立法重复空泛现象的分析与对策》，《人大研究》2018 年第 11 期，第 29—32 页。

② 张德江：《民主立法的核心在于立法要为了人民、依靠人民》，人民网：http://npc.people.com.cn/n/2014/0309/c376899.html，访问时间：2020 年 4 月 1 日。

予第三类围龙屋业主各种保护义务，没有赋予其相应对等的权利，法规审查指导工作机构认为相关义务规范于法无据，地方立法实施保护，规定业主承担的义务和享受的权利应当对等，建议纳入第三类保护对象范围必须经客家围龙屋所有权人同意，变"要我保护"为"我要保护"，条例增加了"第三类客家围龙屋申报列入客家围龙屋保护名录的，应当经客家围龙屋专有部分占建筑物总面积过半数的所有权人且占总人数过半数的所有权人同意，在征求公众和客家围龙屋所在地村民委员会、居民委员会以及使用权人、管理人的意见后，由客家围龙屋所在地县级人民政府向市人民政府文物主管部门进行申报"等规定，体现了对业主物权和意愿的尊重，以及保护为了业主、依靠业主的要义。有市制定《停车场条例》，其中一条法律责任规定"不按照规定缴纳城市道路临时泊位使用费的，由交通行政主管部门责令限期缴纳；逾期不缴纳的，处以 200 元罚款，并纳入本市公共信用信息管理系统"，法规审查指导工作机构考虑不按照规定缴纳城市道路临时泊位使用费的原因多种多样，政府也不宜简单地以罚代管，随意纳入失信"黑名单"，建议该市立法工作机构删去了纳入征信相关规定，体现了教育引导规范为主的立法精神和过罚相当的原则。

　　坚持立法为民，地方性法规所作任何规定必须以人民为中心，体现广大人民群众的正当利益诉求，这既是对立法工作的政治要求，也是立法中需要把握的最大的政策取向。[1] 违反人民意志和情感认同立法，片面强调监督管理需要立法，法理原则把握上就是很大的合法性问题。法规审查指导工作机构进行合法性审查时，注意牢固树立立法要维护人民根本利益、体现人民共同意志的思想，坚决摒弃立法就是管理老百姓的错误观念，认真把握建设服务型政府等政策取向，从深层次"挑刺"，防范出现部门利益法制化、政府管理处罚化、社会责任摊派化等问题，把一些类似衙门叫嚣"肃静回避"、脱离群众"劳民伤财"、不切实际"费力不讨好"的规定审查出来、清除出法。

---

　　① 党的十八大和十八届三中、四中、五中、六中全会明确提出了以人为本、立法为民的要求。各地纷纷响应，筑牢立法为民理念，积极回应人民群众立法期盼。《重庆市人大法制委员会重庆市人大常委会法制工作委员会：落实立法为民理念着力实现良法善治》，中国人大网：ttp：//www.npc.gov.cn/npc/lfzt/rlyw/2017－09/13/content_ 2028805.htm，访问时间：2020 年 4 月 1 日。

（二）发现对行政许可上位法规定的理解有异议并加以解决

设区的市法规涉及行政许可、行政强制、行政处罚、行政收费的规定，一般是合法性审查的敏感条文，须与"行政三法"规定相一致。对已经实施多年的许可事项，上位法没有直接规定许可，地方立法规定许可制度是否属于新设行政许可，所作许可规定是否合法等，有时认识不一致。有市制定《户外广告设施和招牌管理条例》，规定"设置户外广告设施应当依照法律、法规的规定取得城市管理主管部门同意后，按照有关规定办理审批手续"，将户外广告设施的设置作为审批事项作出了许可规定。此项许可上位法依据有二：一条是广告法第四十一条关于"户外广告的管理办法，由地方性法规、地方政府规章规定"的规定；另一条是城市市容环境卫生管理条例第十一条关于"大型户外广告的设置必须征得城市人民政府市容环境卫生行政主管部门同意后，按照有关规定办理审批手续"的规定。制定法规的部门将广告法规定理解为所设许可的上位法依据，而有意见认为，所设许可应理解为对城市市容环境卫生管理条例有关许可规定作出的具体规定，涉及扩大许可事项范围。为慎重起见，法规审查指导工作机构专门邀请在粤的行政法学、法治评价、行政审判、审批改革、执法监察等方面的知名专家和实务人士，单独对该条许可规定的合法性问题进行论证，经充分研究论证，结论认为所设许可应当与上位法已有许可保持一致，限于大型户外广告的设置；非大型的应由行政机关采用事后监督等其他行政管理方式解决，该市立法工作机构对所设许可规定作出了相应修改。

简政放权是当前重要的政策取向，国家对许可审批事项从顶层设计到层层清理不断发力，立法决策应当自觉与改革决策相衔接。[①] 法规审查指导工作机构认真领会"放管服"系列改革决策取向，对在地方立法中规定许可事项严格把关，通常限于结合实际对上位法已有许可的主体、要件、程序、时限等作出具体规定，务使立法决策与改革、发展、稳定的重大决

---

① 乔晓阳：《处理好立法与改革的关系》，《中国人大》2014 年第 20 期，第 17—18 页；王博勋：《以立法引领推动改革》，《中国人大》2018 年第 2 期，第 25—27 页；杨维汉，陈菲：《栗战书出席第二十四次全国地方立法工作座谈会 栗战书在第二十四次全国地方立法工作座谈会上强调推动地方立法工作与时代同步与改革同频率与发展同发展》，《中国人大》2018 年第 18 期，第 4—5 页。

策取向相一致，自《立法法》修改以来，广东立法没有新设任何一项行政许可。

（三）发现上位法在修改时让制度落地有风险并加以解决

地方立法除了保证与上位法规定的实质内容相一致外，始终保证与上位法规定的精神和要求相一致，也是符合政策取向要求的题中应有之义。在一些先行先试的立法实践中，需要与立法所依据的一部、两部乃至更多部上位法一一对照，需要与该领域最新的法治发展方向一一对接，与上位法已经着手修法的决策精神一一对应。有市着力制定《村庄规划建设管理条例》，以求破解农村建房困局和乱象。此项立法关于宅基地的问题涉及到两部上位法规定：一部是土地管理法第六十二条关于"一户只能拥有一处宅基地"的规定，另一部是户口登记条例第五条关于"共同居住一处的立为一户"的规定，根据这两部上位法的规定，分户和分宅往往互为前提条件，农民分户、分宅无法落实。现实中，因农民没有办法按照正常程序申请到宅基地，无序建房、违规建房现象突出。法规审查指导工作机构坚持人民有所呼、立法有所应，与该市立法工作机构一起梳理上位法之间的关系，认真研究提出"先分地再分户""先分户再分地"两种解决问题的方案，向全国人大常委会立法工作机构请示，拟在地方事权范围内采取"先分地再分户"的方案暨申请宅基地不以户口为前提条件的制度设计，并为此专门创设了一整套制度，来解决村民无法申请新批宅基地的实际问题。然而，就在准备提请人大常委会审议通过之前，法规审查指导工作机构获悉，土地管理法修改已经进入全国人大常委会立法程序并计划于2019年完成，考虑到修改的土地管理法对"一户一宅"的规定可能作出修改，与户口登记条例规定之间的关系也可能会有所改变，如果该市法规在土地管理法完成修改前出台，难以保证所作制度设计与土地管理法修法决策取向完全一致，且申请宅基地的规定一旦付诸实施，批准的宅基地若不符合上位法精神又难以收回，势必带来巨大的抵触风险，慎重建议有必要防范所作宅基地制度设计潜在的风险，待土地管理法完成修改后再作对照研究，确保相关规定不相抵触，再选择更适宜的时机出台为妥，因此，该市立法工作机构暂缓了该条例的三审表决。

设区的市法规较法律和本省地方性法规而言，与群众的距离更近，与基层的距离更近，老百姓的感受会更直接、更具体、更真切一些，一些市立法工作机构为保障和改善民生敢于担当、勇于作为，在事权范围内创设制度规范，努力用法律呵护百姓的幸福生活，法规审查指导工作机构都应当给予支持。① 同时，这种支持有必要增强立法敏感性，有效防范各种可能发生的与"法的发展"取向以及"未来之法"规定不衔接、不协调的现象，如果发现了潜在的可能抵触的立法风险，应当果断"叫停"。

（四）发现禁止性行为和其他相关行为的关系混淆之处并加以解决

立法是为国家定规矩、为社会定方圆的神圣工作。其主要手段之一在于"相关行为不能违反规定""违反规定需要承担法律责任"，通常体现为禁止性和限制性行为规定条款。规定这些条款时，有时对于禁止、限制行为与其他行为的法律关系没有厘清，或者对于禁止和限制行为自身相互间的关系没有厘清，作出存有交叉、重叠问题的规定，可能在适用时产生误读、造成混乱。有市制定《非机动车和摩托车管理规定》，为加强源头治理，将限售作为城区道路通行管理的配套措施，规定"在本市禁止电动自行车、摩托车行驶区域内，任何单位和个人不得销售电动自行车、摩托车"，法规审查指导工作机构研究认为，该制度设计限制了经营者销售质量合格商品的权利，侵害了销售企业的经营自主权，不仅上位法依据不足，而且网购途径无法限制也难以实现预期目标，再加上该制度设计还涉及对工商销售许可的撤销，存在依法取得许可的销售者提出诉讼的风险，因此建议该市立法工作机构删除了所作规定。有市修订《烟花爆竹燃放安全管理条例》，出于有必要实行堵疏结合管理办法的实际考虑，拟在禁止燃放烟花爆竹的规定中增加一款："在禁放区域内划定部分区域限时燃放，具体区域和时间由市、县人民政府向社会公布。"法规审查指导工作机构经过分析，认为增加的限制性条款不严谨，既与禁止性规定混淆和矛盾，又不利于维护立法禁放的权威，为解决这一实际问题，建议该市立法工作机构将该条禁止性规定拆作了两条，分别对全面禁止燃放区域、限时燃放特定区域作出规定，两类区域互不交织也不重叠，避免"禁""限"不分、无所适从的情况发生。

立法是维护社会公平正义的源头防线，立法定的方圆、立的规矩界线要分明，不能随意扩大禁止性行为的种类和范围"管太宽"，也不能一边

---

① 王永清：《深化依法治国实践》，《人民法院报》2017年12月27日第2版。

禁止一边"开口子"，更不能作"只许州官放火，不许百姓点灯"的规定，需要以法律面前人人平等为根本原则导向，以科学严谨的立法思维逻辑和立法技术，将立法政策取向和具体决心意图落实到法条表述上，方能经得起法理推敲和实践检验，彰显公平正义。

（五）发现对批量修改环保类法规与实践不一致并加以解决

人大机关是立法机关，但是人大立法活动同时也是政治活动，立法工作也是政治工作，应当坚持立法工作的政治属性，将政治属性放在重要地位，用政治家的站位和担当做好相关工作。2018年7月，全国人大常委会办公厅发出《关于落实全国人大常委会决议要求做好生态环境保护地方性法规全面清理工作的通知》，广东省人大常委会机关会同省人民政府有关部门研究制定清理方案，省级地方性法规在委托高校清理的基础上，由省人大常委会法制委员会提起法规修正案，于2018年11月29日打包完成了13件环保类法规的修改和5件环保类法规的废止工作。各市比照省的做法共清理了80余件环保类法规，需要修改达28件，均要求在当年年底前完成。广州、深圳、珠海、汕头因之前享受较大的市立法权，后3市还享受经济特区立法权，法规数量比较多，有的法规制定时间还比较早，建议分批稳步展开此次清理以保证质量，并希望通过这次清理解决本市环保类法规存在的所有问题。法规审查指导工作机构认识到，本次专项清理工作是中央号召的打赢生态环境治理保护攻坚战的重要组成部分，是全国统一部署的一次法律制度清理战役，是确保生态环境法制统一的实际举措。[①] 广东作为地方性法规数量大省，清理工作必须符合政策取向，不能因为任何客观上或者主观上的原因影响到清理进度，为此提出了以清理与上位法不一致的"硬伤"为主，确实需要大修的法规在集中清理之后可以再作全面修订的意见，15个有清理任务的市立法工作机构统一行动起来，均及时将环保类法规修正案提请本市人大常委会审议通过，清理政策要求完全得以落地落实。

环保法规专项清理，仅是特例。过去和将来的地方立法活动，包括法规的立改废释工作，基本政策取向是连续一致的。对不符合时代要求、不

---

① 李干杰：《以习近平生态文明思想为指导坚决打好污染防治攻坚战》，《行政管理改革》2018年第11期。

适应改革发展需要、与上位法不一致的法规，应当第一时间进行修改或者废止，有效消除地方性法规在法治建设中搞"上有政策、下有对策"的情形，自觉纠正地方性法规在规范调整事务的范围、重点、标准等与上位法以及国家政策不一致的问题，坚持杜绝立法故意"放水"、降低标准、管控不严等现象。审查设区的市制定、修改、废止法规的合法性，应坚持用与政策取向相同的"尺子"去衡量比对，确保与法律规定、中央精神、时代要求相符合、相衔接、相适应，在统一法制下与政策相向而行，体现地方性法规应有的价值和作用。①

四　立法技术规范工作用力点在于纠正错漏和失当

立法技术是指制定和变动规范性文件活动中所遵循的方法和操作技巧的总称，包括法律的结构、形式、文体、修改和废止的方法等方面的规则，是起草、修改法律需要掌握的具体操作标准。立法技术贯穿于立法活动的整个过程，它可以使立法活动具有更强的科学性，使法律规范的内容和结构更合理，使法律规范所表达的信息和行为指引更准确，对保证立法工作的科学性、规范性、统一性，提高立法质量具有重要意义。②

广东 21 市特别是新获得立法权的市立法工作机构的工作人员，由于学习经历、实践经验不足等客观原因，对立法技术规范或学习不够，或认知不全，或理解不对，或运用不好，运用立法技术能力水平参差不齐，特别在立法表达上存在的问题较多。法规审查指导工作机构在介入指导法规草案起草、修改过程中，注意针对 4 种常见错漏和失当问题予以纠正，促使立法技术规范得到普及推广和正确运用。

（一）对有违全国和省立法技术规范出现的错漏给予纠正

全国人大常委会法制工作委员会先后印发了立法技术规范之一、之

---

① 《沈春耀：全国人民代表大会常务委员会法制工作委员会关于 2018 年备案审查工作情况的报告——2018 年 12 月 24 日在第十三届全国人民代表大会常务委员会第七次会议上》，中国人大网：http://www.npc.gov.cn/npc/xinwen/2018-12/29/content_2068147.htm，访问时间：2020 年 4 月 1 日。

② 黄龙云主编：《广东地方立法实践与探索》，广东人民出版社 2015 年版，第 279—280 页。

二，目前又在修改完善，广东也有制定本省的立法技术规范。而实际情况是，违反全国和省立法技术规范的现象时有发生，且难以杜绝，通常表现为法规条文表述不规范、法律常用词语使用不规范。简单的有，"为"后不加"了"、"应"后不加"当"、"或"后不加"者"、"但"后不加"是"等；稍复杂的有，"和"与"以及"不分、"非法"与"违法"不分、"日"与"工作日"不分等；更复杂些的有，"审批""许可"混用、"注销""吊销""撤销"乱用、"不得""禁止"滥用等。①

法规审查指导工作机构在工作中，按照全国人大常委会法制工作委员会关于立法技术规范"从实际出发，循序渐进，解决问题，逐步完善"的工作思路，对上述设区的市立法实践中经常遇到的、带有普遍性的、不符合全国和省已有规范的，发现一起纠正一起，发现一批发函提醒一次，并将立法技术规范作为跟班学习、办班培训、业务交流的重要内容，作为在立法不同环节介入指导反馈意见建议的必要内容，为设区的市立法工作机构提供必要的立法技术层面的支持。

（二）对不注意法的必要构成要素要求造成的失当给予纠正

"法律应该由规范构成"，这是立法遵守的底线要求，即要求在法律上的任何一个规定，要么是规范，要么是规范的补充。如果是规范，就必须规定"条件＋结果"，如果是规范的补充就必须与规范有联系而为规范服务。立法对有关行为作出规范时，笔者一般考量4个必要构成要素即行为前提、行为模式、行为构成、行为后果。简而言之：行为前提，是指对法定行为的主体资格、情形等前提条件予以明确；行为模式，是指采取"应当""可以""不得""禁止"等行为模式中的一种，实施法定行为；行为构成，是指在符合前提条件下没有采取相应模式实施法定行为而构成违法，一般表述为违反规定"的"；行为后果，是指构成违法行为的法律责任。法的构成要素不全、缺项，致使法定行为"有空子可钻"，造成规范失当，直接影响到法的实施效果。审查指导过程中应当用力纠正几种常见失当情形：

第一，行为前提不切实际。有法规草案对"出租房屋"应当安装视频监控作出规定，不符合出租房屋实际，也没有区分管理重点，经修改后，

---

① 刘红婴：《立法技术中的几种语言表述问题》，《语言文字应用》2002 年第 2 期，第 60—64 页。

以"成规模的出租房屋"作为行为前提。

第二，行为模式规定失当。有法规修订草案规定"任何组织和个人发现破坏生态公益林的行为，应当予以检举"，是否检举属于组织和个人的权力，以"应当"作为行为模式则增加了主体义务，应当将"应当"修改为"有权"。

第三，行为构成指向不明。有法规草案第十一条规定"游人在城市公园浏览休闲，不得乱扔生活垃圾、伐采树木花草、破坏景观设施"，其行为构成和行为后果表述为罚责："违反本条例第十一条规定的，处以 200 元以上 1000 元以下罚款"。如此规定，存在"不得有三种复加行为还是不得有其中任一种行为"的歧义，且每种行为构成违法后所承担的法律责任没有区分，与相关上位法规定不一致。经纠正后，将其第十一条行为分项作出规定，再根据相关上位法规定以及违法行为的主观恶性、造成的损失、社会危害程度，对不同违法行为分款设定罚款数额幅度。

第四，行为后果设置不当。前段所列法规草案对违反第十一条规定的处罚，属于对其行为承担的后果设置不当的情形之一。还有一种设置不当的常见情形是，法律责任与所作义务性规定不一致。如，有法规草案总则规定"应当为环境保护提供资金保障"，罚则规定"滥用环境保护专项资金"的法律责任；或者在没有作出义务性规定的情况，直接针对某一行为设置法律责任等。

审查指导设区的市法规作出的行为规范时，在规范法言法语使用等立法技术表述的基础上，采用法的构成要素分析法，往往可以进一步解决深层次的立法技术失当问题，而且常常颇有成效。只要行为前提、行为模式、行为构成、行为后果自成一体逻辑严密，法的要素齐全、完备，依据充分，内容完整，法定行为规范的质量一般都能够有所保证。

（三）对忽视立法统一使用概念引起的歧义给予纠正

立法技术的价值和目的在于使法律规范的表达形式臻于完善，包括法律文件的内部结构、外部形式、概念、术语、语言、文体等方面的表达形式与实质内容相符合，以便法律遵守和适用。[①] 设区的市立法过程中有一

---

① 高其才主编：《法理学》，清华大学出版社 2015 年版，第 286—287 页；黄龙云主编：《广东地方立法实践与探索》，广东人民出版社 2015 年版，第 280 页。

个值得注意的现象是概念性用语的使用表达不规范，有时在同一概念上使用与上位法近似的用语，有时在同一部法规中对同一事物使用多种概念，人为造成混沌。比如，上位法关于规划的概念主要有：总体规划、详细性控制规划、专项规划、村庄规划等，有些法规草案规定中则使用全面规划、实施规划、专门规划、乡村规划等概念表述，引起规划层级效力上的歧义。又比如，有市立法规范不同类型停车场管理，"道路旅客运输车辆"与"公共交通客运车辆""道路货物运输车辆"与"货运和危险化学品运输车辆"等类似性、包含性概念同时出现；另有市立法对携带宠物行为作出规范时，同时使用了宠物、宠物狗、犬只、猫狗、工作犬、导盲犬、有攻击性动物等交叉性概念，且未对名词概念作出定义，也未对相互关系进行界定，容易引起理解上的歧义。还比如，有市立法规范村庄建设管理，法规草案第三十四条规定"村民委员会经村民会议或者村民代表会议讨论后，报原批准用地的人民政府批准，本集体经济组织（村民小组）可以收回宅基地。"单一条文规定同时出现"村民委员会""村民会议""村民代表会议""村集体经济组织""村民小组"等多个主体，仅组织讨论者与实施收回者就不一致，势必引起适用上的混乱。

从表述技术来看，准确、简明、规范、严谨、庄重、朴实、通俗易懂，是地方立法语言本质特点的突出表现和特殊要求。同时，立法所用的概念准确、指向固定、关系清楚、逻辑严谨，也是立法技术规范的题中应有之义。法规审查指导工作机构在工作过程中，采用概念用语比对法，注意用明确肯定的语言表达明晰的概念，用逻辑严密的语言表达法律规范的内容，上位法已有的概念则援引使用，不另造概念；上位法没有的概念则统一使用同一个概念，使之贯穿整个法规，从而解决主体或者行为规范容易产生歧义的问题，促使立法语言表述技术符合标准要求。

（四）对误用立法文件形式或者格式的情况给予纠正

立法技术规范除法的名称体例规范、结构安排规范、文字表达规范以外，还有立改废释形式的规范，以及制定过程中立法文件文书格式的规范。设区的市早期制定地方性法规过程中，普遍存在新制定与修改、废止法规的文件形式套用有误，或者立法活动函件形式选用不当，以及报请省人大常委会批准法规的报告的文件格式存在差错，而且屡有发生、屡禁不绝，时常需要返工，重新制作立法文件，直接影响到立法工作的质量效率。

为规范立法文书形式，全省统一格式，法规审查指导工作机构专门印发立法常用文件材料格式的参考样式，统一标准，严格要求，务求精准，但仍然不能完全解决格式不规范的问题。2017 年 8 月，自主研发的"广东省规范性文件备案审查信息平台"授权设区的市立法工作机构使用，在全省范围内规范各类电子文件格式，并要求各市统一通过平台发送立法相关文件，不符合电子文件格式规范的不能提交，终使问题得到彻底解决，成为提高设区的市法规质量及其审查指导工作质量非常必要的方法、途径和行之有效的辅助措施。

结束语

立法是国家的重要政治活动，立法工作关系党和国家事业发展全局，在"四个全面"战略布局中，将发挥越来越重要的作用。[①] 广东省立法机关面临市级立法主体大量增加带来的新课题新要求，积极回应各市立法工作机构的需求，法规审查指导工作机构在没有先例可循的情况下，创造性地抓住提高立法质量这个关键，从实践中摸索掌握对法规立项、制度设计、合法性问题、技术规范等方面的审查指导用力点，形成了一些行之有效的经验方法，对认识比较一致、条件成熟的，汇编拟制《广东省设区的市法规审查指导工作规范》，经省人大常委会主任会议通过印发全省 21 市立法机关，协助各市立法工作机构规范、优化立法工作，把中央对立法体制改革的决策部署和《立法法》修法精神要求落实、落细、落具体，既坚决维护法制统一，又有效消除社会各界的顾虑和担忧，广东地方立法迎来了万紫千红的春天。

立法作为政治性、政策性、专业性、实践性都很强的工作，本身是一项系统工程，关乎设区的市法规的审查指导工作又是一项全新的工作，本文鉴于知识和视野的局限，个人观点难免存在偏颇之处，若能为地方立法

---

① 乔晓阳主编：《〈中华人民共和国立法法导读与释义〉》，中国民主法制出版社 2015 年版，第 38 页

同行提供些许有益资料，则不负初心。笔者深知，随着设区的市立法经历不断丰富、能力不断提高、项目不断增进，审查指导用力点也会随之变化，只有不断总结、不断优化，方能有效履行职能，协助提高立法质量，为以良法促进发展、保障善治作出贡献。

（审定：广东外语外贸大学广东省地方立法研究评估与咨询服务基地 李杰 博士）

第五章

广东省政府规范性文件备案审查观察报告（2021）[*]

刘浩^{**}

备案审查制度是维护社会主义法制统一的一项重要制度安排。党的十八届三中、四中全会《决定》提出，要健全法规、规章、规范性文件备案审查制度，加强备案审查制度和能力建设，把所有规范性文件纳入备案审查范围，依法撤销和纠正违宪违法的规范性文件。《法治政府建设实施纲要（2015—2020年）》要求，"加强备案审查制度和能力建设，把所有规范性文件纳入备案审查范围，健全公民、法人和其他组织对规范性文件的建议审查制度，加大备案审查力度，做到有件必备、有错必纠。"近年来，中央高度重视规范性文件备案审查工作，在多次会议和文件中提出要加强规范性文件备案审查工作，提出了"有件必备""有备必审""有错必纠"的明确要求，这是新形势下备案审查工作的新要求。《立法法》的规定，第九十八条第四项规定"设区的市、自治州的人民政府制定的规章应当同时报省、自治区的人民代表大会常务委员会和人民政府备案"。《国务院办公厅关于加强行政规范性文件制定和监督管理工作的通知》（国办发〔2018〕37号）要求强化备案监督，明确规定"健全行政规范性文件备案监督制度，做到有件必备、有备必审、有错必纠""制定机关要及时按照规定程序和时限报送备案，主动接受监督""省级以下地方各级人民政府制定的行政规范性文件要报上一级人民政府和本级人民代表大会常务委员会备案"。地方人民政府负责备案审查的部门要加大备案监督力度，及时

---

    * 【基金项目】本文系广东省法学会2020年委托课题"规范性文件备案审查研究"阶段性成果。

    ** 刘浩，男，广东省司法厅立法一处一级主任科员；何莎，女，广东省司法厅法治督察处一级主任科员。

处理违法文件，对审查发现的问题可以采取适当方式予以通报。此外，《规章制定程序条例》《法规规章备案条例》对备案审查的程序和要求作了具体明确的规定。根据《立法法》《地方各级人民代表大会和地方各级人民政府组织法》《规章制定程序条例》等法律法规要求，省级以下地方各级人民政府制定的规范性文件要报上一级人民政府备案，本文所指的政府规范性文件包括政府规章和政府本级行政规范性文件。《广东省行政规范性文件管理办法》（粤府令第 277 号）第二十九条第二款规定，县级以上人民政府司法行政部门具体承担对下一级人民政府规范性文件的备案审查工作。在广东，21 个地级以上市人民政府制定的政府规章和规范性文件应当报广东省人民政府备案，具体的备案审查工作由广东省司法行政部门承担，即对报送备案的政府规章和政府规范性文件进行备案登记和审查，对与宪法、法律和上位法规定相抵触的有关规章和规范性文件予以纠错。

2020 年，广东省各地级以上市人民政府深入学习贯彻习近平新时代中国特色社会主义思想特别是习近平总书记全面依法治国新理念新思想新战略，紧紧围绕党和国家工作大局，通过制定、修改和废止相关政府规章和规范性文件，坚持和完善相关领域国家制度和国家治理体系，在法治轨道上推进各项工作，为确保党中央决策部署贯彻落实、保障宪法法律有效实施、促进经济社会持续健康发展、保持社会和谐稳定作出了积极努力和重要贡献。各项规章和规范性文件总体上是符合实际需要的，是符合宪法法律的。广东省司法厅作为具体承担备案审查工作的机关，在开展备案登记及备案审查工作中，不断完善工作机制，不断提升规章和行政规范性文件报备率、及时率、规范率，切实让备案审查工作成为监督各地级以上市人民政府依法行政的有效手段。本文立足于广东省司法厅开展备案审查工作的实践，通过对 2020 年广东省各地级以上市人民政府向省人民政府进行备案的情况以及广东省司法厅开展审查的情况进行观察和实证分析，介绍广东省司法厅在加强备案审查制度和能力建设方面取得的最新进展，提出了做好 2021 年备案审查工作的主要建议和思考。

一　规范性文件备案审查工作情况

（一）规范性文件备案登记情况

2020 年，广东省 21 个地级以上市人民政府，依照宪法法律规定的权限和程序开展政府规章和规范性文件制定工作，按照规定报送省政府备案的规章和规范性文件共393件，其中市政府规章47件、市政府规范性文件346件。按照备案审查工作要求，各地级以上市人民政府应当"有件必备"，将出台的政府规章、政府规范文件及时报送省人民政府进行备案，且要求材料齐全、形式规范，包括备案报告、规章或文件文本和说明，在报送时按照规定格式装订成册，同时通过广东省规范性文件备案审查系统报送了相关材料电子版。目前，广东省各地级以上市人民政府规章和规范性文件向省人民政府报备工作运转正常，各地级以上市人民政府自觉接受省人民政府的指导和监督，出台规章和规范性文件报送备案工作实现了常态化。今年以来，广东省司法厅着力推动各地级以上市人民政府报送备案工作规范化，明确报送备案材料的具体形式和要求，统一报送标准，使各市报送的材料更加有序规范。同时，广东省司法厅还积极加强备案审查信息化建设，在实现电子报备的基础上，拟进一步改进和完善省政府规范性文件电子报备系统，参照广东省人大常委会规范性文件备案审查系统的形式，结合省政府备案审查工作实际，加强与各地级以上市报备工作的衔接协同，实现统一报备，促进报备工作和审查工作便捷化、规范化。但是，在形式审查中也发现，各地级以上市人民政府报送备案也还存在一些问题，需要进一步改进和完善报备工作。

一是部分市人民政府报送不主动，存在缺报漏报错报现象。有些市报备意识不强，主动性不够，报送责任未落实，对于报送责任单位未作明确。有些市未在规范性文件公布之日起30日内向省政府备案，个别地市报备严重超期。部分地市年底报备目录中文号存有错误，个别地市将送省人大常委会的备案报告报送至省政府报备。

二是部分地市报备材料不齐全，不符合报送规定。报备的规范性文件，有的只有备案报告，没有制定说明，有的甚至没有备案报告；有的备案报告格式不符合要求；有的电子文件报备不及时、材料不完整、格式不规范，未报备PDF格式文本；备案报告要求材料为"一式三份"，部分地市则增加规定提交"一式五份"、甚至"一式十份"；部分备案材料制定说明的标题与正式印发的不一致。此外，某些地级市政府报送的说明文本过于简单，没有具体阐明制定规章和规范性文件的过程，对于是否公开征求意见、是否经过合法性审查等必经程序没有列明，需要在实质的备案审查环节通过要求其增补材料进一步说明。

三是规范性文件有效期制度仍未完全落实。按照国务院和省政府有关规定，规范性文件必须标注有效期为 5 年，有效期满自动失效。目前，仍有部分地市政府个别规范性文件中未标注有效期。

（二）规范性文件备案审查情况

根据有关法律法规和政策文件规定，广东省司法厅开展备案审查的方式包括主动审查和依申请审查。主动审查即是对各地级以上市政府报送备案的规章和规范性文件进行实质的审查，依申请审查就是根据国家机关或者公民、组织提出的书面审查建议进行审查。2020 年，广东省司法厅完成了报送备案的 393 件规章和规范性文件的备案审查，对 14 件规章和规范性文件发出了提醒函、备案审查建议函或者督察通知书（其中，政府规章 4 件，政府规范性文件 10 件）；同时，对公民、组织提出的 12 件审查建议进行了审查研究，提出了处理意见并向有关方面作了反馈。通过审查，发现部分规章和规范性文件仍存在超越权限、与上位法规定不一致、限缩行政相对人权利等问题，这些问题主要包括以下 5 个方面。

一是违反上位法规定，减损公民权利或者增加公民义务的情形。2015 年，全国人大常委会修改《立法法》，其第八十二条第六款属于新增加的内容①，该款对地方政府规章权限提出了具体要求，即"没有上位法的明确授权，地方政府规章没有权利义务的设定权。"② 2017 年修订的《规章制定程序条例》第三条第二款也明确相应的内容。③ 为此，在规章备案审查实践中，对于没有上位法的明确规定或者授权，增设权利或者减损义务的内容将会被视为不合法，行政规范性文件备案审查也采用同样的审查标准。比如，某市政府出台关于"电动自行车管理"的政府规章，其中一条规定"电动自行车未经本市的公安机关交通管理部门注册登记、取得行驶证并悬挂号牌的，不得在本市行政区域内上道路行驶"，而《中华人民共

---

① 《中华人民共和国立法法》第八十二条第六款：没有法律、行政法规、地方性法规依据，地方政府规章不得设定减损公民、法人和其他组织权利或者增加其义务的规范。

② 乔晓阳主编：《〈中华人民共和国立法法〉导读与释义》，中国民主法制出版社 2015 年版，第 275 页。

③ 《规章制定程序条例》第三条第二款：没有法律或者国务院的行政法规、决定、命令的依据，部门规章不得设定减损公民、法人和其他组织权利或者增加其义务的规范，不得增加本部门的权力或者减少本部门的法定职责。没有法律、行政法规、地方性法规的依据，地方政府规章不得设定减损公民、法人和其他组织权利或者增加其义务的规范。

和国道路交通安全法》和《广东省道路交通安全条例》等相关上位法规定并未限定特定辖区内登记的非机动车（含电动自行车）只能在相应辖区内行驶。该政府规章内容排斥了外地电动自行车在其辖区行驶，限制了公民权利。依据《立法法》第八十六条第二款和《规章制定程序条例》第三条第二款的规定，没有法律、行政法规、地方性法规的依据，地方政府规章不得设定减损公民、法人和其他组织权利或者增加其义务的规范，《规定》的上述条款违反了上位法的禁止性规定，存在合法性问题。

二是与上位法或文件规定不一致的情形。对地市政府规章和规范性文件的备案审查，其核心就是要审查文本的相关规定是否与上位法保持一致。在备案审查实践中，常见有两种与上位法不一致的具体情形，第一种是规章或者规范性文件的内容与现行的上位法或者文件规定不一致，比如规章或者规范性文件规定的行政许可条件、行政处罚种类或者幅度等与上位法规定的有差别；另一种情形是，上位法或者文件修订出台后，规章或者行政规范性文件设定的相关行政措施未根据上位法的修改进行调整，造成与上位法或者上位文件不一致的情形。例如，某市出台关于"房屋建筑和市政基础设施工程建设项目设计招标改革"方面的政府规范性文件，规定"采用'评定分离'制度进行招标的工程设计项目，评标委员会……推荐3名中标候选人（中标候选人不排序）"，该项内容与《中华人民共和国招标投标法实施条例》第五十三条第一款"评标完成后，评标委员会应当向招标人提交书面评标报告和中标候选人名单。中标候选人应当不超过3个，并标明排序"不一致。对于此类与上位法不一致的规章或者规范性文件，制定机关或者执行机关在实施过程中严格执行国家有关规定，并尽快修改。又如，某市政府出台关于"城乡居民最低生活保障及低收入家庭救助"方面的规范性文件，该文件第一条引用《广东省城乡居（村）民最低生活保障制度实施办法》作为制定依据，2019年7月12日省政府发布了《广东省最低生活保障制度实施办法》（省政府令第262号），同步废止了《广东省城乡居（村）民最低生活保障制度实施办法》，该规范性文件所依据的上位法已修改，相关内容与新的上位法多处规定不一致。对于此类与上位法不一致的规章或者规范性文件，制定机关应当尽快修改，同时在今后制定文件时，充分了解上位法的立改废情况，做好与上位法的衔接。

三是违反公平竞争原则的情形。2017年国家发展改革委、财政部、商务部、国家工商行政管理总局、国务院法制办会同有关部门研究制定的

《公平竞争审查制度实施细则（暂行）》，用一整章的内容对公平竞争审查的标准进行了体系化规定，通过共 4 个条文、18 个"不得"、45 项具体细化要求，通过负面清单的方式对制定市场准入、产业发展、招商引资、招标投标、政府采购、经营行为规范、资质标准等涉及市场主体经济活动的规章、规范性文件和其他政策措施进行公平竞争审查设定严格的审查标准，其中部分审查指标与地方立法合法性审查指标重合，如"不得设置没有法律法规依据的审批或者具有行政审批性质的事前备案程序"。按照"公平竞争审查"的制度要求，行政机关以及法律法规授权的具有管理公共事务职能的组织（以下统称政策制定机关），在制定市场准入、产业发展、招商引资、招标投标、政府采购、经营行为规范、资质标准等涉及市场主体经济活动的规章、规范性文件和其他政策措施（以下统称政策措施）时，应当进行公平竞争审查，评估对市场竞争的影响，防止排除、限制市场竞争。为此，在对规章和规范性文件进行备案审查时，公平竞争审查是其中一项很重要的内容，也是备案审查发现的常见问题。具体有两种情形，第一种是不符合公平竞争的原则要求。比如，某市政府规章中规定"7 座及以下新能源汽车，车辆轴距不小于 2650 毫米"，作为网络预约出租车的准入条件，限制了轴距 2650 毫米以下的车型进入网络预约出租车市场，违反了国家发展与改革委员会等五部门印发的《公平竞争审查制度实施细则（暂行）》第十八条第一项第 1 点关于"设置明显不必要或者超出实际需要的准入和退出条件，排斥或者限制经营者参与市场竞争"的内容。第二种是不符合其直接上位法关于公平竞争的原则和要求。比如，某市政府出台"促进企业对接资本市场"方面的规范性文件，其中某项内容规定"各级政府性投资项目建设中需使用的设备、材料等物资在招标采购时，我市挂牌、上市公司和上市后备企业能够提供符合标准要求的，同等条件下给予采购选用"。相关内容，对本地企业在同等条件下给予优先采购的优惠政策，变相排斥或者限制外地经营者参加本地招标投标活动。又如，某市政府出台的"小额建设工程施工交易管理"方面的规范性文件，其中某项内容规定"企业法人注册地不在韶关市所辖范围内的施工企业，不得进入本市小额建设工程施工企业库"，而入库企业才能通过本市的交易系统确定是施工企业，将变相强制外地经营者在本地投资或者设立分支机构，该条内容以设定歧视性企业入库标准排斥或限制非韶关市施工企业在同等条件下中标的权利。上述文件的相关内容不符合《中华人民共和国反垄断法》第三十四条①、《优化营商环境条例》第十三条第一款②、《国务院关于在市场体系建设中建立公平竞争审查制度的意见》（国发〔2016〕34号）第三点第三项中有关公平竞争的规定。

四是违反国务院关于取消证明事项的规定。2018年，国务院办公厅发布关于做好证明事项清理工作的通知（国办发〔2018〕47号），该文件明确要求各部门要对本部门规章和规范性文件等设定的各类证明事项进行全面清理，尽可能予以取消。对可直接取消的，要作出决定，立即停止执行，同时启动修改或废止规章和规范性文件程序。这次证明事项清理的范围主要包括各地区、各部门通过规章、规范性文件设定的证明事项以及无设定依据的证明事项；法律、行政法规、地方性法规设定的证明事项也要在充分研究的基础上，对确应取消的，通过法定程序予以取消。上述规定是要求对现行有效的规章和规范性文件证明事项进行清理，而该文件同时要求"各地区、各部门要以本次清理工作为契机，进一步转变行政管理方式，规范行政行为，切实改进服务作风，提升监管效能"，意在表明新制定规章和规范性文件时也需要同步考量是否增加了证明事项。为此，在对地市政府规章和规范性文件进行备案审查时，需要注意相关制度内容是否涉及增加证明事项。比如，某市政府出台关于"网络预约出租汽车经营服务管理"相关政府规范性文件，其中，相关内容规定申请从事网约车经营需要提交的材料包括"具备承担网约车承运人责任能力的证明材料"。而《网络预约出租汽车经营服务管理暂行办法》等上位法并未要求提供上述材料，属于增设行政许可条件。同时，该条规定过于宽泛，不利于执行，同时也违反了国务院关于取消证明事项的规定。该文件中要求的"证明材料"不符合证明事项清理的相关要求。

（三）开展备案审查层级监督试点的有关情况

根据司法部部署，2020年5月1日起在广东省开展建立地方政府规章

---

① 《中华人民共和国反垄断法》第三十四条：行政机关和法律、法规授权的具有管理公共事务职能的组织不得滥用行政权力，以设定歧视性资质要求、评审标准或者不依法发布信息等方式，排斥或者限制外地经营者参加本地的招标投标活动。

② 《优化营商环境条例》第十三条第一款：招标投标和政府采购应当公开透明、公平公正，依法平等对待各类所有制和不同地区的市场主体，不得以不合理条件或者产品产地来源等进行限制或者排斥。

一级审一级、一级抓一级的备案审查层级监督机制试点，即要求省司法厅对各地级市报送备案的政府规章进行严格审查，审查后将情况报送司法部。试点工作实效性强、标准高、难度大，明确要求试点单位在收到备案规章45日内完成审查工作，形成审查报告报送司法部，对存在与上位法不一致问题的规章，司法部将依法依规纠错。为扎实推进司法部在广东部署开展的备案审查层级监督试点工作，以"有件必备、有备必审、有错必纠"为抓手，进一步加大问题纠错力度，确保地方政府规章和行政规范性文件合法合规，广东省司法厅高度重视此次试点工作，积极加快备案审查规范化建设，出台了试点工作实施方案，要求各市司法局要及时将试点工作及规章报备要求向市政府报告，争取市政府领导的理解和支持；同时明确了试点备案审查的工作机制、审查流程等，要求各地级市认真研究并对照抓好落实；对于省司法厅提出的备案审查问题，要及时组织起草部门做好解释说明工作；对于问题规章，必须按照司法部的要求在3个月内完成整改工作。此外，广东省司法厅按照司法部备案审查层级监督试点工作要求，同步开展地方政府规章备案审查标准的制定研究，拟通过试点总结经验，进一步完善标准及其适用指导意见，待试点结束后形成正式的标准及示例文本报送司法部。

2020年，广东省司法厅严格落实司法部备案审查层级监督试点工作要求，扎实推进地方政府规章备案审查工作，试点开展以来至2020年12月31日，共审查各地级以上市人民政府报送备案的规章28件，均按照要求45日内审查办结，并将审查报告报送司法部。同时，对其中的两件省政府规章提出具体的备案审查意见，并向制定机关发送了提醒函：一是某市政府出台关于"电动自行车管理"方面的政府规章，排斥外地电动自行车在其辖区行驶，限制公民权利的情形。在省本级备案审查过程中已主动开展审查并纠错。二是某市政府出台关于"公安机关警务辅助人员管理"方面的政府规章，其中某条规定根据公安机关的安排，勤务辅警可以在人民警察的带领下从事14项执法相关辅助工作，该条表述容易被误认为该条规定的14项行为都是人民警察带领下，辅警能够独立实施的辅助工作。为此，省司法厅备案审查过程中与制定机关相关部门进行了沟通。

二　做好规范性文件备案审查工作的建议

2020 年，广东省司法厅在省委省政府的正确领导下，在司法部的指导下，积极开展对地级市政府规章和规范性文件备案审查工作，严格备案登记和审查标准，严格落实"有件必备、有备必审、有错必纠"的要求，以实干破局，务实开展备案审查工作，取得了较好成效。但同时也存在备案审查强度有待提升、备案审查能力需要加强、与其他备案审查主体联动协作较少等问题，需要进一步改善。从 2020 年备案审查工作情况来看，建议 2021 年做好以下 3 个方面的工作。

（一）进一步加强规范性文件备案审查工作力度，严格纠错

备案审查是维护国家法制统一、尊严和权威的有效举措，做好备案审查工作，应当坚持正确的政治方向，坚持以习近平新时代中国特色社会主义思想为指导，深入学习贯彻习近平总书记全面依法治国新理念新思想新战略和习近平法治思想，切实把思想和行动统一到党中央决策部署上来。在备案审查的具体工作中，应当坚持完善相关制度、理顺工作体系、贯通工作体系，通过制度和机制强化备案审查的刚性约束和监督功能，切实提高备案审查工作政治性、法律性、严肃性，严格纠错，以备案审查倒逼政府规章和文件制定主体依法按照程序制定规章和规范性文件，并在审查监督过程中，潜移默化地强化了其法治理念和法治能力。另一方面，要强化质量意识、注重专业定位，深入研究、积极探索、辩证把握，扎实推进备案审查工作。要通过明确备案审查标准，切实加强备案审查工作的全面性、提高备案审查查找问题的精准度，加大纠错力度，形成更多可复制推广的备案审查工作新经验，从而提升和强化备案审查工作的公信力。

（二）加强规范性文件备案审查能力建设

近年来，广东省司法厅坚持标准、严格把关，强化规范性文件审查与备案监督工作，为有效防范省政府及其部门重大决策的法律风险、加快建设法治政府发挥了积极和重要作用。随着全面依法治国战略向纵深推进，国家和省将备案审查工作提高到维护法制统一、保障宪法实施的高度，备

案审查力量薄弱与繁重艰巨的任务之间的矛盾比较突出，机构改革之后省司法厅由多个处室承办备案审查工作的弊端也日益显现，制约了我省备案审查工作的高质量发展。目前广东省司法厅和部分地级市备案审查工作与地方立法工作安排在同一个内设机构，不利于相关工作统筹推进发展。尤其近年来党中央高度重视宪法和法律的实施、监督，一直强调加强规章、规范性文件备案审查工作，司法部在我省试点层级监督开展规章备案审查的背景下，为确保我省备案审查工作继续走在全国前列、助力推进国家治理体系和治理能力现代化，有必要按照"分类发展、有所侧重"的原则，进一步加强备案审查能力建设。一方面，有必要加强备案审查工作统筹，并推进备案审查工作业务与立法分类发展，加强备案审查机构设置和人员配备，设置单独的备案审查处室。另一方面，建议注重引进与培养结合，通过采取内部挖潜、整合资源、购买服务、动态调整等多种方式，选优配强备案审查工作队伍，确保备案审查工作人员配置与工作任务相适应，适应工作需要和形势发展。

（三）建议加强与不同备案审查主体的协调联动

在立法和备案审查实践中，不同备案审查主体对同一对象的审查结论应当一致。对一部规章或者文件合法性的判断是一个是非问题，即是否合法的结论应当是唯一的，我们不能在同一时间内以及确定的上位法框架范围内，得出该规章或者文件既合法又不合法的结论。比如对市政府规章的备案审查，其备案审查主体包括市人大常委会、省人民政府、省人大常委会和国务院，相关工作部门在备案审查中对其进行评判都需要采用一定的标准，且对其是否合理合法的判断都应当具有一致性。因此，就加强备案审查工作而言，构建不同审查主体之间协调联动机制是很有效的方式，也是目前地方立法工作和备案审查工作实践的要求和努力实现的工作方向。2015年，中央发布《关于建立法规、规章和规范性文件备案审查衔接联动机制的意见》，这一要求中除了需要从工作机制层面加强联系以外，从根本上能够解决规章和规范性文件合法性存在较多问题的措施，还需要将审查中的一些问题、审查意见和结论等信息予以共享，对这些问题的归纳和总结，对确实存在合法性问题的立法内容予以纠正。为此，建议省司法厅积极加强与其他备案审查主体的协调联动，加强协助审查、问题会商、移交处理、情况通报和信息互通，切实形成工作合力，形成高效率高质量的衔接联动、相互支持的工作格局，通过备案审查情况公开阶段的相互衔接以及培训交流联动等工作机制和方式方法，进一步畅通本级政府与人大之间、本级政府与下级政府之间以及与司法部的沟通渠道，增强备案审查工作的刚性和成效。

（审定：广东外语外贸大学广东省地方立法研究评估与咨询服务基地主任朱最新 教授）

下编　经验分享编

评委感言

邓世豹[*]

　　广东省法学会、广东省法学会地方立法学研究会开创性的开展"立法实践优秀研究作品评选"工作，由具体参与法案起草工作人员和立法理论研究者，总结立法心得，交流立法经验，提升立法能力，是非常有意义的创举。有幸受邀参加优秀作品的评选工作，通过相关立法作品材料的仔细阅读，收获良多。评审中，思考如何写好一篇立法实践案例，有一些不成熟的想法，也算是在评审中自由心证标准。

　　一要有问题意识。一项法规草案起草制定，一定遇见一个或多个立法难点，这就是讲好立法故事的地方。这个难点可能是法规名称，法规体例，某项具体制度，或者是某个概念。这个难点是如何形成的，争议点焦点在哪里，又如何解决的，反复调研，座谈，协调，克服困难，解决难点，一定是一个艰难的过程，这就是立法价值所在，把问题形成，归纳，到解决，确定最终的法律制度，记录下来，总结经验，就是一篇好立法案例。比如反餐饮浪费立法、文明行为促进法，这些立法涉及如何划分法律规范与道德调整的边界问题，哪些应该是法律规范的行为，哪些属于道德问题，反餐饮浪费立法中法律对个人消费行为的规范与民法中财产权处理关系问题；广东省科学技术普及条例起草中立法体例问题，科学技术普及的部门责任划分，是详细列举清单，还是原则性规定，是单独成章，还是放在总则之中，各有一定的合理性，最终是如何解决的，支撑这种解决方案的理由是什么，等等；反家庭暴力立法中，"家庭暴力"是一个争议比较大的概念，

　　* 邓世豹，广东省法学会地方立法学研究会副会长、广东财经大学法学院教授。

又是该项立法中基础性概念，立法过程中概念争议的形成、理据，最后如何规定的，如何达成共识的、法规规定基于何种理由等，都是很好的写作题材。好的经典立法案例一定有明确的问题意识，也要遵循提出问题、分析问题、解决问题的路径，用文字把整个过程记录、总结下来。单纯介绍一部法规制定背景、主要内容、重要意义，可能在立法说明中就完成了，难以成为一篇经典立法案例。

二要结合具体立法项目。立法实践案例目的在于结合具体立法项目，"总结立法心得，交流立法经验"，与一篇单纯的学术论文不同，学术论文写作中可能也援引立法案例，但是它遵循论点在前，案例佐证，而经典立法实践案例一定是从具体立项项目出发，从解决立法难题中抽象出可复制、可推广、可借鉴的立法经验来，遵循先有材料，后有结论的呈现过程。本次参评成果中，有多篇优秀成果，可是与具体立法项目结合并不紧密，而是对立法领域一般问题进行研究，是一篇优秀的学术论文，却不一定是一篇经典立法实践案例。

三要讲好立法故事。立法是定规矩，涉及大多数人利益，随着开门立法，公众对立法的关注度越来越高，但是与司法裁判的案例相比较，立法的社会关注度还有很大提升空间，这就需要立法人不仅要立良法，还要讲好立法故事。事实上，作为分配社会资源的立法，任何一个立法项目完成都会发生很多故事。立法过程中必然伴随争议，有些争议还比较激烈，从争议到协商谈判最后达成一致，中间的过程完全符合"有情节，跌宕起伏，峰回路转"的故事的各个要素，立法人有义务用通俗的语言将这个过程记录下来。因此，经典立法实践案例并不一定完全遵循学术论文的写作规范，可以用通俗化语言讲清立法中的道理，增强可读性，更好吸引社会关注立法，投身于国家法治建设。

第六章

深入贯彻习近平总书记法治思想的
一次立法实践

——《广东省实施〈中华人民共和国反
家庭暴力法〉办法》出台探析

吴章敏　易明刚　许勇*

摘要：习近平法治思想，是马克思主义法治理论中国化最新成果。2020 年广东省十三届人大常委会以习近平法治思想为指导，制定了《广东省实施〈中华人民共和国反家庭暴力法〉办法》。根据近平总书记对家庭文明建设和妇女儿童工作重要指示批示精神，该《办法》创设了一些符合广东特色的条款内容，同时，针对社会普遍关注的"网络散布隐私是否属于家暴""目击者是否有义务报案""目睹家暴的儿童如何保护"等热点、焦点问题，都一一从法律制度上作出回应，坚持立法以人民为中心，恪守以民为本、立法为民理念，努力做到立好法、立管用之法。2020 年 11 月 16 日至 17 日，党的历史上首次召开的中央全面依法治国工作会议，将习近平法治思想明确为全面依法治国的指导思想。

关键词：反家暴　特色　热点　立法为民　习近平法治思想

春秋时期法家代表人物管仲说："法者，天下之程式，万世之仪表也。"法是治国的标尺，社会的准则。习近平法治思想，是马克思主义法治理论中国化最新成果，是习近平新时代中国特色社会主义思想的重要组

---

* 吴章敏，广东省人大常委会法工委社会法规处处长；易明刚，广东省人大常委会法工委社会法规处三级调研员；许勇，广东省人大常委会法工委行政法规处四级主任科员。

成部分，对于我们建设社会主义法治国家，推进国家治理体系和治理能力现代化，决胜全面建成小康社会，开启全面建设社会主义现代化国家新征程，实现中华民族伟大复兴的中国梦，具有十分重要的意义。

一　《办法》的出台背景

制定《广东省实施〈中华人民共和国反家庭暴力法〉办法》（以下简称《办法》）是广东省人大常委会 2019 年立法工作计划预备项目，由广东省人大社委组织起草并向常委会提出法规议案。《办法》的制定具有非常重要的现实意义。

（一）制定《办法》是贯彻落实习近平总书记对家庭文明建设和妇女儿童工作重要指示批示精神的迫切需要

党的十八大以来，以习近平同志为核心的党中央高度重视家庭家教家风建设和妇女儿童工作，并作出了一系列重要指示批示。习近平总书记指出："家庭和睦则社会安定，家庭幸福则社会祥和，家庭文明则社会文明"。①"要努力消除一切形式针对妇女的暴力，包括家庭暴力"，"要从国家层面治理，对严重侵犯妇女权益的犯罪行为坚决依法打击"。党的十九届四中全会指出："坚持和完善促进男女平等、妇女全面发展的制度机制"。家庭和睦是社会稳定的重要部分，家庭暴力直接危害家庭成员的身心健康和生命安全，容易引发恶性犯罪案件，影响社会稳定。制定《办法》，对于保障家庭成员特别是妇女儿童老人权益，维护家庭和睦幸福，促进社会文明进步具有重要意义。

（二）制定《办法》是确保《反家庭暴力法》有效实施的迫切需要

《中华人民共和国反家庭暴力法》（以下简称《反家庭暴力法》）于 2016 年 3 月 1 日实施以来，对预防和制止家庭暴力，保护家庭成员的合法权益发挥了积极作用。但《反家庭暴力法》的相关规定较为原则，实践中也出现了一些新情况新问题，需要地方立法予以细化和明确。因此，制定

---

① 参见习近平《在会见第一届全国文明家庭代表时的讲话》，人民出版社 2016 年版，第 8 页。

《办法》，结合广东省实际进一步细化上位法关于反家庭暴力的制度规定，有利于确保上位法有效实施，加快营造共建共治共享社会治理格局，把广东省建设成为全国最安全稳定、最公平公正、法治环境最好的地区之一。

（三）制定《办法》是解决广东省反家庭暴力工作突出问题的迫切需要

广东省家庭暴力案件总体呈现量大面广、形式多、举证难的特征。2016—2018 年，全省妇联系统共受理家庭暴力信访 14172 件，约占信访总量的五分之一，且基本呈现逐年上升趋势。广东省因家暴而导致的民转刑重大案件也时有发生，家暴现象不容忽视。社会上仍普遍存在家庭暴力是"家务事"的错误观念，有的职能部门对家庭暴力"不想管"，反家庭暴力部门职责分工不明确，公安机关处置家暴案件不规范，家庭暴力受害人举证难，对家庭暴力受害人救助不足等问题，都需要通过地方立法来解决。同时，广东省在反家庭暴力工作中积累的各部门联动工作机制、婚姻家庭纠纷预防化解机制、社会力量参与工作机制、家事调查员制度等好经验好做法有必要加以总结提升，用地方性法规形式固定下来，促进反家庭暴力工作规范化、法制化。

二　《办法》的重点和亮点内容

《办法》共有 6 章 51 条，其重点和亮点内容主要有以下几个方面：

（一）《办法》进一步明确了家庭暴力的适用范围和定义

在反家庭暴力法的基础上，《办法》对家庭暴力的定义作了更加细化的规定，从伤害行为、限制人身自由行为、威胁人身安全的行为、精神侵害行为和其他家庭暴力行为等 5 个方面进行分项表述。主要亮点有：一是根据工作实践需求，回应社会关切，将冻饿、禁闭、跟踪、骚扰、诽谤、散布隐私等侵害行为也明确纳入家暴范畴。二是根据信息时代和技术发展的需要，对家庭暴力的外延作了适当的延伸，明确"通过网络等手段实施有关侵害行为的，属于家庭暴力"。三是将目睹家庭暴力的未成年人纳入保护救助对象。《办法》第五十条第二款关于"目睹家庭暴力的未成年人是家庭暴力受害人。"这条规定是在总结广东地方司法实践经验和借鉴域外有益经验的基础上，作出的创新规定，是与时俱进保护未成年人不再遭受家暴"软伤害"的一次生动立法实践，切实体现了法治进步，释放出更多保护未成年人权益的法治正能量。

（二）《办法》明确了政府、有关国家机关和社会各方面的职责

反家庭暴力法规定，反家庭暴力是国家、社会和每个家庭的共同责任。办法在此基础上作了进一步细化，明确反家庭暴力工作"实行社会共治"，主要亮点有：一是进一步明确政府责任，要求加强对反家庭暴力工作的组织领导，建立健全反家庭暴力联动工作机制，将反家庭暴力工作纳入精神文明建设和基层社会治理工作内容，将反家庭暴力工作所需经费列入本级财政预算；二是明确有关国家机关和人民团体、居民委员会、村民委员会等方面的工作职责，尤其是明确了妇联应当建立健全反家庭暴力维权服务网络，预防、化解家庭矛盾和纠纷，配合有关部门做好反家庭暴力工作的职责。三是明确了社会组织、企业事业单位等社会其他各方面在反家庭暴力工作中的职责和义务，有助于调动各方力量共同开展反家庭暴力。《办法》第二十一条第三款"任何单位和个人对正在发生的家庭暴力行为有权劝阻，对受害人面临人身安全威胁的应当向公安机关报案。"明确了有关单位和个人劝阻的权力和危险情况下报案的义务，有利于改变反家庭暴力是家务事的错误观念。

（三）《办法》完善了家庭暴力的预防工作机制

预防是反家庭暴力工作的重要基础环节。《办法》围绕家庭美德和反家庭暴力法律法规的宣传教育、开展业务培训、推进信息资源建设和共享、化解婚姻家庭矛盾纠纷等内容，明确了政府、各有关部门、司法机关、人民团体、基层组织、社会组织、媒体、用人单位、家庭的职责，有利于强化家庭暴力预防。主要亮点有：一是第十三条第二款规定"学校、幼儿园应当将家庭美德和反家庭暴力宣传教育与法治教育、道德教育、心理教育相结合，区分不同年龄阶段，对学生、幼儿开展自我保护意识宣传教育，提高其自我保护能力。将自我保护意识和能力教育纳入学校、幼儿园的教育工作。"二是第十八条第一款规定"乡镇人民政府、街道办事处应当将预防家庭暴力工作纳入网格化管理，利用基层综合治理平台，及时排查化解家庭纠纷；基层网格管理员应当通过网格内的走访、巡查等方式，排查上报家庭暴力隐患。将网络化管理的机制运用到反家暴预防工作中。"

（四）《办法》完善了家庭暴力的处置机制

《办法》明确了首接责任制，规定了家庭暴力的救济途径和维权渠道，明确了有关单位和公安机关对家庭暴力投诉和保护的分类处理，对强制报告制度、告诫书等相关制度以及人身安全保护令制度、法院家事调查制度进行了细化规定，有利于推动家庭暴力处置规范化、程序化。主要亮点有：一是完善了联动工作机制，明确首接责任制和重大案件联合办理制度等要求。二是规定了对违反治安管理行为和犯罪行为的立案处理要求，以及受害人要求依法查处的，不得以维持家庭关系等理由予以劝阻。这一规定有利于推动查处打击严重的家暴行为，也避免因家务事难断等观念影响受害者的合法权益。三是规范公安机关接处警，"四种情形"应当出具告诫书。明确要求公安机关将家庭暴力警情纳入"110"接处警工作范围，接到家庭暴力报案后应当及时出警，制作出警记录，并做好制止家庭暴力、收集证据、查明基本事实、协助救助、进行伤情鉴定、协助庇护、告知受害人享有权利等工作。四是完善强制报告制度，将因年老、残疾、重病、受到强制、受到威吓等原因无法报案的人员纳入保护范围。增加规定人民调解组织及其工作人员作为强制报告主体。五是丰富人身安全保护令措施，可以申请多项保护措施、法院分批多次作出。《办法》第三十二条规定，人身安全保护令可以采取以下措施："禁止令""远离令""迁出令"等。规定申请人申请多项人身保护令措施的，人民法院可以分批多次作出。六是完善了家事调查制度和律师调查取证制度，推动解决举证难问题。明确在家庭暴力民事诉讼中，受害人因客观原因不能自行收集证据的，可以委托律师依法调查收集相关证据。

（五）《办法》完善了家庭暴力受害人救助制度

针对受害人救助不足的问题，《办法》对立法体例进行创新，专设一章对家庭暴力受害人的救助予以规定，建立健全受害人救助机制，对临时庇护场的设立和救助服务、临时救助、社会参与救助、法律援助和司法救助等内容作了规定，有利于加强对家庭暴力受害人的救助。《办法》第四十四条完善了社会参与救助的方式，规定"各级人民政府、人民团体可以通过购买服务、项目合作、志愿服务等方式，鼓励支持符合条件的社会工作服务机构、法律服务机构等社会组织，为家庭暴力受害人提供临时庇护、心理疏导、法律咨询、婚姻家庭关系调适等救助服务。"这一规定有利于发挥社会各方面的作用，提供更好、更全面、更有针对性的救助服务。

（六）《办法》完善了相关法律责任

考虑到家庭暴力行为情节轻重不一，对具有一定社会危害性的家暴行为，加害人不仅需要承担相应的违法责任，构成犯罪的，还应当依法追究刑事责任。为做好与刑法、治安管理处罚法的衔接，减少社会上有关"家庭暴力是家务事，不需要承担刑事责任"等方面的误解，《办法》专门增加了一条关于实施家庭暴力法律责任的内容。第四十六条规定"家庭暴力加害人实施家庭暴力，构成违反治安管理规定行为的，依法给予治安管理处罚；构成犯罪的，依法追究刑事责任。"

三　《办法》制定的启示

通过《办法》的制定出台，对做好新时代的地方立法工作，有以下几点体会。

（一）地方立法必须坚持以习近平新时代中国特色社会主义思想为指导，践行以人民为中心的发展思想

习近平总书记指出，坚持以人民为中心的发展思想，体现了党的理想信念、性质宗旨、初心使命。要把体现人民利益、反映人民愿望、维护人民权益、增进人民福祉落实到依法治国全过程，使法律及其实施充分体现人民意志。这深刻阐释了立法工作的价值取向和最终目的，从根本上阐明了为什么立法，为谁立法，立法为了什么这一重大问题。在地方立法工作中，我们必须始终把习近平新时代中国特色社会主义思想作为根本遵循，坚持以人民为中心，恪守以民为本、立法为民理念，回应人民群众最关心最直接最现实的问题。《办法》立法过程中，努力做到人民有所呼、立法

有所应，针对社会普遍关注的"通过网络方式实施散布隐私等侵害行为是否属于家庭暴力""邻居目睹家庭暴力是否有义务报警""如何解决家庭暴力取证难问题""目睹家庭暴力的儿童该如何保护"等热点、焦点问题，都一一从法律制度上作出回应，着力维护人民群众合法权益、体现人民群众意愿、真正得到人民群众拥护。譬如：《办法》第二条规定："所称家庭暴力，是指家庭成员之间实施的身体、精神等侵害行为，主要包括：（一）殴打、残害、捆绑、冻饿等伤害行为；（二）禁闭等限制人身自由行为；（三）恐吓或者以其他方法威胁人身安全的行为；（四）跟踪、骚扰、经常性谩骂、诽谤、散布隐私等精神侵害行为；（五）法律法规规定的其他家庭暴力行为。通过网络等手段实施前款侵害行为的，属于家庭暴力。"《办法》第三十五条规定："在涉及家庭暴力民事诉讼中，接受人民法院委托的家事调查人员可以对需要进一步查明的事项进行调查。家事调查人员可以通过面谈、征询、走访等方式，调查核实相关情况，向人民法院提交调查报告。家事调查人员在调查过程中发现当事人实施家庭暴力的，应当及时向人民法院报告，同时可以向其他相关部门、救助机构报告。"《办法》第五十条规定："目睹家庭暴力的未成年人是家庭暴力受害人。"等等。

（二）地方立法必须注重发挥人大主导作用，深入推进科学立法、民主立法、依法立法

习近平总书记指出，发挥人大及其常委会在立法工作中的主导作用，推进科学立法、民主立法、依法立法，以良法促进发展、保障善治。在立法过程中，我们坚持针对问题立法、立法解决问题，突出抓了以下3项工作：一是发挥人大的主导作用，社会委主动担当作为，牵头组织起草工作，组成人大、妇联、专家学者三结合的法规起草小组，共同开展调研、论证、起草工作，注重加强与公安、民政、法院等相关部门的沟通协调，深入基层开展调研，组织开展了表决前评估，立法论证。二是发挥"四优势"作用，即把立法工作者熟悉立法业务、政府业务部门了解实际情况、人大代表联系群众和专家学者具有专业知识的紧密结合起来，充分调动了各方面的积极性、主动性、创造性，广泛凝聚了各方面立法共识，形成立法工作强大合力。三是就重大法律问题向全国人大常委会法工委请示，为常委会作出科学的立法决策打下坚实基础。我们努力做到立法有特色、条

款真管用。

（三）地方立法必须坚持抓住立法质量这个关键，努力立好法、立管用之法

习近平总书记指出，人民群众对立法的期盼，已经不是有没有，而是好不好、管用不管用、能不能解决实际问题；要抓住提高立法质量这个关键，增强法律法规的及时性、系统性、针对性、有效性。① 做好新时代地方立法工作，要坚持立法与改革发展相适应，突出地方特色，不断提高立法质量。国家反家庭暴力法出台以来，广东省实践中出现了一些新情况新问题，亟需在地方立法中予以细化和明确。《办法》立法过程中，我们坚持针对问题立法、立法解决问题，就实际中反映的当前反家庭暴力工作中存在的部门职责分工不明确，受理投诉和处置工作不规范，家庭暴力受害人举证难，对受害人救助不足等突出问题，提出了切合广东省实际的解决方案，从制度上推动解决反家庭暴力痛点、难点，努力做到立法有特色、条款真管用。例如，《办法》第五条明确规定了政府职责："县级以上人民政府应当加强对反家庭暴力工作的组织领导，建立健全反家庭暴力联动工作机制，将反家庭暴力工作纳入精神文明建设和基层社会治理工作内容，将反家庭暴力工作所需经费列入本级财政预算。乡镇人民政府、街道办事处应当做好本辖区内家庭暴力的预防、处置和家庭暴力受害人救助等相关工作，给予必要的经费保障。"《办法》第二十条明确规定联动工作机制："县级以上人民政府应当组织公安、民政、司法行政等部门，会同妇女联合会、工会、共产主义青年团、残疾人联合会等单位，制定反家庭暴力工作流程，建立家庭暴力受害人投诉的受理、跟进和转介等制度。首先接到家庭暴力投诉、反映或者求助的部门、单位，应当按照工作职责做好受理、跟进和转介工作，不得互相推诿；涉及多个部门、单位职责的重大家庭暴力案件或者社会影响恶劣的家庭暴力案件，应当联合其他有关部门、单位共同处理。妇女联合会接到家庭暴力投诉、反映或者求助后，应当根据家庭暴力受害人的请求跟进有关部门、单位处理情况。对于家庭暴力行为，妇女联合会有权要求并协助有关部门、单位处置，有关部门、单位应

---

① 参见《习近平在十八届中央政治局第四次集体学习时的讲话》，人民网，www. people. com. cn，2013 年 2 月 23 日。

当处置并予以答复。"同时，《办法》还创设性扩大保护对象，在第五十条明确："家庭成员以外具有监护、扶养、寄养、同居等关系的共同生活人员之间实施的暴力行为，参照本办法规定执行"等。

（四）地方立法必须坚持开门立法，畅通从基层社区到立法机关的信息渠道

习近平总书记在上海市长宁区虹桥街道古北市民中心考察时强调，虹桥街道作为全国人大常委会建立的基层立法联系点，立足社区实际，认真扎实开展工作，做了很多接地气、聚民智的有益探索。人民代表大会制度是我国的根本政治制度，要坚持好、巩固好、发展好，畅通民意反映渠道，丰富民主形式。为了更好地发挥基层立法联系点的作用，去年 11 月下旬，广东省人大常委会法制委、法工委首次委托珠海市香洲区、河源市和平县、肇庆市高要区、清远市清城区人大常委会 4 个基层立法联系点，对《办法》（草案）开展立法调研，直接听取基层意见，了解基层情况。调研过程中，村居社区、基层单位和一线干部群众积极参与，结合自身工作生活实践，共提出完善《办法》（草案）的意见建议 29 条。这次委托基层联系点开展的立法调研，让很多人眼中"高大上"的立法走进寻常百姓家，既是一次开门立法的创新探索，又是一次反家暴宣传的生动实践。通过基层立法联系点这个桥梁纽带，我们直接从基层社区和干部群众中收集原汁原味的"第一手资料"，搭建起从田间地头到立法机关的信息通道，增强了立法与人民群众的互动沟通，畅通了立法决策和丰富的社会实践之间的联系机制，让立法更接地气，聚民智，察民情，使立法更充分体现最广大人民群众意愿。

（五）加强立法宣传解读，讲好立法故事

习近平总书记指出，要深入开展法制宣传教育，弘扬社会主义法治精神，引导群众遇事找法、解决问题靠法。① 做好新时代立法工作，必须加强立法宣传、解读、阐释工作，讲好当地立法故事。《办法》起草审议过程中，法制委、社会委、法工委主动回应社会关切，积极解读法规条文，使立法工作的过程成为引导社会舆论、凝聚各方共识、普及法律知识的过

---

① 参见《十八大以来重要文献选编》（上），中央文献出版社 2014 年版，第 722 页。

程。针对二审后部分公众对有关条款内容误解误读的问题，三审前，广东省人大常委会法制委、法工委通过媒体吹风会等渠道，就《办法》的立法情况及亮点对相关媒体进行了详细介绍，引导媒体进行正面宣传报道，取得积极成效。《办法》出台后，法制委、社会委、法工委配合省妇联制作了"一张图读懂《办法》"的宣传单，推动和支持省妇联拟开展100场反家暴宣教活动，增强全社会反家庭暴力的意识，引导家庭暴力受害人通过法治渠道维护自身权益，努力为法规正确实施营造良好的社会氛围。

战国末期的儒家代表人物荀子认为："法者，治之端也。"站在新的历史起点上，我们将以习近平法治思想为指引，坚定法治信仰，汇聚法治力量，不断提高地方立法的质量和效率，为广东省在全面建设社会主义现代化国家新征程中走在全国前列、创造新辉煌奉献绵薄之力！

【专家点评】

点评人　中山大学法学院 刘诚 副教授

本文出自广东省人大常委会法工委的3位立法工作者——吴章敏、易明刚和许勇。2020年，他们亲自参与制定了《广东省实施〈中华人民共和国反家庭暴力法〉办法》（以下简称《办法》）。《办法》起草遵循了如下思路：第一，明确指导思想、坚持价值引领的思路；第二，找准立法定位，体现配套衔接；第三，坚持问题导向、抓住地方特色。《办法》解决了广东省反家庭暴力工作中的突出问题，如完善了家庭暴力的预防工作机制、处置机制和救助机制；《办法》提升和总结了广东省在反家庭暴力工作中积累的经验，如各部门的联动工作机制、首接责任制、庇护场所、社会力量参与工作机制、家事调查员制度等。《办法》在起草过程中争议较大的问题是家庭暴力的定义，在《反家庭暴力法》的基础上，《办法》对家庭暴力的定义作了更加细化的规定，从伤害行为、限制人身自由行为、威胁人身安全的行为、精神侵害行为和其他家庭暴力行为5个方面进行分项表述。这是此次立法的重要亮点。《办法》起草者和立法者的一个中心思想是，家庭暴力受害人需要得到制度、专业和社会等系统的支持。在以往，发生家庭暴力案件后，受害人往往首先向亲人求助。但是，由于家庭很复杂，亲人未必会给出管用的帮助，并且求助亲人也会给亲人带来道德上的责任和压力。为此，《办法》希望达到的社会效果是：让家庭暴力受害人向公权力系统、专业机构、社会力量求助，让受害人不是只"靠"亲朋好友，让人与人之间的界限更清晰和简单，这就是制定本法所期望达到的社会效果。

在文章中，3 位作者以一线立法者的身份对《办法》的出台背景、重点和亮点内容以及制定过程的梳理和总结。如家庭暴力的适用范围和定义，强制报告制度、告诫书制度的细化规定，家庭暴力受害人的救助制度，等等。通过对这些条文的细致解读，文章为执法者、研究者探究立法者原意，解释、适用《办法》提供了第一手的立法资料。

立法工作者对其立法解读的意义不仅在于为未来的法律适用和解释提供了指引，还在于它保存了一部部具体立法的历史，呈现了我国立法的制度经验。在文章中，作者对《办法》制定过程进行了总结，以点带面，以局部呈现整体，展现了新时代中国立法工作的内在特点。它们是：立法以人民为中心、发挥人大主导作用、重视立法质量、开门立法、立法宣讲。这些朴素的立法经验，让人看到了中国立法工作者是如何推动中国的立法民主、立法科学、依法立法实践。

第七章

《广东省重大行政决策程序规定》
立法实践分析

刘浩　黄涛[*]

　　摘要:《广东省重大行政决策程序规定》立法经历了立项—暂缓—重启的过程,在党中央明确要求"健全依法决策机制"和国务院出台《重大行政决策程序暂行条例》的背景下,广东通过总结重大行政决策实践经验,把握立法时机,在行政法规的制度框架下,结合本省实际情况进行了调整和细化。作为我省推进依法行政、加强政府自身建设的一部重要立法,在此有必要对此项地方立法的背景进行把握,并对立法的总体思路选择、具体制度设计以及部分创新和亮点进行梳理和归纳,以期对《规定》的有关问题进行释明。

　　关键词: 重大行政决策　程序　法治政府

一　《广东省重大行政决策程序规定》
立法背景与过程

(一) 立法背景

　　党的十八届四中全会决定提出,要健全依法决策机制,把公众参与、专家论证、风险评估、合法性审查、集体讨论决定确定为重大行政决策法定程序,确保决策制度科学、程序正当、过程公开、责任明确,对重大行

---

　　* 刘浩,男,广东省司法厅立法一处一级主任科员;黄涛,男,广东省司法厅法治调研处副处长,法学博士。

政决策程序作出了明确具体的方向指引。2015 年 12 月，中共中央、国务院印发《法治政府建设实施纲要（2015—2020 年）》，提出了推进行政决策科学化、民主化、法治化的具体目标，并对重大行政决策程序提出了具体的措施要求，是对党中央、国务院有关科学民主依法决策的要求和部署的具体细化。但这并不是中央和国务院层面的文件第一次提出要求建立或者健全依法决策机制，早在 2004 年国务院《全面依法行政实施纲要》便明确要求"建立健全科学民主决策机制"；此后 2008 年《国务院关于加强市县政府依法行政的决定》以及 2010 年《国务院关于加强法治政府建设的意见》，都提出相关要求①。国务院也早在 2011 年就将《重大行政决策程序暂行条例》（以下简称《暂行条例》）列入立法计划，作为"需要积极研究论证的项目"；2012 年调整为"需要抓紧工作、适时提出的项目"；2013 年作为"研究项目"；2014 年和 2015 年作为"预备项目"，直至2016 年正式作为国务院立法计划中的"全面深化改革急需的项目"，并结转至 2017 年立法计划继续作为该类项目办理。2017 年 6 月，原国务院法制办起草的《暂行条例（征求意见稿）》公开征求意见，该立法项目于当年已完成起草和审查，并由国务院法制办办务会议讨论通过。2018—2019年，《暂行条例》再次列入国务院年度立法工作计划，《暂行条例（草案）》报经国务院同意后，于 2019 年 2 月 25 日经中央全面依法治国委员会第二次会议审议通过。

由于我国重大行政决策程序立法推进进路采用了党中央、国务院指导文件与地方立法先行先试相结合的推进方式②。在地方层面，为落实党中央和国务院的工作部署，各级地方政府在制度建设方面开展了先行先试。从网络检索的资料来看，在 2019 年 4 月国务院《暂行条例》出台之前，

---

① 国务院早前公布的文件包括：一是 2004 年国务院《全面推进依法行政实施纲要》提出，要健全行政决策机制。科学、合理界定各级政府、政府各部门的行政决策权，完善政府内部决策规则。建立健全公众参与、专家论证和政府决定相结合的行政决策机制。实行依法决策、科学决策、民主决策。二是 2008 年《国务院关于加强市县政府依法行政的决定》提出，要完善市县政府行政决策机制：完善重大行政决策听取意见制度；推行重大行政决策听证制度；建立重大行政决策的合法性审查制度；坚持重大行政决策集体决定制度；建立重大行政决策实施情况后评价制度；建立行政决策责任追究制度。三是 2010 年《国务院关于加强法治政府建设的意见》提出，要坚持依法科学民主决策；规范行政决策程序；完善行政决策风险评估机制；加强重大决策跟踪反馈和责任追究。

② 参见王万华、宋烁《地方重大行政决策程序立法之规范分析——兼论中央立法与地方立法的关系》，《行政法学研究》2016 年第 5 期。

我国已有 25 个省级政府以政府规章或者政府规范性文件形式出台了有关重大行政决策程序的规定①；而在《暂行条例》出台之后，截至 2020 年 12 月，河北、甘肃、云南、西藏、吉林、江苏、贵州、重庆、上海、天津、山东、青海 12 个省（自治区、直辖市）已制定或者修订出台重大行政决策相关立法，广东省及黑龙江、安徽、陕西、新疆等 5 个省（自治区）正在立法过程中。具体到广东省而言，由于广东省自开展依法行政考评工作以来，对重大行政决策事项考评提出了更高要求，全省 21 个地级市在之前制度建设基础上，已逐步完善重大行政决策程序制度，比如佛山市人民政府已出台了 7 个制度，包括总体的程序规定以及征求公众意见、专家咨询论证、风险评估、过错责任追究、专家库管理、决策目录管理等几个具体规范②，且在重大行政决策的实施过程中发现问题、积累经验并逐步改进。

综上，《暂行条例》出台后，标志着我国重大行政决策法治化迈上新台阶。在地方立法层面有了较好的制度基础及实践探索。这些制度建设和实践，对广东省重大行政决策程序制度建设意义重大：一方面，国家立法的出台为广东省的地方立法提供方向上的指引；另一方面，地方先行先试立法积累的立法经验和实践经验将对广东省的立法提供制度参考和实践反思。

（二）立法过程

1. 立法进程和时机把握

广东省省级重大行政决策程序相关制度建设工作起步较早，2012 年以规范性文件形式出台了《广东省重大行政决策专家咨询论证办法（试行）》，2013 年出台了省政府规章《广东省重大行政决策听证规定》；并于

---

① 有关重大行政决策程序的规定，包括 3 种类型：一是综合性的行政程序规定中关于"重大行政决策程序"的章节，如《湖南省行政程序规定》；二是专门的重大行政决策程序规定，如《浙江省重大行政决策程序规定》；三是专门就重大行政决策法定程序中的某个环节而设定的具体规定，如《广东省重大行政决策听证规定》。本处统计的数据 25 个省出台相关制度，包括上述 3 种类型。

② 佛山市人民政府出台的 7 项重大行政决策程序相关制度为：《佛山市重大行政决策程序规定》《佛山市行政过错责任追究实施细则》《佛山市行政决策专家咨询论证办法（试行）》《佛山市重大行政决策征求公众意见办法（试行）》《佛山市重大行政决策咨询论证专家库管理办法》《佛山市重大行政决策目录管理办法》《佛山市重大行政决策风险评估办法》。

2013 年至 2015 年将《广东省重大行政决策后评估办法》作为预备项目列入立法计划，进行前期研究。由于重大行政决策范围界定等内容尚不确定，决策后评估的范围也不能相应明确，制度设计存在障碍，因此该项目仅停留在研究起草阶段，并未出台。为了贯彻落实党中央关于"健全依法决策机制"的要求，中共广东省委将"研究制定贯彻执行国家《重大行政决策程序暂行条例》的配套措施"作为推进全面深化改革和全面依法治省的重要举措。广东省人民政府根据工作部署并参考国务院立法工作计划的安排，将《广东省重大行政决策程序规定》列入到《广东省人民政府2016 年制订规章计划》，并对两个立法项目进行整合，将重大行政决策后评估作为整体程序规定的一个部分予以规范。为此，原广东省人民政府法制办公室于 2016 年便完成了资料搜集及草稿起草工作，结合国家立法的进度，该项目也结转进入《广东省人民政府 2017 年制订规章计划》继续办理。2017 年，原广东省人民政府法制办公室就《广东省重大行政决策程序规定（草案）》开展了征求意见和调研工作。由于当时国务院《重大行政决策程序暂行条例》尚未出台，原广东省人民政府法制办公室积极贯彻落实"党领导立法"工作的有关要求，于 2017 年 9 月将有关情况向省委改革办汇报，建议根据国务院立法进度，暂缓广东省规章立法。

广东省的重大行政决策程序立法之所以结转办理、延后出台，是考虑到省委明确要求制定关于国家上位法的配套措施，广东省重大行政决策程序立法采取了即时跟进国家立法的办法，即根据国家立法的动态即时对本省的草案进行修改与调整，待上位法出台后立即跟进。这样的出台时机选择，首先是为维护国家法制统一的需要，《中华人民共和国立法法》明确提出了"维护社会主义法制的统一和尊严"，虽然早前地方出台不少相关制度，但在国家立法已经明确即将出台的时间节点上，地方立法在具体制度设计上更加不好把握，但凡有细微的不一致或者是冲突，就需要在出台不久后立即修改，造成"朝令夕改"的局面；如不及时修改，是对法制统一的挑战，在适用方面也会造成困扰。其次，按照省委改革任务的要求，广东省人民政府需要制定国务院行政法规的配套措施，属于实施性立法，需要准确把握立法时机，否则将导致重点和特色不突出。尤其在上位法尚未出台的背景下谈实施性立法，其必然要求就是等待上位法的出台。

2. 立法形式和进路

由于上述背景原因，广东省重大行政决策程序制度在立法形式方面的选择反而简单和清晰。首先，在是否制定综合性的行政程序规定方面未作考虑，根据党中央和国务院要求直接指向"重大行政决策程序"立法，符合国家立法以"重大"带动"一般"、以点带面的推进思路①。其次，从重大行政决策程序某一环节的具体制度建设开始，发展到整体程序制度建设，在一定的制度基础和实践基础的条件下，再搭建整体框架，从部分到整体的立法形式具有一定的科学性。再次，在立法位阶上，选择以政府规章形式立项，作为国务院行政法规的配套措施比较恰当。未选择地方性法规立法，一是因为作为政府自身建设的立法选题多数以政府规章立法出台；二是虽然地方人大及其常委会作为权力机关和立法机关，但作为代议机关经过委托专家起草和代表多次审议的立法草案需要更加注重权衡处理应然和实然的关系，尤其在执行机关——政府方面稍有阻力②。而未选择以规范性文件形式出台，则是由于其效力层级较低，无法凸显重大行政决策程序的制度刚性。

如前所述，重大行政决策制度法治化的一般进路是中央、国务院指导文件与地方立法先行先试相结合的推进方式。而在现时的立法背景下，广东省的立法采用"先中央、后地方"的反向思路推进，以上位法为指引方向，以上位法规定和本省相关制度建设为基础，吸纳其他地方重大行政决策程序制度及理论研究的精华，确保行政决策制度科学、程序正当、过程公开、责任明确。国务院《重大行政决策程序暂行条例》出台后，广东省适时重启了《广东省重大行政决策程序规定》立法，将该项目列入《广东省人民政府 2020 年制定规章计划》，作为"年度内完成项目"，由广东省司法厅组织起草。广东省司法厅将该规定草案于当年 8 月公开征求意见，9 月开展立法协商，10 月开展立法调研和修改，目前该项目已准备提交广

---

① 参见宋大涵主编、袁曙宏副主编《建设法治政府总蓝图——深度解读〈法治政府建设实施纲要（2015—2020 年）〉》，中国法制出版社 2016 年版，第 91 页。

② 国内早在省级层面探索采用地方性法规立项的案例是《重庆市行政程序条例》，该项目立法相关工作开展时间较早，早前由西南政法大学于 2002 年初以《重庆市行政程序立法研究》课题立项，进行前期研究工作，并于 2002 年 12 月完成《重庆市行政程序条例（试拟稿）》，相关内容参见江必新、郑传坤、王学辉《先地方后中央：中国行政程序立法的一种思路——兼论〈重庆市行政程序条例〉（试拟稿）》的问题，《现代法学》2003 年第 2 期。该立法项目在其后的 13 年内并未被提上立法日程，直至 2015 年 2 月，重庆市人大常委会正式委托西南政法大学起草《重庆市行政程序条例（草案）》，并将该项目列入当年立法计划作为当年 9 月初次审议的项目。然而，正式立项至今，该立法尚未出台，其中一个原因便是草稿征求意见过程中，政府认为草稿对程序的严格要求实属应然，但与目前行政管理的实际操作稍有脱节，部分条款过于前瞻，争议较大。

东省人民政府常务会议审议。

二 《广东省重大行政决策程序规定》
立法的必要性和意义

规范我省重大行政决策程序，是加快法治政府建设的必然要求。作为推进依法行政、加强政府自身建设的一部重要立法，《规定》的出台具有重要意义。

（一）有利于推进国家治理体系和治理能力现代化

规范重大行政决策程序，是贯彻落实习近平法治思想的具体行动，是推进国家治理体系和治理能力现代化的重要举措。《规定》在严格执行《暂行条例》的基础上，结合广东省实际，进一步细化了重大行政决策的事项范围，厘清了各相关部门之间的职责边界，保障了公众参与权利，是各级政府和政府部门科学、民主、依法决策的法律遵循。《规定》的出台也将有力地推动各级行政机关负责人牢固树立依法决策意识，严格遵循法定权限和程序作出决策，以决策供给侧现代化推动国家治理体系和治理能力现代化。

（二）有利于加快广东省法治政府建设进程

推进行政决策科学化、民主化、法治化是法治政府建设的主要任务之一。行政机关的决策水平体现了依法行政水平，关系到能否正确履行管理职责。《规定》以规范重大行政决策程序为重要抓手，发挥决策程序的"以点带面"的杠杆效应和牵引作用，引导各级行政机关运用法治思维法治方式实施决策行为，这对深入推进依法行政、加强政府自身建设具有重大意义。

（三）有利于提升广东省行政决策水平

广东省较早对重大行政决策规范化管理进行探索，一些地区出台了有关重大行政决策程序规定的制度建设，并且通过依法行政考评等手段，加大了履行重大行政决策程序的刚性约束，科学民主依法决策水平一定程度上得到提升。但实践中，一些地方行政决策尊重客观规律不够，公众参与决策渠道不畅，违法决策、任性决策等时有发生，一定程度上损害了政府公信力，影响和制约着改革的深入推进和经济社会的高质量发展。《规定》的出台不仅是落实回应上位法的要求，同时也是根据我省实际情况，细化决策程序具体内容的需要，增加重大行政决策程序制度的可操作性，不断提升重大行政决策的质量，增强政策的科学性、连续性、稳定性。

（四）有利于强化行政权力制约和监督

行政决策是行政权力运行的起点，也是规范行政权力的重要环节。《规定》的出台，将以刚性的法治化程序建立一道拒绝违法决策的防火墙，起到以制度促规范、以参与促公开、以流程促优化、以监督堵疏漏、以责任强担当的作用，让约束决策权力的"制度笼子"扎得更加牢固。

三　《广东省重大行政决策程序规定》的立法思路与主要制度介绍

（一）立法总体思路

根据《法治政府建设实施纲要（2015—2020年）》的目标和指引以及《暂行条例》的规定，《规定》起草主要围绕决策主体、决策事项范围、决策法定程序3个重点问题完善程序制度，坚持科学民主依法决策贯穿行政决策活动始终、坚持行政首长负责制、坚持保证行政效率的原则[①]。在立法的总体方向、立法思路选择以及制度设计方面宏观把握，主要遵循3个方面的思路：

1.处理好中央立法与地方立法的关系。《暂行条例》规定"省、自治区、直辖市人民政府根据本条例制定本行政区域重大行政决策程序的具体制度"。为此，我省的地方立法应当在国家立法的框架和基础上，根据实际情况探索并作出具体细化的规定，从而最大限度地保证决策程序制度的可操作性。根据我省重大行政决策工作实际需要，《规定》明确了我省重

---

① 参见宋大涵主编、袁曙宏副主编《建设法治政府总蓝图——深度解读〈法治政府建设实施纲要（2015—2020年）〉》，中国法制出版社2016年版，第92—94页。

大行政决策程序的具体制度，对决策起草、听取意见、专家论证要求、风险评估程序、合法性审查要求以及决策后评估程序等内容进行细化，确保可操作性。

2. 在立法体例的设计方面，《规定》与国务院的立法工作思路相衔接，确定我省地方立法体例和框架。《暂行条例》根据党中央和国务院有关文件精神，确定了公众参与、专家论证、风险评估、合法性审查和集体讨论决定等法定程序的适用条件，对上述 5 个法定程序分章节地进行了规定。《规定》按照《暂行条例》的整体结构，结合我省实际情况，确定了相应的立法体例。

3. 在整体上把握了程序繁简的问题。在决策制度设计上，紧紧围绕服务和保障科学决策这个核心，准确掌握尺度，把握好程序繁简、标准宽严、制度刚柔的平衡点，确保决策制度科学、程序正当、过程公开、责任明确，决策法定程序能够执行。《暂行条例》将合法性审查、集体讨论决定作为必经程序，同时对明确了适用公众参与、专家论证和风险评估程序的要求①。《规定》在此原则的指导下，综合考虑决策实际及行政机关能做到或者经努力能做到的总体情况，对 5 大法定程序的适用作了相应的区分。

（二）主要制度及亮点介绍

《规定》整体沿用了上位法的框架结构，结合本省实际情况进行了调整或者细化。其中，多数条文是对上位法的细化与具体化；部分条文是结合我省实际情况所作的创新规定；为保持条文逻辑结构完整，有个别条文是对上位法条文的必要重复。以下，仅对几个制度及亮点进行介绍，分析在制度设计时的思路及方向选择。

1. 关于决策事项范围。在重大行政决策的制度构建中，最首要的问题就是决策事项范围的确定，这也是整个制度建设中的关键和难点问题。《暂行条例》考虑到各地区发展不平衡，省市县各级政府决策的影响面和侧重点各有不同，采用"列举＋兜底"方式对重大行政决策事项进行了原则性的规定，同时采用了"正面列举＋反面列举"的模式，明确了不适用重大行政决策的情形。《规定》参照上位法的规定，在文本中明确了本省

①　参见熊选国主编《重大行政决策程序暂行条例释义》，中国法制出版社 2019 年版。

重大行政决策事项范围，并结合地方的实际情况作了适当延伸，提出"执行上级既定决策部署、未加具意见转发上级所作出的决定不适用本规定"的例外情形，此种情况下，本级人民政府并未新设权利义务，应不属于本级政府的决策事项。为此，从提高执行效率的角度作出上述规定，对下级政府和部门执行上级决策部署具有指导意义。

2. 关于决策目录管理机制。《规定》结合我省实际情况，对决策事项目录管理机制进行了具体化，要求决策机关制定年度目录并公布，决策机关所属部门应当制定事项范围目录（即细化目录）并公布。《暂行条例》规定了"目录管理制度"①，其本意是通过"以点带面"的方式，在条例出台的前几年，以目录的方式解决项目难以确定、启动重大行政决策程序难的问题，推动重大行政决策程序制度落到实处。原国务院法制办公室在调研了苏州②、长沙等地制度建设和目录管理实践的基础上，作出了前述规定。但由于全国各地情况不一致、发展不平衡，由国家统一立法规定"年度目录管理"不能照顾到各地实际情况，各地根据自身条件确定如何落实"目录管理"更为恰当，落实的方式可以是"年度目录"，也可以是"具体事项目录"。广东省级层面的立法，刚好处于国家统一立法和地方具体落实的中间环节，在如何选择具体化方向方面需要慎重考虑。《规定》结合目前广东省各地级市及省直部门实施重大行政决策目录管理的实际情况③，对上位法的内容进行了深化和细化：一是上位法规定"决策机关可以确定目录"，我省调整为"决策机关应当确定目录"。理由：我省自2015年开展"依法行政考评"以来，相关指标明确要求制定重大行政决

---

① 参见国务院法制办公室《重大行政决策程序暂行条例（征求意见稿）》第三条第二款：决策机关应当根据本条第一款规定，结合职责权限和本地实际，制定重大行政决策事项（以下称决策事项）的年度目录，并向社会公布。纳入目录的决策事项应当依照本条例规定作出决策。

② 《苏州市重大行政决策程序规定》是规定"年度目录管理制度"的典型代表，其在管理实践中运用互联网技术平台，由决策部门自行报送年度重大行政决策目录，通过完善实施机制解决规范层面的问题。

③ 广东省自实施依法行政考评工作以来，一直致力于以后评价的方式推进行政决策科学化、民主化、法治化。在2017年度依法行政考评指标中，规定了"制定重大行政决策事项目录并向社会公布"的考核项目，考核分值为2分。各地级市和各省直部门在具体落实过程中，实施方式略有不同，如广州、深圳、佛山、中山等市以及广东省财政厅、国土资源厅、旅游局、地税局等单位通过制定年度目录的方式落实，且部分地级市还出台了专门的决策事项年度目录管理办法；而梅州市、广东省商务厅、农业厅、食品药品监管局、质监局等单位则通过公布具体事项目录范围的方式落实，该事项范围根据本单位职责确定，着眼宏观，可反复适用。

策目录，如《2019 年度法治广东建设考评有关具体考核点和考核细则》中明确要求"制定重大行政决策事项目录并向社会公布"，分值为 1 分。为此，基于我省近年来重大行政决策和依法行政考评的实践，拟在我省的规章立法中明确要求决策机关制定重大行政决策目录，一方面防止决策机关在启动重大行政决策方面的随意性，另一方面也避免部分单位的懒政行为。长远看，通过决策机关制定目录，有利于各决策机关在实践中逐渐凝聚共识，以点带面推进科学民主依法决策。二是关于"年度目录"和"细化目录"的适用。司法部熊选国副部长主编的《〈重大行政决策程序暂行条例〉释义》提出，"这里的'目录'可以是年度目录，也可以是细化目录。其中，年度目录是当年重大行政决策具体事项的目录，具体明确、一目了然，不少地方已经出台了年度目录；细化目录可以反复适用，但往往需要结合'重大'的标准来判断。具体采取哪一种，由决策机关结合本单位实际灵活掌握。"综合广东省近年来对省直单位和各地市政府进行依法行政考评的情况来看，各地级以上市人民政府结合本地实际制定年度目录、省直各部门结合职能确定本部门的重大行政决策事项范围目录（即细化目录），符合行政管理的实际情况。因此，《规定》对上位法关于"目录"的规定进行了细化，更具有可操作性，对各地各部门开展目录编制工作具有指导意义。

3. 关于重大行政决策工作组织协调的问题。关于重大行政决策工作由哪个单位统筹组织实施的问题，《暂行条例》未作明确规定，给了各省地方立法进一步明确的空间。在《规定》起草、调研过程中，梅州、茂名、阳江、湛江等市建议明确重大行政决策事项综合推进、指导、协调、监督等事项的工作部门，厘清重大行政决策程序环节的责任，有利于推动重大行政决策制度落实。对此，《规定》总则部分规定，决策机关办公机构负责本行政区域重大行政决策工作的组织协调；司法行政部门负责本行政区域重大行政决策工作的指导和监督。其他相关部门按照职责权限负责重大行政决策草案起草、论证、评估和执行等工作。"决策启动"章节中规定，决策机关办公机构负责编制并组织实施重大行政决策年度目录。理由：一是重大行政决策涉及一级政府的多项工作，涉及面广，综合性强，且需要综合统筹推进，根据我省政府工作规则以及近年来重大行政决策工作的实际情况，由决策机关办公机构（即政府办公厅或办公室）负责重大行政决策的组织协调工作及编制重大行政决策目录，有助于加强重大行政决策的统筹管理，提高目录编制的科学性，提升决策质量和效率。二是按照机构改革后广东省司法厅的"三定方案"，广东省司法厅法治督察处负责"指导、监督各级政府及其部门重大行政决策工作"。目前，青海、贵州、重庆、上海、吉林等省市规章明确由决策机关办公厅（室）负责组织实施本级重大行政决策及编制目录。仅有山东省在省级政府规章中明确由司法行政部门负责本行政区域重大行政决策工作的组织协调、指导和监督以及负责编制年度决策事项目录。

4. 关于决策法定程序。决策法定程序重在落实决策程序制度的刚性约束。《规定》根据此原则和精神，结合广东省重大行政决策制度和实践的情况，对法定程序作了细化规定。一是关于公众参与。决策事项的类型众多，具体情况复杂，公众参与的方式也形式多样，"公众参与"并非严格的必经程序，行政机关可以适度自由裁量，根据决策事项对公众利益影响的范围和程度选择具体的方式方法。按照上述原则并结合广东省实际情况作了制度设计，一方面，规定了听取社会公众意见的多种方式，并对公开征求意见、听证会和其他方式以及意见反馈提出了具体要求；另一方面，考虑到广东省已经制定了重大行政决策听证方面的规章，因此对于公众参与中的"听证"制度，作立法技术上的处理，设定指引条款。二是关于专家论证。《规定》明确，对专业性、技术性较强的决策事项，决策承办单位应当开展咨询论证。《暂行条例》明确各地级以上市可以根据需要建立专家库，对地级市建立专家库不作强制性要求。我省重大行政决策专家咨询论证工作起步较早，积累了一定的实践经验，2012 年省府办公厅印发了《广东省重大行政决策专家咨询论证办法（试行）》，明确要求"省政府、各地级以上市政府应建立重大行政决策咨询论证专家库，设立或明确机构负责管理，健全完善工作规程和运作机制，为专家开展工作提供相应的便利和服务。"考虑到我省经济发展水平以及相关工作实践的情况，为提高各地级以上市人民政府重大行政决策在专家选择时的有效性、针对性，有必要明确各地级以上市人民政府建立决策咨询专家库的要求。三是目前广东省决策风险评估的制度建设和实践都比较薄弱，欠缺可操作性强的工作规程。因此，暂不宜把风险评估作为必经程序，《规定》在上位法的框架下对"风险评估"仅作了原则规定。四是合法性审查。《规定》在上位法的框架下，细化了合法性审查的要求、提交材料要求、审查方式、审查期限、审查内容以及审查意见的处理。此外，为加强合法性审查的深度，确保决策承办单位提请审查的重大决策事项在其起草阶段即在合法性方面得到严格把控，要求决策承办单位在起草阶段也要由其内部的法制工作机构进行合法性审查，并提出书面的合法性审查意见，这是考虑到决策承办单位对整个决策事项最为熟悉和了解，由其内部先进行合法性审查，问题的焦点更容易集中。五是集体讨论。集体讨论决定为决策必经程序，集体讨论决定是民主集中制的体现，既强调决策事项应当经决策机关常务会议或者全体会议等法定形式审议讨论，又坚持首长负责制，规定由行政首长在集体讨论的基础上作出决定。由于集体讨论决定的制度基础和实践基础都较好，《规定》对集体讨论的要求、提交材料、办理流程、会议讨论、列席单位和决策公布等具体细节作了规定。

5. 关于决策执行、实施后评估与责任追究。为了保证决策执行、及时发现决策偏差、提高决策纠错效果，明确对决策执行单位的要求，重大行政决策程序中应当明确规定决策执行监督和实施后评估制度。为了落实决策程序制度的刚性约束，严格决策责任追究，还应当规定决策机关应当建立重大行政决策终身责任追究制度及责任倒查机制。在决策实施后评估方面，《规定》对上位法作了细化，结合我省开展重大行政决策后评估立法研究的情况，对决策实施后评估制度作了较为具体的规定，明确评估对象、评估主体、评估程序及内容、评估结果运用等内容。

6. 关于《规定》与我省相关制度的衔接问题。广东省于 2012 年出台了文件《广东省重大行政决策专家咨询论证办法（试行）》（粤府办〔2012〕37 号），于 2013 年出台了《广东省重大行政决策听证规定》（粤府令第 183 号）。上述制度文件对广东省重大行政决策专家咨询论证以及听证的程序及相关要求作了明确规定，对各地各部门开展重大行政决策专家咨询论证和听证工作具有很强的指导作用。《规定》在起草过程中，在"专家论证""公众参与"章节中，部分内容与上述文件和规章进行了衔接，且设置了指引条款，如第二十六条关于"专家库"的规定尊重了我省的该项工作开展的实际情况；第十八条设置了指引条款，规定"听证程序按照国家和省的有关规定执行"。同时，为做好《规定》的贯彻落实工作，并使广东省的文件和规章与国家上位法保持一致，建议适时启动上述文件和规定的修订工作。

【专家点评】

点评人　华南农业大学政法学院 王权典教授

《〈广东省重大行政决策程序规定〉立法实践分析》一文阐述的虽非地方性法规制定实践，但其对作为促进地方政府依法行政决策规章措施的《广东省重大行政决策程序规定》制定的背景、经过、思路及制度设计的特点、创新性做了简明扼要的阐述或梳理，也释明了该《规定》付诸实施可能遇到的特殊问题。

该文行文表述内容丰富，凝练集中，创新意识较为突出，较好地体现了地方政府规章文件制定的规律和区域实施特色，凸显了一定的示范意义和可借鉴经验，对特殊问题有较翔实的论述，具有突出的理论和实践参考价值。

全文结构完整，立论正确，观点鲜明，法理阐述逻辑性强，条理清晰，参考文献较多，引注规范，对实践问题分析比较到位，结论认识比较中肯。如果能结合不同两三省的立法例进行重点比较，以及突出在立法中的某些重大分歧或异议、实施所要求的配套措施进行阐述，则该文论述更为完美，其创新意义更为突出。

第八章

以问题为导向创新地方性
法规体例实践

——以《广东省科学技术普及条例》为例

陈建胜[*]

摘要： 管理主体职责作为地方性法规总则的重要组成部分，属于基础性的技术规范，立法者一般对此严格遵循、不会越雷池半步。《广东省科学技术普及条例（草案）》作为突破传统体例的一次创新，14条、22个管理主体职责脱离总则、独立成章，形成独树一帜的组织结构。本文结合调研论证过程中关于科普事业全面发展的诉求，以问题为导向，明确特殊需求产生的背景和原因，重点陈述有关分歧意见和建议，并综合分析特殊体例设置的辨析过程，完整展现审查实践的全过程。希望通过分析这个既常见、又难存的独特案例，阐述清楚对基础体例进行突破的创新情况，传达出直面问题、勇于开拓的立法理念，并能够与立法工作者和立法专家们进行更多的技术交流。

关键词： 立法体例　主体职责　问题导向

　　《广东省科学技术普及条例》是省人大常委会2020年立法工作计划初次审议项目。鉴于科普工作的需要，对政府及科普工作相关部门的职责进行了专章的详细规定，与一般的立法体例差异较大。从立项到审查，有关体例创新的问题一直未能完全确定，甚至送到省人大常委会一审后，该问题仍然是审查的核心事项。鉴于该项目具有非常强烈的借鉴意义，处理立法体例问题是立法实践工作中经常遇到、重复率较高的共

---

* 陈建胜，男，广东省司法厅立法一处二级主任科员。

性问题，因此考虑对此作实践性的分析，与广大立法工作者和专家进行共同探讨。

一　项目背景

习近平总书记在 2016 年召开的全国科技创新大会、两院院士大会、中国科协第九次全国代表大会上指出："科技创新、科学普及是实现创新发展的两翼，要把科学普及放在与科技创新同等重要的位置。没有全民科学素质普遍提高，就难以建立起宏大的高素质创新大军，难以实现科技成果快速转化。"[①] 总书记运用"两翼"形象的比喻，深刻揭示了科普对于创新发展的重要意义，第一次把科学普及提到前所未有的政治高度。

虽然根据《中国区域创新能力评价报告 2019》，广东省 2019 年度区域创新能力排名依然保持全国第一位，已连续第三年位居全国第一[②]，但是广东省公民科学素质仅居全国第 6 名（10.35%），高于全国平均水平（8.47%）[③]，但低于浙江（11.12%）、江苏（11.51%）和天津（14.13%），远低于北京（21.48%）和上海（21.88%），与建设粤港澳大湾区国际科技创新中心的目标愿景不适应，与广东经济强省和科技创新强省的地位不匹配，需从制度层面采取强有力的措施进行补短板、强弱项。

同时，2002 年公布实施《中华人民共和国科学技术普及法》（以下简称《科普法》）以来，全国已有 25 个省制定了关于科普的地方性法规，两个省制定了政府规章[④]，广州、深圳近年也出台或修改了相关法规[⑤]。广东省经过多年工作实践，已形成了相对成熟的机制体制、积累了大量行之有

① 习近平：《为建设世界科技强国而奋斗——在全国科技创新大会、两院院士大会、中国科协第九次全国代表大会上的讲话》，《人民日报》2016 年 5 月 31 日第 1 版。

② 《中国区域创新能力评价报告 2019》，http：//news. sciencenet. cn/htmlnews/2019/10/432034. shtm，访问日期：2021 年 1 月 15 日。

③ 周婉仪：《2018 年广东公民具备科学素质的比例超全国平均水平》，http：//gd. ifeng. com/a/20190226/7238401_ 0. shtml，访问日期：2021 年 1 月 15 日。

④ 上海、广东、吉林、海南 4 个省份尚未制定地方性法规或规章。

⑤ 参见《广州市科学技术普及条例》和《深圳经济特区科学技术普及条例》。

效的创新经验做法，比如信息公共平台、科普联盟、科普基金、科普产业、"全省科普周"等，因此有必要把这些具有"广东特色"的经验做法固定下来，进一步推动科普工作的规范化、制度化创新发展。

二　项目拟解决的一个核心问题

作为世界上唯一一个对科普进行专门立法的国家，我国一直将科普事业作为党的事业的一部分，政府工作的一部分。科普工作不仅是社会公益事业，而且也是社会主义物质文明与精神文明建设的重要内容，发展科普事业是国家的长期任务，是各级政府的基本职责。因此，促进科普事业的发展离不开各级党委的领导和政府的主导推动，新时代的科普工作有必要强调相关政府职能部门的科普工作职责。

目前，科普资源主要集中在科协系统和科技、教育、人社、农业农村、卫生健康等系统内部。据不完全统计，省级层面涉及科普的职能部门、相关单位超过30个。这些单位开展科普工作的对象、内容、方式等各不相同，对科普工作的重视程度、利益诉求等也存在较大差异，想要横向整合所有部门的资源和需求，实现共享共建，还存在较大的障碍。

为充分发挥科普资源的利用率和效益，现阶段最直接的方法莫过于以立法的方式，明确各单位的科普工作职责，要求其在各自领域内、最大限度地加强科普资源开发，完善科普设施布局建设，强化科普资源利用，增加科普资源总量，提升科普服务能力。

三　草案中的特殊体例

报送省人大常委会审议的《广东省科学技术普及条例（草案）》（以下称《草案》）分为总则、组织管理、社会责任、科普资源与科普基础设施、科普组织与科普人才、保障措施、法律责任、附则共8章。其中，第二章共14条：含政府职责1条、科普工作协调制度1条、两个主管部门职责两条、16个重要部门职责9条、含8个其他部门的概括性职责1条，至少涉及4级政府和22个部门系统的科普工作职责

（见表 8 – 1）。

表 8 – 1　　　　　　　　　**政府及部门职责概况**

序号	内容	涉及主体
第八条	政府职责	4 级政府
第九条	科普工作协调制度	3 级政府
第十条	主管部门职责	科技
第十一条		科协
第十二条	重要部门职责	宣传、新闻出版、广播电视
第十三条		公务员
第十三条		教育
第十五条		教育、人力资源社会保障
第十六条		农业农村
第十七条		卫生健康
第十八条		自然资源、水行政、生态环境
第十九条		市场监管
第二十条		应急管理、气象、地震
第二十一条	其他部门职能	发展改革、工业和信息化、民政、文化和旅游、体育等有关部门 工会、共青团、妇联等群团组织

一般认为，政府及部门的职责应放在总则部分更为妥当，单设一章这种特殊设计的布局方式和逻辑思路应被认定为是不成熟、缺乏立法技巧，甚至不符合立法技术规范。审查过程中，也有意见认为这是典型的政策性文件，大致属于分工方案或工作预案一类，与立法的体例格格不入，理应进行调整和完善。

四　分歧意见

（一）违反立法技术规范

根据《广东省人民代表大会常务委员会立法技术与工作程序规范（试行）》第二十九条的规定，总则部分包括管理主体的内容。第四十九条进一步规定，协管部门的表述应当根据实际情况而定，一般不在总则中概括表述；如果确有必要明确某个或某些协管部门的职责，可以在总则中明确列举。第五十九条从侧面作出规定，分则部分应当具体反映所调整的社会关系的行为规范、活动范围和相关程序，而不是规定管理主体。因此，将政府及主管部门、协管部门、其他相关部门职责排除在总则之外，独立成章，不符合立法技术规范的要求。

（二）与"三定方案"存在竞合

根据《地方各级人民政府机构设置和编制管理条例》第八条的规定，政府行政机构应当以职责的科学配置为基础，综合设置，做到职责明确、分工合理、机构精简、权责统一，决策和执行相协调。若这些职责本身属于"三定方案"的内容，则无需重复规定；若这些职责属于"三定方案"以外或与"三定方案"不符的内容，则不能借立法增设或修改。因此，将重要部门、协管部门职责进行过分细化，似乎没有必要。

（三）实施效果存疑

对部门设定细化明确的职责，某种程度上对于推进落实工作能够带来裨益，但是这需要结合部门实际去考量。任务过多过重，实际施行中未能全面落实，反过来架空立法，各种问题在执法检查、后评估时悉数反映，这种情况屡见不鲜。因此，设定过多、过细的部门职责必须建立在充分论证基础上，需慎重和警惕。

（四）容易固化脱节

法具有对稳定性的要求，不可能频繁修改。对如此之多的部门职责进行规范和固化，容易使立法与快速更替的时代脱节，丧失灵活性，更可能会对新兴领域、新业态的科普工作产生限制，这与明确部门职责、加强合作分工的初衷相背离。因此，为避免出现与日后工作内容、方向不匹配等情况的发生，立法有必要为科普工作部门预留一定的操作空间，不宜对其职责作出过分细致的规定。

（五）章节拆分整合

充分考虑立法技术规范和章节布局、内容逻辑等，将政府职责、科普工作协调制度、主管部门职责、概括性部门职责归入总则；将众多部门职责归入第三章①，并将该章名称修改为"科普活动"。理顺总则、科普活动、科普资源与科普基础设施、科普组织与科普人才、保障措施、法律责任的基本逻辑。通过拆分整合，总则内容相对充实，内容上以工作对象为统一依据进行串联，符合立法技术规范要求和正常体例结构。

五　综合分析

（一）细化职责的强烈需求

在调研和征求意见过程中，各个部门对明确科普职责的问题反映强烈，教育、卫生健康、林业、气象、地震部门都主动要求增加有关内容，强化自身有关科普的职责。各部门普遍反映，科普工作在"三定方案"中一般比较虚化，最多只有一句话，甚至没有体现，但都隐含在具体业务工作开展过程当中。实践工作中想要开展一场正式的科普活动，找依据、要预算等都非常困难，使得科普工作成了业务工作的附属物，只能在开展业务工作时顺带做点政策解读、政策宣传，和科普工作的内涵和要求相差甚远，效果自然也不理想。

（二）技术规范的突破

条文的谋篇布局以及内容最终服务于法的有效运行，因此根据管理需要对法规的篇章结构进行特殊的变式并无不妥。《广东省大气污染防治条

---

① 第三章社会责任共设条文10条，包括：中小学校科普教育责任、高校学科建设、高校及科研机构科普责任、医疗卫生机构科普责任、媒体科普责任、企业和行业协会科普责任、农村科普责任、社区科普责任、公共文化设施科普责任、公共场所科普责任。

例》就是典型的先例，不仅按照污染物分类列举了部门的详细监管职责，还将20多个不同职责置于同一个条文当中，以大段的文字进行表述，与传统形式大行径庭①，目的也是为了更好地落实污染防控。《草案》将政府和部门职责融合成一章，角度稍作转换，某种意义上也属于立法体例上的创新举措：在传统基础上以问题为导向，统筹罗列所有政府及其部门职责，明确和规范部门职责分工，解决具体工作的依据问题，从形式上、内容上为各部门全面开展科普工作加温加热，补齐弱项，突破的价值和意义显而易见。

（三）"三定方案"的细化

　　起草阶段征求意见时，编办作为机构职能主管部门，确实对部分部门的科普职责提出了修改意见，但最终经对照"三定方案"以及有关国家、省的政策文件等，确认《草案》的条款内容与权责相一致，并无不妥。鉴

---

　　① 《广东省大气污染防治条例》第四条第二款：县级以上人民政府有关部门依照有关法律、法规规定和本级人民政府关于生态环境保护工作的职责分工，按照下列规定，履行大气污染防治监督管理职责：（一）工业污染防治的监督管理：生态环境主管部门负责工业大气污染防治的监督管理；发展改革主管部门负责产业结构调整、优化布局及相关监督管理工作，负责煤炭消费总量控制、能源结构调整相关监督管理工作，负责能源供应协调，推进发电领域煤炭清洁高效利用；工业和信息化主管部门负责组织推动工业企业技术改造和升级、落后产能淘汰及相关监督管理工作；市场监督管理主管部门、海关等部门在各自职责范围内对生产、销售、进口的煤炭、油品、生物质成型燃料等能源和机动车船、非道路移动机械的燃料、发动机油、氮氧化物还原剂以及其他添加剂的质量实施监督管理。（二）移动源污染防治的监督管理：发展改革、工业和信息化、交通运输主管部门在各自职责范围内负责新能源汽车推广的监督管理工作；生态环境主管部门会同公安机关交通管理部门、交通运输主管部门对机动车大气污染防治实施监督管理；生态环境主管部门会同交通运输、住房城乡建设、农业农村、水行政、市场监督管理等主管部门对非道路移动机械的大气污染防治实施监督管理；交通运输主管部门、海事管理机构在各自职责范围内负责运输船舶大气污染防治的监督管理，农业农村主管部门负责渔业船舶大气污染防治的监督管理。（三）扬尘污染防治的监督管理：生态环境主管部门负责工业企业物料堆场扬尘污染防治的监督管理；住房城乡建设主管部门负责房屋和市政工程施工活动、预拌混凝土和预拌砂浆生产活动扬尘污染防治的监督管理工作；城市管理、市政环卫、园林绿化等主管部门在各自职责范围内负责市政公用设施、城市道路清扫保洁扬尘污染防治的监督管理工作；自然资源主管部门负责违法用地建筑物、构筑物拆除工程、矿山开采和矿山地质环境治理项目等扬尘污染防治的监督管理工作；交通运输主管部门负责道路、港口码头等交通基础设施的建设、维修、拆除等施工活动和使用裸地停车场扬尘污染防治，以及公路的清扫保洁和绿化工程、绿化作业、港口码头工程贮存物料扬尘污染防治的监督管理；水行政主管部门负责水利工程施工活动以及河道管理范围内砂场扬尘污染防治的监督管理工作；农业农村主管部门负责农业生产活动排放大气污染物和秸秆等农业废弃物综合利用的监督管理。（四）其他大气污染防治的监督管理由有关部门在各自职责范围内组织实施。

于"三定方案"对科普职责规定的模糊化处理情况，在立法中增加科普的职责不应理解为增加或修改"三定方案"的内容，可以理解为对职责范围业务工作的具体细化和要求，这是在立法权限内对特定领域管理措施作出的具体规定，是推动科普工作发展的有力举措，不存在违反编制管理规定的情况。

（四）对法规执行的影响

一是《草案》中规定的部门科普工作职责实际全部源自于各个部门的意见建议，经编制部门审核，不仅符合"三定方案"，也为未来工作预留了充足的操作空间。当法规真正运行实施后，各部门理应按照条款内容严格执行；若具体职责确实与新情况产生抵触，也应遵循相应途径提出修法建议。法的制定、运行、执行、完善是一体的，不应将执行方面存在的问题全部归结于立法本身。

二是法碍于各种原因，确实难以频繁修改。但当社会经济发生改变时，法肯定需要随之变更，比如机构改革后，就开展了大范围的法规清理①。科普工作同样会出现这种情况，主要职能部门必须根据实际情况提出修改要求并对部分内容进行更新，这个问题不应过多地牵扯到法的稳定性、滞后性上面来。法不是一成不变的，法更具有引领、促进、保障改革发展的作用，立法者应采取积极的态度、方式完善法规，尽力解决、缓和这些矛盾。

（五）拆分整合引发更多问题

一是按照拆分整合的方案，将第二章绝大多数条文与第三章的条文进行融合，新第二章的体量变得异常庞大达到 24 条，异常臃肿，与总则及后续章节不成比例，破坏了整个法规条文的正常布局。

二是将部门职责与社会责任混合，逻辑布局上可分为两种模式：第一种为先规定部门职责、后明确社会主体义务。这种模式因存在业务内容相似的单位彼此分离的情况，如卫生健康主管部门与医疗卫生机构、教育主管部门与各级各类学校等，中间间隔开大量条文，给人"东一榔头、西一

---

① 陈伊纯：《广东修改废止近百部涉机构改革法规规章标志着专项清理工作至此告一段落》，http://news.southcn.com/gd/content/2020-10/10/content_191565043.htm，访问日期：2021年1月15日。

棒槌"、逻辑混乱的感觉。第二种为不区分主体属性、按照业务领域分类排列。这种模式最典型的问题是业务逻辑难以理顺，会出现部门职责和社会主体义务规定随机叠放，形成布局上的混乱，产生定位、层次不清晰的不良效果。

三是将部门职责与社会责任混合，错误地概括理解为"科普活动"①，引发出大概念套小概念的典型错误：科普定义本身包含活动的内涵，除了有关开展科普宣传等内容外，实际上还包括科普资源与科普基础设施开发利用、科普组织与科普人才培育发展等后面章节的内容，这就落入立法常见的逻辑怪圈，产生概念混杂不清、内涵交错重叠、厘清困难等问题。

六　案例引申

个案的立法过程分析更倾向于对具体实践工作的总结和归纳，但作为立法工作者，更希望从个案出发，横向比较同类项目、异类项目的立法需求，发掘和提取其中的共性特点和需求，为指导和推进后续工作提供参考，实现理论研究和立法实践的综合。基于这样的考量，我们归纳出可能应用或已经部分应用这种特殊体例的一些项目：

第一，公共卫生类别。这类项目均属于后疫情时代立法工作的重要任务，往往涉及党委、政府、社会等不同领域、不同层次的职能和义务，需要从立法层面进行明确。以《传染病防治法（修订草案送审稿）》为例，尽管没有出现独立成章的情况，但在第二章中拟对卫健、疾控、公安、农业、林业、交通、海关、市场监管等十余个部门的职能进行分项、细化规定，也在很大程度上反映出上文阐述过的一些类似的逻辑问题和考量因素。再以《广东省艾滋病防治条例（建议稿）》为例，该项目便是将特殊体例表现得更详细而具体，其第二章"宣传教育"中，使用15个条文对各级政府以及20多个相关部门的职责进行了规定，与《草案》的思路、模式如出一辙，立项期间也曾向起草单位建议将这部分条文拆分融入其他章节中，但起草单位经多方论证仍坚持这种体例，明确宣传职责的需求异常强烈。

第二，促进鼓励类别。这类项目往往存在一个明显的特征：即其主管

---

① 广东省人大常委会一审后，法工委修改稿提出此建议。

部门一是政府序列中相对弱势的小众部门，二是具有一定社会职能的党群机关。这些部门主管的领域往往自身力量比较薄弱或无法以独立名义开展行政工作，必须广泛联合政府各个部门进行社会管理；若不能对各协作部门的职责进行明确，特别是仅在总则中笼统地规定多个部门应按照各自职责开展相关工作，这样的立法体例就会大大削减部门协作的能动性，最终使立法形同虚设。如《广东省全民阅读条例》《广东省全民健身条例》《广东省文明行为促进条例（征求意见稿）》等就属于此类，其中罗列了大量政府部门协助管理的职责要求，为其推动相关领域事业发展提供了依据和动力。尽管这些项目的体例上没有单独设章，但从条文整体上看很容易发现扎堆式的同类职责规定，其审查修改的逻辑思路也应与《草案》具有较强的可比性。

第三，权责错综复杂类别。这类项目在立法工作中比较常见，通常涉及多个部门对同一事项的分工职责，且"三定方案"牵扯不清，导致管理部门互相推诿，协调难度异常巨大。以《广东省城市管理综合执法条例（上会草案）》为典型例子，除了城管体制改革问题外，关键焦点还就在于第二章"执法范围"，这一章中以清单罗列式一一明确住建、环保、市场监管、水行政、药品等部门的执法职责，总项目数接近30项，在审查修改中也遇到与《草案》一样的困境，推进难度较大。另一个例子是《广东省养犬管理规定（修改建议稿）》，该项目原起草单位为省卫生健康委，主要以防疫问题作为项目的主要逻辑。目前的养犬管理却偏重于以登记管理、市容环境卫生管理为主，防疫管理则相对弱化，涉及部门的管理分工发生重大变更。立法要解决的问题正是厘清管理职责，因此在立法中必须对公安、城管、卫健、农业农村等职能部门的管理责任进行明确，自然就形成与草案相类似的立法体例。

结　语

对于立法者而言，《草案》的这种特殊体例显然是标新立异。在项目立项、起草、审查过程中，如果一个项目的体例与传统模式存在较大差异，那么立法者会理所当然地有所察觉，并且很大可能会认为起草者没有对有关内容进行充分的研究论证，至少是没有很好地理顺逻辑。

这种基础性、底层性的立法技术规范问题，只有比较少的几率进入研究视野，往往只有立法者在实践过程中才能遇到或者进行探讨。毕竟突破既有框架的项目不多，在审查过程中多数会根据传统模式和要求进行改写，能够真正保留并实施的项目应属于极少数。

然而，需要突破框架的，往往也是有其特殊要求，如果一味固守旧有的规范，所立之法就会变得很僵硬，无法实际解决问题，操作性和实践性就会大打折扣。因此，坚持以问题为导向，对传统体例进行必要的创新，是立法者直面问题、勇于开拓的应有之义，谨以此案例作实践分析，希望能够引起共鸣。

【专家点评】

点评人　广东外语外贸大学法学院 黄喆副教授

在选题方面，本文以《广东省科学技术普及条例》为例展开对地方立法体例问题的研究，选题新颖，反映了广东地方立法工作在立法技术上的新尝试，体现出广东对推进科学立法、提高地方立法质量的积极探索。

在内容方面，本文以《广东省科学技术普及条例（草案）》审议为主线，对其中管理主体职责脱离总则、独立成章而引发的立法体例争议展开探讨，陈述有关分歧意见，综合分析特殊体例设置的辨析过程，并进行总结和归纳，阐述其对传统立法体例的创新突破。

在意义方面，本文对地方立法关于立法体例的设置具有较强的指导意义。通过对立法个案的分析，归纳出可能应用或已经部分应用特殊体例的立法项目类别，为地方立法选择适当的体例以及进行体例创新提供有益经验。

在形式方面，本文直面争议，对问题展开梳理并逐一回应，结构合理、完整，行文较为流畅，引用得当，符合学术规范，将信息准确地向读者传递并使其有所收获。

综上，《以问题为导向 创新地方性法规体例实践——以〈广东省科学技术普及条例〉为例》的选题具有创新性，内容翔实，意义突出，形式规范，在参评作品中具有代表性。

第九章

论设区的市人大制定地方性法规
报省级人大常委会的"批准"机制

孙莹　程建荣[*]

摘要：2015 年 3 月《立法法》修改，赋予所有设区的市、自治州和 4 个不设区的地级市立法权。过去 5 年间，设区的市^①立法工作顺利推进，地方立法工作热情高涨，地方性法规的数量以较快的速度增长。根据《宪法》《立法法》的规定，省级人大常委会的审查批准是设区的市制定的地方性法规得以公布施行的必要前提和必经程序。本文立足于广东省人大审查批准工作的实践，观察总结 5 年来审查批准机制在广东省省市两级的运行现状及规律，指出审查标准机制在指导理念、审查程序、审查后的处理方式以及救济途径等方面还有进一步的完善空间。笔者认为，需要在理顺人大工作指导和审查批准这两个工作机制关系的前提下，明确和细化审查批准范围和标准，并进一步完善审查批准程序，明确审查后的处理方式，建立市人大对审批结果的反馈和救济机制。

关键词：人大常委会　设区的市　地方性法规　审查批准机制

一　省级人大常委会在设区的市立法工作中的作用

新获得立法权的设区的市的人大及其常委会，在立法经验、立法资源、立法人才和立法能力等方面都需要积累，经验丰富的上级人大及其常

＊ 孙莹，中山大学法学院副教授；程建荣，中山大学法学院硕士研究生。

① 为统一表述，下文所称"设区的市"还包括广东省中山市和东莞市、海南省三沙市、甘肃省嘉峪关市这 4 个不设区的地级市。

委会对其指导，不可或缺。为维护法制统一和保障设区的市立法质量，除了普遍性的备案审查要求，《立法法》第七十二条设置了 4 种机制规范设区的市立法权的行使，省级人大常委会的"监护人"角色作用贯穿设区的市立法的始终。第一，要求省级人大常委会综合考虑设区的市的人口数量、地域面积、经济社会发展情况以及立法需求、立法能力等因素确定设区的市开始制定地方性法规的具体步骤和时间；第二，《立法法》对设区的市的立法权限作出了限制，限定在城乡建设与管理、环境保护、历史文化保护等方面的事项；第三，要求设区的市在制定地方性法规时遵循"不抵触"原则，不得同宪法、法律、行政法规和本省省级地方性法规抵触；第四，设区的市的地方性法规须报省级人大常委会审查批准后施行。其中，省级人大常委会在确定设区的市开始行使立法权，及设区的市所制定的地方性法规施行前批准的两个关键环节起到监督和把关作用。

在确定设区的市行使立法权的过程中，《立法法》规定由省级人大常委会确定新获得立法权的设区的市开始制定地方性法规的具体步骤和时间。在具体工作中，省级人大常委会督促指导设区的市开展立法工作的举措主要包括督促设置立法机构、配备立法人员、打造立法智库，组织业务培训、进行项目指导、开展跟班学习等。如广东省人大常委会的领导亲自率团队赴设区的市调研其立法筹备工作的开展。为了保证本行政区域内设区的市立法质量，实践中各省级人大常委会已经形成了诸多创新而行之有效的机制。例如，省人大常委会组织举办全省地方立法工作交流会，传达中央精神，总结和部署全省立法工作；许多省级人大常委会组织地方立法实务培训班，对市人大和政府法制工作部门立法工作者进行理论与实践的培训指导；广东省人大常委会开展首部法规点评会，邀请专家对各设区的市制定的首部实体性地方性法规的立项选题、具体条款设置等方面进行点评，指导各市改进立法工作；有的省人大出台专门的指导意见或制定《设区的市地方性法规合法性审查的参考标准》，以帮助设区的市人大更好地把握设区的市立法权限、程序和内容，推进设区的市完善立法工作机制，提高立法水平。上述的种种举措对于维护法制的统一，和提高设区的市立法质量都是有益的，而最根本最关键的还是省级人大常委会对报批的设区的市的地方性法规的审查批准机制。

二　省级人大常委会审查批准设区的市人大立法的成就及改进空间

省级人大常委会对设区的市人大制定的地方性法规的审查批准机制，集中规定于《立法法》第七十二条。该条的规定是原则性的，只明确了省级人大常委会对设区的市立法的合法性进行审查，对与宪法和上位法不抵触的应当在4个月内予以批准。立法法中原则性的规定需要在实践中对具体内容作进一步补充，对程序作进一步完善，例如对"不抵触"原则的解读、报请审查批准的材料和程序、审查批准工作的具体步骤、法规审查后的具体处理方式等，都缺乏统一的认识和理解。其次，认识上的模糊容易引发实践操作的不规范，甚至出现违反法律规定精神的现象。在实践中，一些省人大常委会在审查批准设区的市制定的法规时超越了合法性审查标准，对法规合理性、立法技术进行审查，或对报请批准的法规进行实质性修改等等。

为进一步考察省市两级人大在设区的市立法过程中审查批准机制的运作，笔者将基于《立法法》修改后，广东省人大常委会2015年第二号公报至2020年第一号公报共计38份常委会公报所披露的广东省人大常委会对省内设区的市地方性法规的审查批准情况，尝试总结5年来审查批准机制在广东省省市两级的运行现状及规律。根据广东省人大常委会公报及相关省市人大官方网站的信息，笔者整理了广东省21个设区的市在2015年3月至2020年3月所制定的地方性法规，及广东省人大常委会审查批准的具体情况（见表9-1）。

表9-1　　**广东省21个设区的市制定地方性法规及广东省人大常委会审查批准的具体情况**（2015.3—2020.3）

设区的市	制定（件）	修改（含修订）（件次）	废止（件次）	合计（件次）	省人大常委会批准（件次）
广州市	14	8	13	35	35
深圳市	1	7	2	10	10
珠海市	0	3	6	9	9

设区的市	制定（件）	修改（含修订）（件次）	废止（件次）	合计（件次）	省人大常委会批准（件次）
汕头市	0	3	1	4	4
佛山市	6	1	0	7	7
韶关市	4	0	0	4	4
梅州市	4	1	0	5	5
惠州市	5	1	0	6	6
东莞市	5	0	0	5	5
中山市	5	1	0	6	6
江门市	6	1	0	7	7
湛江市	5	1	0	6	6
潮州市	7	1	0	8	8
河源市	3	0	0	3	3
阳江市	2	0	0	2	2
茂名市	5	1	0	6	6
肇庆市	6	2	0	8	8
清远市	4	1	0	5	5
揭阳市	5	0	0	5	5
汕尾市	6	1	0	7	7
云浮市	3	0	0	3	3
总计	96	33	22	151	151

资料来源：广东省人大常委会公报、广东省人大网及相关设区的市人大官网。

　　在宏观层面，通过表9-1，可以发现广东省内设区的市有较高的立法积极性和较强的立法能力，省人大常委会对设区的市的地方性法规的审查批准机制运作良好。具体而言，一，从2015年3月至2020年3月，广东省设区的市制定、修改（含修订）及废止地方性法规共计151件次，在报请广东省人大常委会审查后，省人大常委会对151件地方性法规全部予以批准。从披露的信息上看，目前尚无一例设区的市制定的地方性法规没通过广东省人大常委会的合法性审查。二，在统计期间，广州市在新制定地方性法规、原地方性法规的修改和废止的件数上均超过其他设区的市。广东省内3个经济特区所在地的市只有深圳市新制定了《深圳市人民代表大会常务委员会任免国家机关工作人员条例》，珠海市和汕头市均没有新制定地方性法规，主要是对原地方性法规的修改和废止。主要原因有：广州市目前较重视社会保障和民生领域的立法工作，制定了《广州市公园条例》《广州市博物馆规定》《广州市社会工作服务条例》等地方性法规，体现了立法重点由经济、城市治理领域到与社会保障领域并重。其次，三个经济特区所在地的市享有特区立法权，较少运用设区的市立法权。三，在统计期间，广东省 17 个新获得立法权的设区的市制定的地方性法规普遍在 4—6 件，其中潮州市人大制定了 7 件地方性法规，是省内新获立法权的设区的市制定地方性法规最多的地市，阳江市人大制定的地方性法规数量最少，只有 2 件。同时，大部分设区的市也已有修改地方性法规的实践经验。

　　总体而言，广东省人大审批设区的市人大立法取得了相当显著的成就。为提高工作质量和效率，在微观层面，具体结合广东省人大法制委员会对各设区的市制定的地方性法规的审查报告和审查要点，本文对省人大常委会在审查批准实践工作中，在审查标准环节上秉持的理念、审查程序、审查后的处理方式以及市人大对省级人大常委会作出相关决定的异议或救济途径等方面提出一些观察和建议以供参考。

四　审批权的理论定位及转型

　　在省级人大常委会审查批准设区的市制定的地方性法规过程中，不少省级人大常委会基于提高设区的市立法质量的考量，在审查批准环节上存在对设区的市在法规立项、起草、审议等多环节、全过程实行"手把手"指导[①]的倾向。广东省人大常委会在具体工作中，"坚持全程介入指导"，[②]"把审查工作前置到市人大常委会审议过程之中"。[③]

　　省级人大常委会在审查批准环节秉持"全程指导"的理念，实际上是对审查批准机制性质和功能定位的错误理解。从法律规定和地方立法权的发展历程上看，1986 年《地方组织法》修正将省会市及经国务院批准的

---

① 《广东省人民代表大会常务委员会公报》2018 年第二号，第 118 页。
② 《广东省人民代表大会常务委员会公报》2019 年第二号，第 121 页。
③ 《广东省人民代表大会常务委员会公报》2016 年第二号，第 258 页。

较大的市的人大常委会对地方性法规的"拟订权"上升为"制定权"，由报请省级人大常委会"审议制定"到"批准后实施"，以及随后制定和修正的《立法法》《宪法》修正时均采取设区的市制定地方性法规后报请省级人大常委会审查批准的制度设计，可见省级人大常委会的审查批准权应属于对设区的市的立法的监督。目前广东省人大常委会"全程指导"的做法一定程度上表明在审查批准工作中，仍受"半个立法权"或"准立法权"概念的影响①。一方面，这种做法在目前有其必要性，尤其是新获得立法权的设区的市立法能力和立法资源不足时，省人大的指导是必需的。另一方面，从立法资源的分配上，省人大常委会"手把手"指导，关注设区的市立法全过程的做法，比集中资源在审查批准制度上把关需要耗费更多的立法资源，进一步加剧人员编制紧张、立法资源不足的现象。随着设区的市立法能力的提升，立法工作者和立法资源的齐备，省人大可以逐步退出这种事前的介入，抓住重点条款，实行"重点指导"。

五　审查程序需要进一步完善

关于设区的市人大报请审查批准的材料和程序、省人大审查批准工作的具体步骤和程序，《立法法》并未规定，《广东省地方立法条例》中的规定也较为原则。目前，《广东省地方立法条例》规定设区的市人大报请审查批准的地方性法规，由省人大常委会法工委征求有关方面的意见，主任会议决定列入省人大常委会会议议程。在常委会会议审议时，由报请批准的机关向全体会议作说明，省人大法制委员会作审查报告，并明确一般经过一次会议审议批准。②

结合省人大法制委员会对地方性法规的审查报告，广东省人大常委会

---

①　"半个立法权"的概念及内涵，参见宓雪军《半立法权探讨》，《中国法学》1991年第6期。"半个立法权"概念的提出是基于《宪法》修正前只规定了省级人大及其常委会制定地方性法规的立法权，并未规定市级人大享有立法权，实际上是对较大的市制定地方性法规合宪性问题的一种回应，认为较大的市的立法权由省级人大的立法权所派生。另一方面，"半个立法权"的提出并未得到学者们的一致认可，夏平华等学者也提出了"准立法权"的概念，参见夏平华、杜永昌、罗志先《对"半立法权"概念的异议——兼与宓雪军同志商榷》，《中国法学》1993年第3期。

②　参见《广东省地方立法条例》第73、74条。

在具体审查工作中已形成较为有效的审查模式。如前文所述，广东省人大常委会"把审查工作前置到市人大常委会审议过程之中"，具体程序包括"在法规案一审后二审前，组织省有关部门和专家学者进行论证，就法规制度设计上存在的科学性、可行性、合理性问题进行全面研究并提出修改建议。法规案二审后表决前，在征求意见基础上，逐条核查是否与上位法有抵触，并重点对涉及行政许可、行政强制、行政处罚等条文进行审查。"① 此外，广东省人大常委会法工委在工作中，还可以组织相关专家到相关设区的市进行调研论证。如在《梅州市客家围龙屋保护条例》草案一审后，广东省人大常委会法工委组织省相关立法咨询专家到梅州市对法规主要制度进行论证。② 省人大常委会在市人大审议法规的过程中介入，通过组织座谈会论证、调研论证、征求相关部门单位意见，可以及时了解市人大制定法规的进展，对法规存在的合法性、合理性及立法技术问题可以及时沟通协商解决，能有效提高设区的市立法质量。如上文所述，省人大常委会审查批准环节的前置，增加了省人大常委会各工作机构的工作量。

此外，地方性法规未规定省人大常委会审批时限的起算点，可能导致实践中省人大常委会超期仍未作出审查批准决定。2019 年 7 月广东省人大常委会审查批准《东莞市城市管理综合执法条例》，这是广东省设区的市首部出台的关于城市管理综合执法方面的法规。实际上，该条例于 2016 年即由东莞市人大常委会审议通过，并报请省人大常委会审查批准，随后市人大常委会经数次申请撤回并报请省人大常委会审批，最终条例于 2019 年获得批准通过。其中，在 2017 年 2 月，东莞市人大常委会第 3 次报请省人大常委会审查批准，至 2018 年 12 月省人大常委会同意东莞市撤回条例，这中间一年多时间里，该条例在省人大常委会一直处于待审批状态。③ 这虽然是广东省人大常委会审查批准过程中的个别情况，但设区的市地方性法规经数次撤回并多次报请审查批准，其中有一年多时间处于待审批状态，极大影响了法规的出台进度。笔者认为，《东莞市城市管理综合执法条例》审查批准历时长有以下两个原因：一是，东莞市是法律规定比照适

① 《广东省人民代表大会常务委员会公报》2017 年第二号，第 126 页。

② 《广东省人民代表大会常务委员会公报》2017 年第七号，第 77 页。

③ 参见东莞市人大法制委员会《关于〈东莞市城市管理综合执法条例（草案修改稿）〉审议结果的报告》，东莞人大网：http://dgrd.dg.gov.cn/publicfiles/business/htmlfiles/dgrenda/s42985/201911/1217843.htm，2020 年 8 月 22 日访问。

用设区的市地方立法权的4个不设区的市之一，行政架构上具有特殊性；二是，在机构改革背景下，该条例主要规范城市管理综合执法行为，需要明确执法权的主体、范围、措施、监管和法律责任等内容，这在广东省设区的市立法实践中尚属首次，立法难度大。基于上述特殊原因，广东省人大常委会在审查批准过程中需要精准把握条例核心，并作出合法性审查判断，同时就其中的关键问题和重点条款，可能还需要向全国人大等方面请示。但是广东省人大常委会在此期间，实际上可以根据《广东省地方立法条例》作出附修改意见予以批准或者退回修改后再提请批准，甚至是不予批准的决定，避免法规长时间处于待审批状态，超过法律规定的4个月审批期限。

六　审查后处理方式需进一步明确

《立法法》第七十二条规定，省人大常委会经合法性审查后，对与上位法不抵触的地方性法规，应当在4个月内予以批准，对审查后发现与上位法相抵触的或者与省级政府规章相抵触的处理办法规定不明。《广东省地方立法条例》第七十六条细化了报请审批的地方性法规与上位法相抵触的处理办法，明确省人大常委会可以不予批准，也可以附修改意见予以批准或者退回修改后再提请批准。在广东省各设区的市立法实践中，各市制定的地方性法规均通过省人大常委会的合法性审查，获批准通过实施。只有《东莞市城市管理综合执法条例》在审查批准过程中，有一年多时间处于待审批状态，历经数次撤回并多次报请审查批准后获得批准实施。对于审查过程中发现地方性法规与省级政府规章相抵触的，《立法法》《广东省地方立法条例》都规定了由省人大常委会作出处理决定。在广东省审查批准地方性法规实践中，目前尚未审查发现设区的市法规与广东省政府规章相抵触的情形。

另外，《立法法》对省级人大常委会能否修改报请审查批准的地方性法规未作规定。对此，各地在认识上和相关规定上的做法不一致。《广东省地方立法条例》第七十六条规定，省人大常委会可以附修改意见对地方性法规予以批准，并在第八十条规定对于附修改意见批准的地方性法规，设区的市的人大及其常委会应当依照修改意见进行修改后才能公布实施。

《辽宁省制定和批准地方性法规程序规定》第三十八条规定,省人大常委会在对报请批准的地方性法规进行审查时,发现其同上位法相抵触的,可以不予批准,也可以修改后予以批准。由省级人大常委会附修改意见批准或直接修改后予以批准,这两种处理方式是否妥当在理论上还需要继续研究,也有待法律作进一步明确。

七　审批决定的反馈和救济途径需进一步完善

《立法法》第七十二条确立的审查批准机制中,缺乏对省级人大常委会行使审查批准权的监督机制,对省人大常委会作出不予批准等决定,设区的市人大缺乏反馈和救济途径,无法保障自身立法权的有效行使。

目前广东省内报请省人大常委会审查批准的地方性法规都获得批准实施,但未来设区的市制定的地方性法规还是存在不被批准的可能性,同时,省人大常委在审查批准过程中可能存在不正当行为。为了贯彻《立法法》赋予所有设区的市立法权的精神,为了维护设区的市制定地方性法规的主动性和积极性,也为了监督制约省级人大常委会正当行使审查批准权,有必要在法律层面建立健全对省级人大常委会审查批准程序和相关决定的异议和救济途径。

(一) 完善设区的市人大制定地方性法规报省级人大常委会的"批准"机制

省人大及其常委会在设区的市立法中起着导航领航和最终把关的角色作用,因此有必要进一步完善省人大常委会的审查批准机制,统一认识,加强规范引领作用。在修改立法法过程中,有建议提到将审查批准程序改为备案程序,但考虑到全面赋予设区的市立法权后,为了维护法制统一,有必要由省级人大常委会对设区的市地方性法规进行批准。[1] 即审查批准机制设置的初衷是为了维护法制的统一,也在一定程度上说明合法性审查是审查批准的唯一标准。因此,在完善省人大常委会审查批准机制的过程

---

① 参见全国人大常委会法制工作委员会国家法室编著《中华人民共和国立法法解读》,中国法制出版社 2015 年版,第 266 页。

中，也应从维护法制统一的角度出发。

首先，应理顺省市两级人大之间的工作指导和审查批准这两个工作机制的关系。《立法法》修改之后，首次全面赋予设区的市立法权。在立法主体数量剧增之初，设区的市何时开始行使立法权，及行使立法权后制定地方性法规的质量高低，极大考验了省级人大常委会的统筹和指导能力。为了保证设区的市的立法质量，提高设区的市立法能力，省级人大常委会帮助和督促设区的市设立立法机构、培养立法人员、打造立法智库，组织业务培训、开展跟班学习等。在设区的市立法过程中，帮助设区的市立项，厘清立法权限问题，促使设区的市根据实际确立立法项目；在审议过程中，省人大常委会法工委组织专家召开座谈会，对法规可行性、合法性等方面进行论证并提出修改建议；在法规批准实施后，开展法规点评活动，指导设区的市改进立法工作，完善立法机制。可以认为，省级人大常委会对设区的市立法的工作指导贯穿设区的市立法的全过程。而省人大常委会对设区的市法规的审查批准机制仅是关注地方性法规经市人大审议通过后的合法性问题，批准与上位法不抵触的法规实施。在设区的市制定的地方性法规报请审批之后，省人大常委会的审查批准权才开始行使。在目前各设区的市均有相关立法经验和立法能力的情况下，省人大常委会更应尊重设区的市立法权，避免"提前介入"甚至"全面介入"，不应再"把审查工作前置到市人大常委会审议过程中"。毕竟审查批准机制首要解决的并非设区的市立法质量问题，而主要是审查设区的市法规的合法性问题，避免地方性法规与上位法相抵触。

其次，在具体完善审查批准机制方面，需要端正理念、明确和细化审查批准范围和标准，进一步完善审查批准程序、明确审查后的处理方式、并建立市人大对审查结果的反馈和救济机制。

（二）聚焦审查批准机制的监督功能：从"全程指导"到"重点指导"

省人大常委会对设区的市制定的地方性法规的审查批准权应回归监督属性。在广东省人大常委会确定设区的市制定地方性法规之前，设区的市首先需要经过省人大常委会对该市的人口数量、地域面积、经济社会发展情况以及立法需求、立法能力等因素综合考虑确定后才享有立法权，开始制定地方性法规。在具体确定设区的市是否具备立法条件时，广东省人大常委会主要考虑以下因素：在立法能力方面，法制委员会、法制工作委员会等相应的立法统一审议和立法工作机构是否已设立，立法工作者的法学素养和法律工作经验，设区的市是否与高校合作为立法工作提供智力支持；在立法需求方面，是否亟需通过立法解决当地突出矛盾和问题；最后考虑设区的市的人口总量、区域面积以及国内生产总值。① 换言之，设区的市在制定地方性法规之前已经过省人大常委会对其立法能力的评估和确定，在设区的市刚确定开始行使立法权时，省人大常委会进行"手把手"指导或许是无可厚非的，从立法成果上看也是利大于弊。但在当前新获得立法权的设区的市普遍制定4—6件地方性法规的情况下，"全程指导"不应成为常态。省级人大常委会的审查批准权是对设区的市行使立法权的监督权，省人大常委会需要平衡好设区的市的立法权和审查批准权的关系，在设区的市地方性法规发生法律效力前对法规合法性作最后一次把关，站好最后一岗。

实际上，广东省人大常委会在审查批准新获立法权设区的市地方性法规的过程中，全面介入市人大立法过程，而在审查原较大的市报请批准的地方性法规过程中，审查强度及介入强度相对小一些。具体而言，在广州市、深圳市行使设区的市立法权组织立法时，广东省人大常委会法工委主要在法规表决前征求相关单位意见，并提出意见。② 而在审查批准如佛山市、潮州市等新获立法权的设区的市制定的法规过程中，广东省人大常委会法工委除了在表决前征求相关单位意见，在法规一审后二审前还组织召开座谈会进行论证。③ 另外，在原较大市制定的法规具体审查过程中，法制委员会主要对法规的重点条款、重点制度设计进行概括的合法性判断和审查；在新获立法权的设区的市制定的法规审查过程中，法制委员会在此基础上针对法律责任等所有条款逐条审查，更为注重细节。④ 笔者认为，设区的市人大经过5年多的立法实践，逐渐积累了较丰富的立法实践经验，省人大常委会在今后的审查批准工作中，可以参考对广州市、深圳市制定法规的审批流程和经验，从立项、起草、论证、审议等环节上的"全程指导"转变为对重点条款、制度设计的"重点指导"，聚焦对设区的市

---

①　参见《广东省人民代表大会常务委员会公报》2015年第四号，第9页。

②　参见《广东省人民代表大会常务委员会公报》2016年第八号，第73页。

③　参见《广东省人民代表大会常务委员会公报》2016年第一号，第32页。

④　参见《广东省人民代表大会常务委员会公报》2016年第八号，第74—76页；《广东省人民代表大会常务委员会公报》2016年第一号，第33—35页。

立法的引导作用和监督功能。

（三）明确和细化审查批准范围和标准

将合法性审查作为省人大常委会审查批准设区的市法规的唯一标准，在人大实践工作中已达成一定共识。全国人大宪法和法律委员会主任委员李飞在第二十五次全国地方立法工作座谈会上明确，省人大常委会审查批准工作中，超出合法性审查标准就是越权，合法性审查要把握好横向上不得超越法定权限，即《立法法》七十二条规定的"城乡建设与管理、环境保护、历史文化保护"3个事项范围，在纵向上不得与上位法抵触，即不抵触原则。①

综观广东省人大法制委员会对设区的市地方性法规的审查报告和审查要点，广东省人大在合法性审查标准上的实践经验值得推广。广东省人大常委会在审查《广州市依法行政条例》过程中，指出该条例主要是"对行政决策、行政执法、行政监督三方面做出规定"，"经审查，符合设区的市立法权限"。② 在审查《深圳市人民代表大会常务委员会任免国家机关工作人员条例》过程中，广东省人大法制委员会对条例涉及的人事任免修改内容是否超越设区的市立法权限等问题请示全国人大常委会法工委，在全国人大常委会法工委答复后，由深圳市人大常委会根据答复意见对条例进行相应修改。③

（四）完善审查批准程序

如前文所述，在设区的市有较丰富的立法经验，有足够的立法能力制定好本行政区域内相关地方性法规的情况下，省人大常委会在审查批准工作中，可以在一定程度上简化审查流程，抓住法规中涉及行政许可、行政强制、行政处罚及相关权利义务配置等重点条款进行合法性审查，为设区的市立法空间适当留白，调动设区的市立法积极性。

在审查批准程序具体设置中，对于市人大报请审查批准的材料和流

---

① 参见法制日报《加强和改进省（区）人大常委会对设区的市立法工作的审批指导》，http://www.npc.gov.cn/npc/c30834/201911/6cc7018d65364c98b1202739aa3eb027.shtml，2020年8月24日访问。

② 《广东省人民代表大会常务委员会公报》2016年第八号，第74页。

③ 《广东省人民代表大会常务委员会公报》2019年第五号，第37页。

程、省人大审查批准工作的具体步骤等方面，可以由省人大制定相关法规条例、指导意见或通过工作制度的规定予以完善。并应最大化便利省市两级人大的立法工作，避免繁琐的工作程式消磨两级人大立法工作热情，使省人大审查批准权在审查与批准设区的市制定的地方性法规上真正发挥监督作用。

其中，关于《立法法》中审查批准期限的起算点，部分省市如《广东省立法条例》《黑龙江省人民代表大会及其常务委员会立法条例》重复了《立法法》的规定，部分省市明确了4个月审查批准期限的起算点。如《浙江省地方立法条例》第六十九条、《湖北省人民代表大会及其常务委员会立法条例》第四十七条明确省人大常委会应当自收到报请批准报告之日起4个月内予以审查批准，《贵州省地方立法条例》第四十一条规定在列入常委会会议议程起4个月内予以审查批准。笔者认为，从列入常委会会议议程起算4个月期限，难以督促省级人大常委会对地方性法规及时进行审查和批准。以省级人大常委会收到设区的市人大报请批准的书面报告之日起算审查批准的4个月期限是妥当的，省人大常委会应在此期限内作出决定。

（五）明确审查后的处理方式

由于《立法法》未明确规定省级人大常委会对地方性法规审查后的批准方式及不予批准的形式，各省级人大常委会对此认识不同，在实践中的做法也不统一。目前，各省对审查后的处理方式主要包括予以批准、不予批准、附修改意见批准、直接修改后予以批准、退回市人大修改后再报请批准等。对于省人大常委会附修改意见批准或直接修改后予以批准的方式，理论上存在一定法律风险。《宪法》《立法法》明确规定设区的市享有立法权，省级人大常委会享有审查批准权，对设区的市制定的地方性法规审查后可以予以批准或不予批准，但不应在审批过程中直接进行修改。归根结底，省人大常委会享有的审查批准权是一种监督权，在行使的过程中应当尊重设区的市人大的立法权。针对附修改意见批准，并要求设区的市按照意见修改后才能公布实施的处理方式，也有侵犯设区的市立法权之虞。笔者认为，对于实践中诸多处理方式，全国人大应考察目前各省级人大常委会的工作实践，总结经验，通过立法完善，统一和明确省级人大常委会审查工作后的批准处理方式。

　　针对省人大常委会在审查过程中发现地方性法规与省级政府规章相抵触的，一般可以分3种情况处理：第一种，如果是省级政府规章规定不适当的，可以批准设区的市的地方性法规，在该市范围内按照地方性法规执行。如果省级政府规章不宜在其他地区执行，省级人大常委会在批准地方性法规的同时，可以撤销规章或责成省级政府对规章作出修改。第二种，如果是地方性法规规定不适当的，可以责成设区的市对法规进行修改，对于设区的市不修改的，可以不予批准。第三种，对于地方性法规与省级政府规章的规定均不适当的，则分别按照以上两种办法处理。①

（六）　建立对审批决定的反馈和救济途径机制

　　目前，相关法律法规对省人大作出决定的监督机制和救济途径付之阙如。为保障设区的市立法权的行使，保证省级人大常委会审查批准权的正当行使，亟待中央层面建立和完善对省人大常委会审查处理结果的反馈和救济机制，规范省市两级人大审查批准工作。笔者认为，可以赋予设区的市人大常委会相应的异议权，由省级人大常委会依据一定的程序进行复议。同时，可以进一步明确规定省人大常委会在行使审查批准权时，应当接受全国人大及其常委会的监督。

　　由于《宪法》《立法法》中关于审查批准机制规定较为原则，顶层的制度设计不完善，难以全面规范和指导省市人大的审查批准工作。实践中，省级人大常委会通过制定省级地方性法规、条例，或出台相关指导意见、文件，或确立相关工作制度，完善审查批准机制。其中有各省人大的创新举措，也有行之有效的各种机制，也有部分规定存在一定探讨空间。总体上，各省人大实践差异较大，亟需中央层面总结各省市人大在审查批准过程中的经验，将实践中成熟的符合法律精神和规定的做法上升为制度规范，指导和完善省市人大的审查批准工作。

【专家点评】

点评人　广东司法厅立法一处　林楚炎处长

　　《论设区的市人大制定地方性法规报省级人大常委会的"批准"机

---

　　①　参见全国人大常委会法制工作委员会国家法室编著：《中华人民共和国立法法解读》，中国法制出版社2015年版，第267页。

制——以广东实践为例》一文，立足于广东省人大常委会审查批准工作的实践，观察总结 5 年来审查批准机制在广东省的运行现状及规律，指出审查标准机制在指导理念、审查程序、审查后的处理方式以及救济途径等方面还有进一步的完善空间。

该文选题精准、凝练，紧紧围绕广东地方立法实践的实际情况展开研究，与广东省人大批准"设区的市"地方性法规相关立法实践高度相关。该文内容丰富，通过翔实的数据梳理分析省级人大常委会审查批准设区的市人大立法的成就及改进空间。同时，该文对省人大常委会在审查批准实践工作中，在审查标准环节上秉持的理念、审查程序、审查后的处理方式以及市人大对省级人大常委会作出相关决定的异议或救济途径等方面提出了富有启发意义的观察和建议，具有明显的创新性，能够很好地体现该项工作的规律和特色，对于提升该项工作的质量和效率，并推动设区的市做好地方立法工作具有较强的示范意义和参考价值。

该文结构清晰，逻辑严谨，语言流畅，数据翔实，表述和引证规范，是一篇非常优秀的实证分析文章，具有突出的理论和实践价值。

第十章

抗疫背景下广州市2020年度
地方立法的探索与实践

刘伯灵 *

摘要： 在抗击新冠肺炎疫情背景下，地方人大坚决贯彻落实党中央的决策部署，积极依法履职，主动担当作为，发挥人民代表大会制度的制度优势，创造性地开展地方立法工作，为抗击新冠肺炎疫情提供了及时、有效的法治支撑，对于在法治轨道上统筹推进疫情防控工作发挥了重要作用。在抗疫背景下的广州市地方立法，体现了广州市人大的急担当、急作为，为实现"六稳""六保"和推动高质量发展提供了制度保障。广州市地方立法注重把人民代表大会制度的制度优势转化为地方治理效能，成为地方人大着眼治理体系和治理能力现代化建设的又一成功实践。

关键词： 新冠肺炎疫情 地方立法 广州实践经验

新冠肺炎疫情发生以来，在党中央的统一领导下，全国上下团结一致，勠力同心、共克时艰，取得抗击新冠肺炎疫情斗争重大战略成果，创造了人类同疾病斗争史上又一个英勇壮举！在统筹推进疫情防控和经济社会发展中，广州市人大坚决贯彻落实党中央的决策部署和省委、市委的工作要求，积极依法履职，主动担当作为，充分发挥人民代表大会制度的制度优势，创造性地开展地方立法工作，贡献了人大智慧和力量。

---

* 刘伯灵，广州市人大常委会法制工作委员会一级主任科员。

一　新冠肺炎疫情依法防控对法的急需，广州市地方立法工作急担当、急作为

法律是调整社会关系、规范公民行为、维护社会秩序的重要规则，是任何社会须臾不可缺失的规范。尤其是当灾难突然来临，社会面临严重风险的特殊时期，法治的作用更为关键。① 习近平总书记指出，疫情防控越是到最吃劲的时候，越要坚持依法防控，在法治轨道上统筹推进各项防控工作，保障疫情防控工作顺利开展。"疫情就是命令，防控就是责任。"广州市人大常委会闻令而动，进行了为防控急需、应势而为的紧急立法。

（一）授权政府采取紧急应急措施，为疫情防控提供法治支撑

为保障人民群众生命健康安全和社会公共安全，在全市新冠肺炎疫情防控最关键的时期和"防输入、防传播、防扩散"的关键阶段，广州市人大常委会充分行使法定立法职权，积极回应疫情防控中的重大问题、突出问题和紧急问题，仅用4天时间就出台《广州市人民代表大会常务委员会关于依法全力做好新冠肺炎疫情防控工作的决定》，授权市、区政府和防疫指挥部采取临时应急措施，为抗击新冠肺炎疫情凝聚了强大力量，提供了应急、及时、有效的法治保障。这是在疫情防控紧要关头做出的一项紧急立法，构成了疫情防控的重要法治支撑，也是广州市人大常委会全面贯彻落实习近平总书记对依法做好疫情防控工作的重要讲话和重要指示批示精神，及时将党中央重大决策部署和省委、市委的工作要求，转变为全市人民的共同意志和统一行动的责任和担当。

（二）加快推进公共卫生领域专项立法修法，为疫情防控夯实制度保障

习近平总书记指出，要完善疫情防控相关立法，加强配套制度建设，完善处罚程序，强化公共安全保障，构建系统完备、科学规范、运行有效

---

① 马怀德：《发挥法治在疫情防控中的规范与保障作用》，《光明日报》2020年3月26日第6版。

的疫情防控法律体系。2020 年 2 月 24 日，全国人大常委会审议通过关于全面禁止非法野生动物交易、革除滥食野生动物陋习、切实保障人民群众生命健康安全的决定，部署修改《野生动物保护法》《动物防疫法》等疫情防控有关法律，研究健全国家公共卫生应急管理体系相关立法修法问题。① 这就要求地方人大立法工作必须及时紧跟全国人大常委会的立法、修法进程，迅速完善相关地方性法规。广州市人大常委会紧跟全国人大和广东省人大的步伐，加强统筹谋划，针对疫情防控中暴露出的法律法规不足和薄弱环节，全面梳理全市地方性法规，查漏补缺，及时把防控疫情急需的法规列入年度立法计划，从立法层面完善重大疫情防控体制机制和公共卫生应急管理体系。例如，广州市人大常委会新制定了《广州市禁止滥食野生动物条例》，对《广州市传染病防治规定》进行修改研究论证，对《广州市社会急救医疗管理条例》进行立法后评估并纳入立法计划进行修改等，确保形成完备的疫情防控法规制度全链条，为强化公共卫生法治保障，提升地方治理能力提供坚实的制度保障。

（三）统筹推进重点领域立法，为疫情防控和经济社会发展提供更优质的制度供给

习近平总书记强调，要坚持在常态化疫情防控中加快推进生产生活秩序全面恢复，抓紧解决复工复产面临的困难和问题，力争把疫情造成的损失降到最低限度，确保实现决胜全面建成小康社会、决战脱贫攻坚目标任务。地方立法机关需要立足本地实际需求，根据本地疫情防控的形势、特点及其影响下的经济社会发展面临的新问题，因地制宜、因势利导、精准施策。广州市人大常委会发挥立法的引领和推动作用，紧扣广州市实现"老城市新活力""四个出新出彩"等中心工作，加强立法组织协调，根据法规项目的轻重缓急，及时调整立法计划，制定了房屋租赁管理规定、文明行为促进条例、烟花炮竹管理规定、物业管理条例、优化营商环境条例、反餐饮浪费条例、幼儿园条例和科技创新促进条例等法规，以更优质的制度供给，为疫情防控和经济社会发展提供法治保障。

----

① 参见《全国人大常委会法工委有关部门负责人就依法统筹推进疫情防控和经济社会发展工作中一些涉法问题答记者问》，民主与法制网，http://www.mzyfz.com/html/1418/2020 - 03 - 06/content - 1420290. html，访问时间：2020 年 10 月 1 日。

二　抗疫背景下实现"六稳""六保"，广州市地方立法工作提速增效

2020 年是全面建成小康社会和"十三五"规划收官之年，也是脱贫攻坚决战决胜之年，突如其来的新冠肺炎疫情对完成既定目标任务带来了挑战。[①] 为深入贯彻落实党中央的决策部署和省委、市委的工作要求，扎实做好"六稳"工作，落实"六保"任务，广州市人大常委会通过科学整合立法力量，优化立法组织程序，科学处理立法质量和效率关系等，持续推进立法工作提速增效。

（一）科学整合立法力量，形成立法工作合力

疫情当前，贵在神速，必须科学整合立法力量，形成立法工作合力。积极动员部署，确保立法工作取得实效。在疫情影响下，立法工作时间更紧、节奏更快、任务更重、难度更大、要求更高。广州市人大常委会做好组织协调工作，及时召开立法工作会议，要求广州市各相关部门加强立法组织领导，适应疫情对立法工作的影响，密切协调配合，按照常委会审议时间节点倒计时安排各项工作，确保按时提案、按时审议，高质高效完成立法工作任务。市区联动，确保法规接地气又管用。新时期面对社会多元的利益需求，要制定出立得住、行得通、真正管用、符合实际的法，就必须把立法调研做深做细做扎实，通过深入调查研究，全面掌握行政区域内各层级和各地方的实际情况，才能得出"最大公约数"。[②] 广州市人大常委会于 2020 年 9 月出台了《广州市制定地方性法规市区人大常委会立法联动工作规定》，建立了市、区立法联动机制，加强市、区人大的工作协同，着重发挥"五级"人大代表、区人大常委会以及立法联系点、联络站在立法中的作用，确保立法工作充分反映民意，更接地气。"双城"联动，引领区域协调发展。早在 2019 年，广州市、深圳市人大常委会签署了加强

---

① 张晓萌：《高质量决战决胜脱贫攻坚》，人民网，http：//theory. people. com. cn/n1/2020/0512/c40531 – 31705420. html，访问时间：2020 年 10 月 1 日。

② 王波：《精准立法 新时期提高地方立法质量的基本路径》，《地方法研究》2016 年第 1 期，第 45 页。

合作协议，建立了广、深两市立法工作合作机制，即两市保持常态化深度合作，特别是在立法、决定等工作中合作紧密。这一制度的建立，为突如其来的疫情背景下区域协同立法达到立法社会效应打下了良好基础。在疫情防控期间，广、深两市加强地方立法协作，全面提升立法合作的广度和深度，实现了两市同一天出台关于依法全力做好新冠肺炎疫情防控工作的决定，同一天出台禁止滥食野生动物条例，并协调推进反餐饮浪费立法工作，提高了立法质量和效率，实现了高水平、高效率的协作联动。广、深立法协同的成功实践，充分发挥了立法在"双城联动"中的示范引领作用，为推动粤港澳大湾区区域协调发展做出了探索，积累了经验。

（二）优化立法组织程序，多措并举提高立法质量和效率

面对突如其来的疫情，广州市人大常委会与政府、社会各方面坚持同心同力，及时应对，积极作为，改进法规起草机制，对于综合性较强、事关全局或者关系人民群众切身利益的法规案，由人大有关专门委员会或常委会工作机构牵头起草，用最快最有力的方式，助力疫情防控各项工作，保持社会稳定。人大与政府联动，加快立法进度。改变传统政府提案项目由政府起草的模式，优化为由常委会法制工作委员会牵头起草的模式。例如，为了贯彻落实市委关于衔接全国人大常委会、广东省人大常委会有关疫情防控立法的要求，加快推进立法，广州市人大常委会迅速成立《广州市禁止滥食野生动物条例》起草小组，即由广州市人大常委会法制工作委员会牵头起草，政府各有关部门配合。在广州市人大常委会法工委完成草案稿的起草后，再交给广州市司法局按照政府有关程序征求意见后依法提案的模式。"双轨并走"起草模式，确保法规质量。广州市人大常委会在起草《广州市反餐饮浪费条例》中，采用实务部门和高校"双轨并走"的法规起草模式，即广州市人大常委会法制工作委员会负责法规试拟稿的起草工作，同时委托高校同步起草专家建议稿，确保总体把握法规的立法进度、指导思想、主要内容等，既兼顾了效率，又保证了质量。

（三）科学处理立法质量和效率关系，保障立法项目及时完成

为做好疫情防控，克服新冠肺炎疫情带来的不利影响，发挥立法的积极作用，广州市人大常委会统筹处理好立法质量和效率的关系，在保障立法质量的前提下，根据法规事项的复杂、难易程度和项目的成熟度，在遵

循《中华人民共和国立法法》的前提下，按照《广州市地方性法规制定办法》的规定，对调整事项较为单一、各方面意见比较一致的3件法规实行两审终审，即在一审、二审前加速做好征求意见、调研论证、草案修改等工作，确保在两审终审前化解争议、解决问题，形成统一意见，经报请市委审核后，及时提请常委会会议表决。通过统筹安排，加快了立法进度，为全年立法工作任务的完成争取了时间和空间。广州市人大常委会2020年立法工作任务全面完成，其中完成了9件地方性法规的制定工作，经过常委会两次审议完成的法规有文明行为促进条例、优化营商环境条例以及幼儿园条例等3件。

三　抗疫背景下推动高质量发展，广州市地方立法工作出新出彩

习近平总书记指出，落实新发展理念、推动高质量发展是根本出路。受全球新冠肺炎疫情冲击，世界经济严重衰退，外部环境严峻复杂，广州和全国一样，战疫情、稳经济、保民生任务艰巨繁重。广州作为贯彻新发展理念、推动高质量发展的先行地，必须以更大决心、更强力度、更精准措施，将新发展理念贯彻改革发展全过程各方面。广州市人大常委会对标对表习近平总书记重要讲话和重要指示批示精神，突出问题导向和目标导向，聚焦热点难点，积极发挥人大职能作用，创造性地开展立法等各项工作，推动广州加快实现"老城市新活力""四个出新出彩"。

（一）完善科技创新立法，为助推广州在全球科技革命和产业变革中赢得主动提供制度保障

习近平总书记指出，创新是引领发展的第一动力，是建设现代化经济体系的战略支撑。坚持创新在我国现代化建设全局中的核心地位，把科技自立自强作为国家发展的战略支撑。在全球疫情泛滥之下，科技创新更加彰显其重要性和必要性。广州市历来重视立法对科技创新的引领和促进，先后出台了《广州市科学技术经费投入与管理条例》《广州市促进科技成果转化条例》和《广州市科技创新促进条例》等地方性法规。随着科学技术术的日益发展，特别是在全国疫情防控常态化背景下，国内外竞争环境的

变化，经济社会出现了新挑战。为推进粤港澳大湾区综合性国家科学中心和粤港澳大湾区国际科技创新中心建设，加快建设科技创新强市，打造创新引领型国家中心城市，强化广州科技自立自强提供有力制度支撑，广州对现行科技创新有关制度进行整合、创新，重新制定了《广州市科技创新促进条例》，助推广州市在全球科技革命和产业变革中赢得主动，在新的起点上推动广州高质量发展。

（二）推动优化营商环境立法，为推进广州现代化国际化营商环境出新出彩提供良好法治环境

营商环境就是生产力和综合竞争力。习近平总书记要求广州要率先加大营商环境改革力度，在现代化国际化营商环境方面出新出彩。为全面落实细化国家《优化营商环境条例》，持续优化营商环境，激发市场活力和社会创造力，维护市场主体合法权益，在总结提升广州优化营商环境的经验和做法，对标国际国内营商环境先进水平，广州市人大常委会在粤港澳大湾区率先通过了《广州市优化营商环境条例》，从市场环境、政务环境、人文环境、法治环境明确了广州优化营商环境的具体举措，合力解决营商环境优化过程中的制度瓶颈和体制机制问题，营造公平有序、统一开放的市场环境，不断深化政务服务改革、着力解决各类"难点""痛点""堵点"，以实打实、硬碰硬的立法成效，不断提升营商环境改革效能，推进广州现代化国际化营商环境出新出彩。

（三）健全法律服务制度规定，为发挥广州在大湾区建设中核心引擎作用提供法治保障

十九届四中全会指出，推进国家治理体系和治理能力现代化建设，需要法治体系发挥更加重要的引领、规范和保障作用。《粤港澳大湾区发展规划纲要》提出要推动建立共商、共建、共享的多元化纠纷解决机制，为粤港澳大湾区建设提供优质、高效、便捷的司法服务和保障，着力打造法治化营商环境。为进一步发挥法律服务在优化营商环境、促进粤港澳大湾区一体化发展的法治保障功能，更好地满足和解决大湾区深度融合过程中产生的新情况、新问题，为粤港澳大湾区建设营造稳定、公平、透明、可预期的法治化营商环境，广州市人大常委会会议表决通过了《关于加强法律服务工作促进粤港澳大湾区建设的决定》，围绕《粤港澳大湾区发展规划纲要》中广州要着力建设国际大都市的定位，以粤港澳大湾区商事纠纷解决中心、广州国际商贸商事调解中心、亚太地区国际仲裁中心等三大中心建设为支撑，通过进一步深化法律服务业建设，加快整合法律服务资源，将广州建设成为全国公共法律服务最便捷城市，打造成国际民商事法律及争议解决服务之都。

（四）探索超大城市现代化治理制度变革，为推动提升城市治理体系和治理能力现代化提供制度动力

2020年3月10日，习近平总书记在赴湖北省武汉市考察疫情防控时表示，要着力完善城市治理体系和城乡基层治理体系，树立"全周期管理"意识，努力探索超大城市现代化治理新路子。这一论述为中国城市治理提出了全新课题。聚焦广东总定位总目标，加快实现"老城市新活力""四个出新出彩"，必须有力推动提升城市治理体系和治理能力现代化水平。广州市人大常委会充分发挥地方人大在推动疫后重振和市域治理现代化中的作用，创造性地开展立法工作，通过制定文明行为促进条例，弘扬社会主义核心价值观，凝聚人心、汇聚民力；通过推进加快制定地名管理、排水管理、不动产登记等地方性法规，推动提升广州城市精细化管理水平和广州国际大都市治理效能；通过制定市房屋租赁管理规定、物业管理条例，构建多元一体的全民参与治理的模式，推动营造共建共治共享的和谐生产生活环境。

四 抗疫背景下的广州立法，注重把人民代表大会制度的制度优势转化为地方治理效能

疫情防控斗争实践再次证明，中国共产党领导的社会主义制度和国家治理体系，具有强大生命力和显著优越性。人民代表大会制度作为支撑国家治理体系和治理能力的根本政治制度，在疫情防控斗争中发挥了重要作用。① 广州市人大常委会在新冠肺炎疫情背景下的立法探索与实践，牢牢

---

① 刘洋：《从新冠肺炎疫情防控斗争看人民代表大会制度的优越性》，燕赵人民代表网，http：//zt. yzdb. cn/html/202082779176. html，访问时间：2020 年 8 月 27 日。

把握正确的政治方向，围绕中心，服务大局，全面履行宪法法律赋予的职责，坚持科学立法、民主立法、依法立法，成功地把人民代表大会制度的制度优势转化为地方治理效能，彰显了制度的显著优越性。

（一）坚持党领导立法，确保准确体现党的主张和人民意愿的统一

坚持党的领导，是中国特色社会主义最本质的特征，是中国特色社会主义制度的最大优势，也是习近平法治思想的鲜明立场和社会主义法治的本质特征。不管是国家立法还是地方立法，第一位的就是要把党的领导这一重大政治原则贯彻好、坚持好。① 广州市人大常委会坚持把党的领导作为最高政治原则，坚持以习近平新时代中国特色社会主义思想为指导，把增强"四个意识"、坚定"四个自信"、做到"两个维护"贯穿到立法工作全过程和各方面。广州市人大常委会迅速认真学习和贯彻落实习近平总书记关于疫情防控工作的重要讲话和重要指示批示精神，主动与市委、市疫情防控指挥部办公室对标对表，对立法工作中的重大改革举措、重大利益调整、重大分歧解决、重要制度设计等方面，及时向市委请示报告，取得市委的认可和支持，确保党中央重大决策部署和省委、市委有关疫情防控和经济社会发展的主张经过法定程序转化为全市人民的共同意志。

（二）坚持发挥人大的主导作用，确保把以人民为中心的理念贯穿到立法工作始终

人民代表大会制度之所以有强大的生命力和显著优越性，关键在于它深深植根于人民之中。人民代表大会制度作为党的领导、人民当家作主和依法治国的有机结合，人大立法工作就是在做将顶层设计和问计于民相结合的工作。② 按照"党委领导、人大主导、政府依托、各方参与"的立法工作格局，广州市人大常委会坚持发挥在立法工作中的主导作用，按照市委确定的重要立法任务，科学编制实施立法规划计划，加强对立法工作的

---

① 栗战书：《认真学习贯彻习近平法治思想为全面建设社会主义现代化国家提供法律保障——在第二十六次全国地方立法工作座谈会上的讲话（2020 年 11 月 19 日，山西太原）》，中国人大网，http：//www.npc.gov.cn/npc/c30834/202012/4c4977ef03a34651b9a416f2099aa2c9.shtml，访问时间：2020 年 12 月 3 日。

② 参见《坚持以人民为中心 推动人大工作不断深入》，汉中市人民政府门户网站，http：//rd.hanzhong.gov.cn/hzrdcwwz/xxyd/202009/ac0f254e58264c289ac388dc42843d9b.shtml，访问时间：2020 年 12 月 1 日。

组织协调，充分发挥立项、起草、审议、表决等环节的主导作用。对于综合性、全局性、基础性等重要法规草案，由广州市人大常委会法制工作委员会牵头组织有关部门参与起草，为健全人大相关专门委员会、常委会工作机构牵头起草重要法规草案机制作出了有益探索。同时，注重发挥政府在立法工作中的重要作用，加强与政府的整体协调，推动政府加强对各部门立法工作的统筹，推动做好起草、审查工作。注重扩大社会对立法的有序参与，通过立法协商，充分发挥政协委员、民主党派、工商联、无党派人士、人民团体、社会组织在立法中的作用。注重发挥人大代表和常委会组成人员的主体作用，更好实现民意的表达与协调。① 坚持立法为了人民、依靠人民，回应人民群众对立法工作的新要求新期待，把实现好、维护好、发展好人民群众的根本利益作为立法的出发点和落脚点，推动解决好全市人民最关心最直接最现实的利益问题，努力让人民群众在每一项法规制度中都感受到公平正义。

（三）坚持科学立法、民主立法、依法立法相统一，确保以良法促发展保善治

良法是善治的前提。党的十九大报告提出："推进科学立法、民主立法、依法立法，以良法促进发展、保障善治。"2020 年，广州市人大常委会始终严把法规立项关、内容关、程序关，根据不同阶段疫情防控需要，紧跟全国人大常委会的立法、修法进程，迅速完善相关地方性法规，切实维护了国家法制的统一和权威。在坚持科学立法方面，广州市人大常委会坚持立法调研、专家论证、统一审议等一系列严谨规范、运行有效的科学立法制度，确保了每一件法规都能最大限度地落实科学性的要求，确保立得住、行得通、真管用。在坚持民主立法方面，广州市人大常委会坚持引导和推动公众有序、有效参与地方立法，包括召开征求意见座谈会、开展立法民意调查、借助"羊城论坛"听取公众意见、依托基层立法联系点收集民意、对公众意见进行采纳与反馈等，集思广益，凝聚民智，提高立法质量。2020 年，广州市人大常委会进一步完善了科学立法、民主立法、依法立法工作机制，通过地方人大立法，统筹做好疫情防控立法、修法工

---

① 参见王波《精准立法 新时期提高地方立法质量的基本路径》，《地方立法研究》2016 年第 1 期，第 42—45 页。

作，推动疫情防控和相关工作在法治轨道上有序进行；通过地方人大立法，对经济社会发展和改革进程进行主动谋划、前瞻规范和全面推进，为经济社会发展指明方向、营造环境、提供制度保障。

2020 年，是极不平凡的一年。广州市地方立法工作紧密联系实际，适应地方治理需要，开辟出了一条极具广州特色的地方立法之路，进一步提升了地方立法"广州品牌"的影响力，成为地方人大着眼治理体系和治理能力现代化建设的又一成功实践，为地方立法的发展积累了丰富的经验，为超大城市现代化治理新路子进行了有益探索。展望未来，广州市地方立法将不负使命，不断发挥地方立法的创造性与主动性，以高质量立法保障和促进广州高质量发展。

【专家点评】

点评人 广东外语外贸大学法学院 余彦副教授

在选题方面，本文紧紧围绕 2020 年度广州地方立法实践展开研究，重点关注了抗击新冠肺炎疫情期间的立法实践，反映了广州地方立法在这一特殊时代背景下的成效，体现出地方立法对于提升应急治理能力的重要功能。

在内容方面，本文从授权政府采取紧急应急措施、加快推进公共卫生领域专项立法修法、统筹推进重点领域立法为疫情防控提供制度供给等方面系统介绍广州"抗疫立法"工作。而且不限于"战疫情"，也突出了广州地方立法对"稳经济、保民生"的引领作用，全面展现了抗疫期间广州地方立法的探索与实践。

在意义方面，本文具有较强的理论和实践价值。尤其是对于科学处理立法质量和效率关系，落实紧急状态之下的立法工作，确保应急事件处理有法可依，为广东乃至全国地方立法提供可复制可推广的经验。

在形式方面，本文结构合理、完整，行文较为流畅，引用得当，符合学术规范，也满足报告语言的要求。

综上，《抗疫背景下广州市 2020 年度地方立法的探索与实践》的选题具有时代精神，内容翔实，意义突出，形式规范，在参评作品中具有代表性。

第十一章

人大组织法规案起草的实践探索

——以《佛山市扬尘污染防治条例》起草为例

刘高林[*]

摘要： 人大主导立法是我国人大制度与立法权关系演进至今的时代特征，人大组织法规案起草是推进人大主导立法的具体举措。佛山市人大常委会积极尝试，通过聚合力、深调研、重实效等自主措施探索推进人大组织法规案起草的实践。实施两年来，扬尘污染的监管体系基本形成、重要机制逐步落实、治污成效初步显现。地方人大组织法规案起草的实践探索对于推进依法治国、发挥人大在立法中的主导作用、统筹地方经济社会协调发展、遏制"部门立法"重权轻责，都有一定的经验和启示意义。

关键词： 法规案　起草　人大主导立法

2020 年初，佛山市人大常委会在组织《佛山市扬尘污染防治条例》专题执法检查的基础上，经常委会审议通过后印发了《关于〈佛山市扬尘污染防治条例〉实施情况的执法检查报告》。执法检查报告全面总结了条例实施的有关情况，实事求是地反映了检查发现的主要问题，并提出了针对性建议。《佛山市扬尘污染防治条例》是佛山市人大常委会首次自主组织起草的法规，在执法检查特别是对条例实施情况和实际效果进行检查评估的基础上，从实践的具体操作和成效回看《佛山市扬尘污染防治条例》起草的相关实践探索，具有一定的理论和实践意义。

---

* 刘高林，佛山市人大常委会法工委副主任。

一　"人大主导立法"的历史由来

"人大主导立法"深刻体现了我国人民代表大会制度与立法权之间的关系，这一关系从制度的发展来看会更加清晰，也更能深刻认识到"实现有立法权的人大对立法过程的主导已经成为新形势下加强和改进立法工作的关键要点。"①"人大主导立法"这一提法，在我国法治领域尤其是在官方文件中的出现，时间不长。2011 年 4 月，中共中央下发了《中共中央转发〈中共全国人大常委会党组关于形成中国特色社会主义法律体系有关情况的报告〉的通知》（中发〔2011〕7 号文件），全国人大常委会在报告中明确提出了人大及其常委会要充分发挥国家权力机关的作用，依法行使立法权，发挥在立法工作中的主导作用。这个通知是最早使用"人大主导立法"这一概念的党内最高层次的政治文件，到目前为止，"人大主导立法"被提出和使用也不到 10 年时间。据有学者考证，"7 号文件之后，'人大主导立法'并没有引起社会各界的广泛关注，也没有受到法学理论界的高度重视和深入研究，甚至连最先提出这一概念的全国人大常委会也未经常性地提及它，直到 2014 年 8 月 25 日立法修正案草案提交全国人大常委会进行首次审议，这个词和这种说法才在全国上下'热'起来。"②但在我国，人大与立法权的关系是不断演进的。

1. 全国人大独享立法权（1954—1979）。1954 年宪法明确规定："中华人民共和国的一切权力属于人民。人民行使权力的机关是全国人民代表大会和地方各级人民代表大会。"这一阶段的立法体制，不仅是人大主导立法，而且全国人大独享立法权。③ 全国人民代表大会是最高国家权力机关，是行使国家立法权的唯一机关；全国人大常委会是全国人大的常设机关，只能解释法律、制定法令，而无权制定和修改法律；国务院作为最高国家权力机关的执行机关和最高国家行政机关，并不享有行政立法权，只能规定行政措施，发布决议和命令；地方各级人大也都没有地方立法权，不设常委会。

---

① 封丽霞：《人大主导立法之辨析》，《中共中央党校学报》2017 年第 5 期。
② 李克杰：《"人大主导立法"的时代意蕴和法治价值》，《长白学刊》2016 年第 5 期。
③ 冯玉军：《进一步完善立法机制》，《学习时报》2014 年 4 月 14 日第 5 版。

2. 一元多层的立法体制逐步形成（1979—2015）。这一阶段是我国逐步建立社会主义法律体系的阶段，从 1979 年修改地方组织法开始，到 1982 年宪法，再到 2000 年立法法，我国逐步形成了适合中国改革开放和社会主义法治进程实际的新立法体制，并相应通过了大量的法律、行政法规、部门规章、地方性法规和规章。这一阶段的特点是立法权逐步分解与下放，全国人大不再独享立法权，逐步赋予了全国人大常委会、国务院及各部委、省（自治区、直辖市）以及较大的市人大及其常委会与同级人民政府以相应的立法权。

3. 人大主导立法（2015—）。经过 30 多年的社会主义法治建设，中国特色社会主义法律体系已基本形成。但在形成日益完善的法律体系的过程中，法律的需求也从量的累积向质的提升转变，一元多层法律供给主体之间的协调问题也日益凸显。正如习近平总书记指出的"人民群众对立法的期盼，已经不是有没有，而是好不好、管用不管用、能不能解决实际问题；不是什么法都能治国，不是什么法都能治好国；越是强调法治，越是要提高立法质量。"① 在这种背景下，2015 年《立法法》修改时新增"全国人民代表大会及其常务委员会加强对立法工作的组织协调，发挥在立法工作中的主导作用。"由此，"人大主导立法"从党的主张正式上升为国家法律，成为一个法律词汇。结合 2000 年《立法法》规定的"法律保留"、备案审查等规定，这一概念不仅是统摄、抽象的原则性规定，还有措施、方式等具体的保障性规定，使它成为我国立法体制机制的重要组成部分。

二　立法过程、主要做法和成效

（一）立法过程

如前所述，2015 年修订的《立法法》将"人大主导立法"从执政党政治主张上升为国家宪法性法律并将其规范为新时期国家立法工作的基本要求。在"人大主导立法"的时代背景下，地方人大及其常委会积极探索人大主导立法工作的体制机制，既是加强和改进地方立法工作的客观需

---

① 习近平：《在十八届中央政治局第四次集体学习时的讲话》，《习近平关于全面依法治国论述摘编》，中央文献出版社 2015 年版，第 44 页。

要，也是全面推进依法治国、推动国家治理体系和治理能力现代化的必然要求，更是新形势下加强和改进立法工作的关键点。对应中央的决定部署，佛山市人大及其常委会提高站位，主动作为，在《佛山市扬尘污染防治条例》的立法过程中大胆尝试，突破"谁主管、谁负责、谁起草"的传统"部门立法"模式，努力探索人大负责法规草案起草的实践机制，践行"人大主导立法"的部署要求，取得了良好效果。

2016 年 8 月，经市十四届人大常委会第六十五次主任会议讨论决定，市十四届人大六次会议期间市人大代表提出的《佛山市扬尘污染防治条例》（以下简称《条例》）立法案列入市 2017 年度立法计划，并讨论通过了《佛山市扬尘污染防治条例立法工作方案》，成立了由佛山市人大城建环资工委牵头组织起草，市人大常委会法工委、市环境保护局、市住建管理局、市法制局等单位参加的《条例》起草小组负责法规案的起草工作。2017 年 6 月、8 月、11 月，市第十五届人大常委会第三、四、六次会议经过三次审议通过，11 月 30 日广东省第十二届人民代表大会常务委员会第三十七次会议批准了《条例》。

（二）主要做法

1. 聚合力，找准人大主导立法的突破点

过去我国的地方性法规起草的模式比较单一，大凡涉及地方政府职能的法规，主要由地方政府行政部门提出立法需求，同时也负责起草法规草案，即"谁主管、谁负责、谁起草"的模式。地方人大及其常委会不仅在法规调研、论证等起草环节上很少过问，在立法议程、审议、修改等环节上受地方政府行政部门的影响也比较大。这种"部门立法"模式一方面会因为过多地考虑部门利益以及管理方便，而缺乏从经济社会发展和公民权益保障角度的充分考虑；另一方面，对涉及复杂利益关系、单一行政部门不易统筹协调的重大立法项目，无法及时提上立法议程，导致立法缺失或滞后，更不利于地方经济社会统筹协调发展。

当时佛山市正面临着空气质量全面达标率和环境空气综合质量指数在全省排名相对靠后的双重压力，而《大气污染防治法》等法律法规对大气污染的监管部门分工、防治措施和处罚等都较为宽泛，实际工作中存在监管职责不清、污染防治不力的现实情况。针对这一需要超越部门利益、统筹推进经济社会全面和谐发展的重大议题，市人大常委会积极贯彻《决定》精神,在坚持党领导立法的基础上,主动担当、勇于作为,坚持从经济社会发展大局和以人民为中心的立场出发统筹考虑,积极探索人大常委会有关工作机构组织法规草案起草,政府有关部门、人大代表、专家学者等多方共同参与的新模式。

2. 深调研,找准地方立法的切入点

起草小组坚持突出问题导向,深入调研,本着小切口入手、效果实打实的原则找准立法的切入点。起草小组深入镇街、村居、一线工程企业和施工现场,广泛到外市调研学习,奔着问题去、带着答案回,力争实现发现问题、分析问题、解决问题、促进工作的良性循环。

一是大学习。起草小组深入梳理环境保护法、大气污染防治法、建筑法等上位法律法规,以及涉及扬尘污染防治的全国各级人民政府颁布的共251部规范性文件、省市人民政府颁布的28部政府规章、8部设区的市颁布的地方性法规,深入分析扬尘污染的概念定义和防治措施,力求充分结合本地实际,找准立法切入点,确保"特色立法"。例如,《西安市扬尘污染防治条例》就将扬尘"分为土壤扬尘、施工扬尘、道路扬尘和堆场扬尘",这与西安所处的地理环境、自然气候、土壤特性等客观条件有着密切联系;而《海口市扬尘污染防治条例》则将扬尘污染定义为"因建设工程施工、建筑物拆除、物料运输和堆放、绿化养护、道路保洁、矿产资源开发等活动以及土地裸露,产生的粉尘颗粒物对大气环境造成的污染",这也是与其城市建设的实际密切相关的。

二是深调研。起草小组广泛调研本市的污染源现状,多次组织人大常委会组成人员和人大代表到全市的交通基础设施工程、房屋建筑工程、水利工程以及采石场工地进行了大量的实地调研和走访,充分研究本行政区域内扬尘现象的产生原因,以确保扬尘污染的定义准确,针对性的措施有效,符合本地实际。据分析,扬尘源是本市 PM10 的首要污染来源,是PM2.5 主要排放源之一。根据本市污染源的排放清单,道路和工地扬尘源在 PM10 所有排放源占比 33.3%,排名第一。但随着近年来城市基础设施建设、旧城改造和新区开发提速,施工工地日益增多。2015 年本市建筑业企业房屋建筑施工面积 2731.91 万平方米,单位国土面积的房屋建筑施工面积在全省 21 个地级市中,排名第 5;截至 2015 年底,全市实施"三旧改造"项目共 1155 个,总用地面积 10.42 万亩;在建的城市轨道 2 条,有轨电车 1 条,线路长度共 111.8 公里,两年内还有 5 条地铁线将动工建设，线路长度共 147.3 公里；本市作为省重点水环境整治对象，2016 年将新增污水管网 300 公里，正在推进 90 条重点河涌整治工程。同时，我市道路交通运输量和机动车保用量大，货运量在全省仅次于广州和深圳，道路扬尘也较大。

通过大学习、深调研，《条例》最终明确了扬尘的概念，将建设工程（一般工程、房屋建筑及其附属设施建造工程、拆除工程、道路、管线敷设和管网工程、轨道交通工程）、城市绿化、物料装卸和运输、物料堆放、道路保洁、矿石开采和石材加工等活动、裸露土地等扬尘源纳入管理范畴，将《条例》适用范围确定为本市行政区域内扬尘污染防治与管理活动。同时，农村地区裸露土地较少，对扬尘污染"贡献"不大，《条例》中裸露土地的扬尘污染防治规定对农村地区而言要求相对较高，因此只提出城镇裸露土地的扬尘防治责任。同时，人大代表在调研中的广泛参与，也为接下来的审议打下了良好基础，推动各方面的利益关系在立法中得到平衡。

3. 重实效，找准制度设置的发力点。

在《条例》的起草和审议过程中，将实效作为制度设置的发力点，尽量细化条文，增强可操作性，避免"二次立法"，以达到立法切实管用的目的。

一是压实监管部门职责。部门职责分工一直是立法中的重难点问题，如果分工不科学、不合理，极易产生部门推诿、法规实施难操作等问题。因此，针对我市扬尘源量多面广、分布区域大、涉及行业主管部门多的现实，《条例》明确了属地管理、行业主管、公众参与、排污担责的原则，建立了全市统一领导、属地政府负责、部门共管的工作机制。对扬尘污染防治涉及的多个部门，依据环境保护"党政同责、一岗双责"责任制要求，按照"管行业必须管扬尘污染防治"的原则，落实和细化各行业主管部门的扬尘污染防治与管理责任。

二是突出防治关键主体。《条例》明确了建设单位对建设工程扬尘污染防治管理负主体责任，同时也明确了扬尘污染防治共性责任和特殊责任。创设了建设单位应当将扬尘污染防治费用列入工程造价，实行单列支付的新机制；将扬尘污染防治责任贯穿在招投标、合同备案和工程监理的全流程；对房屋建筑及其附属设施、交通等建设工程施工明确了扬尘污染防治的一般共性责任，对建设工程以外的其他领域如城市道路园林绿化施工、道路保洁、矿产资源开发及加工等，都按其不同的特性分别规定了具体的防治要求和责任。

三是细化量化防治措施。为提高法规执行力和可操作性，强化扬尘污染防治成效，《条例》依据国家环保总局的城市扬尘污染防治技术规范的相关量化措施，并充分总结实践中的经验做法，对扬尘污染防治的重点措施进行了细化、量化。比如要求施工工地周围设置连续硬质密闭围挡或者围墙，城市主要干道、景观地区、繁华区域高度不低于 2.5 米，其余区域不低于 1.8 米，围挡底部设置不低于 30 厘米的硬质防溢座等具体要求；施工工地内短时不作业的裸露地面应覆盖防尘布或者防尘网，并应当全部覆盖裸露地面、物料表面积等。

四是推进科技手段监管扬尘。《条例》明确提出市环境保护主管部门建立扬尘污染监控网络，并定期公布扬尘污染防治信息；牵头组织建立全市扬尘源污染防治监管信息系统，负有监督管理职责的部门应当共享日常监管信息，并作为实施监管的依据。实行建立重点扬尘污染源管理机制，确定和公布重点扬尘污染源，被列为重点扬尘污染源的单位应当安装自动监测设备及配套设施，与全市扬尘污染源防治监管信息系统实行联网管理。

（三）实施成效

《佛山市扬尘污染防治条例》实施两年来，各级各部门严格按照条例要求各司其职，推动佛山空气质量持续改善：2018 年 PM2.5 累计浓度为 35 微克/立方米，同比下降 12.5%，实现历史性首次达标；2019 年 PM2.5 年均浓度更下降到 30 微克/立方米，成效显著。

1. 监管体系基本形成。按照《条例》第 3 条规定"政府主导、预防为主、防治结合、属地管理、公众参与"的原则，市、区、镇（街）3 个层面以环委会为平台，搭建了"环委会＋职能部门"的监管框架，逐步构建"管行业必须管扬尘污染防治"的监管体系。住建、交通、自然资源、水利等部门制定了行业扬尘污染防治操作细则和方案，细化扬尘防治责任和措施，综合运用罚款、停工、诚信扣分等手段督促扬尘污染防治主体落实防治责任。

2. 重要机制逐步落实。（1）扬尘防治设施基本配备。根据《条例》第 13 至 23 条关于防尘抑尘措施的规定，建筑工地基本配备了围挡、防尘网、喷淋系统、雾炮、洗车沉淀池、洒水车等设施。（2）监管信息系统建设基本完成。为落实《条例》第 26 条，市生态环境局牵头开展全市扬尘污染源防治监管信息系统建设工作。信息系统具有 PM10 超过预定浓度实时报警、视频在线监管扬尘源等功能，已与住建、交通、轨道交通等部门监管信息对接，做到信息共享。（3）重点扬尘源防控基本到位。明确了重点扬尘源判定标准及 PM10 在线监测仪安装标准，公布第一批重点扬尘源127 个，并对接入全市扬尘源监管信息系统。

3. 治污成效初步显现。2018 年至 2019 年，全市各行业主管部门扬尘防治工作出动检查人数 14.02 万人次，发出整改 1.10 万宗，立案查处 39宗。从市环委办组织专项检查数据看，工地扬尘污染防治不合格率逐步下降。从扬尘污染重要指标物 PM10（可吸入颗粒物）浓度看，2017 年、2018 年、2019 年 1—10 月，我市扬尘主要指标物 PM10 平均浓度分别为62.6、55.3、49 微克/立方米，总体也呈持续下降趋势。各方面的数据都显示，《条例》在治污方面起到了积极的推动作用。

三　实践意义及启示

此次佛山市人大常委会组织法规案起草的探索，对于设区的市人大常委会来说也是一个新的课题，还存在着人员不足、经验不足、能力不足等问题，但对于地方立法在理论和实践创新方面都具有重要意义：

（一）更加有利于推进依法治国，不断完善中国特色社会主义法律体系

2015 年后，"人大主导立法"作为一个正式的法律术语已经纳入到从立法法到省级和设区的市各级立法主体的"小立法法"之中，推进人大常委会组织法规案起草等人大主导立法的实践探索，不仅是贯彻中央的方针政策，更是人大及其常委会切实履行法定职责，推进法律实施的必然要求。

（二）更加有利于发挥地方立法中的人大主导作用

人大可以更好地在立项、起草、审议的立法全流程中发挥领导、支配

与指挥作用，对于增强法规草案从起草到审议修改的过程中重要制度和机制的一致性，提高立法效率都有积极的促进作用。形象点说，就是改变过去那种政府部门"买菜做饭"、政府法制部门"端菜上桌"、人大立法"坐等上菜"的形象与意识，向人大主动"点菜做饭"转变。

（三）更加有利于统筹地方经济社会协调发展

便于推进涉及复杂利益关系、行政部门不易统筹协调的重大立法项目，在协调有关地区、有关部门管理职责等方面也更加有力。以佛山市为例，扬尘源量多面广、分布区域大、涉及行业主管部门多，一些看似简单的操作问题涵盖众多，甚至涉及机构设置逻辑的问题，如果没有人大机关超越部门、区域的协调，很难推动具体工作的实施。

（四）更加有利于超越"部门利益"，遏制"部门立法"重权轻责的现象

人大主导立法可以更充分地保障公民权益和社会公共利益，从而提升立法质量。地方政府职能部门起草法规案，无论是主观上的照顾本部门利益、推卸本部门责任，还是客观上的"技术视角盲区"和职权主义导致的联动缺失，最终都会形成"部门立法"。习近平总书记在关于《中共中央关于全面推进依法治国若干重大问题的决定》的说明中指出，"立法工作中部门化倾向、争权诿责现象较为突出，有的立法实际上成了一种利益博弈，不是久拖不决，就是制定的法律法规不大管用。"① 而人大主导立法正是破除这一突出问题的根本方法，其方向和价值就在于通过起草、审议等全流程的民主参与，尽量排除草案中的部门利益侵扰，最终使立法体现并保障社会公众的利益和意志。

总之，发挥地方人大及其常委会立法主导作用，是设区的市立法工作的职责与使命，需要在实践中积极探索推进。佛山市人大常委会组织法规案起草即是一次有益的尝试，但主导立法并不意味着包揽所有立法环节，而是掌控全局、加强组织协调，使整个立法活动能够遵循经济社会发展规律，符合上位法的要求，积极回应社会关切，切实保障公民权益，更好地

---

① 习近平：《关于〈中共中央关于全面推进依法治国若干重大问题的决定〉的说明》（2014年10月20日），《中国共产党第十八届中央委员会第四次全体会议文件汇编》，人民出版社2014年版，第83—84页。

发挥立法的引领和推动作用。实行人大常委会有关机关起草，并不意味着所有的法规都一定由人大负责起草，而是打破部门立法的单一模式，综合运用人大起草、政府起草、第三方起草等多种模式，建立公开、透明、开放、多元的法规草案起草机制，坚持从经济社会发展大局和以人民为中心的立场出发统筹考虑，坚持从推动经济社会全面、和谐发展上统筹构建，做好宏观把控，科学、民主、依法立法，确保法规案在法制统一的基础上切实可行。

【专家点评】

点评人 广东外语外贸大学法学院 朱晔教授

《人大组织法规案起草的实践探索——以〈佛山市扬尘污染防治条例〉起草为例》一文，立足于佛山市人大组织法规案起草的实践，反映了地方立法通过聚合力、深调研、重实效等自主措施、强化人大在立法中的主导作用，统筹地方经济社会协调发展、遏制"部门立法"重权轻责的一种制度创新。该文选题精准、视角独特，针对地方立法中普遍存在的"重权轻责""部门立法"现象，作者扣紧佛山市地方立法实践的实际情况展开研究，与广东省人大批准"设区的市"地方性法规相关立法实践高度相关，对进一步完善地方立法具有重要的理论意义和实践价值。

文章内容丰富，资料翔实。文章首先梳理了"人大主导立法"的演变过程，进而详细地介绍了《佛山市扬尘污染防治条例》的立法过程、主要做法及主要成效，认为人大常委会自主组织起草法规，更加有利于统筹地方经济社会协调发展，有利于超越"部门利益"，遏制"部门立法"重权轻责的现象，具有明显的创新性，能够很好地体现该项工作的规律和特色，对于提升地方立法工作的质量和效率，并推动设区的市做好地方立法工作具有很好的示范意义和参考价值。

该文结构清晰，逻辑严谨，语言流畅，数据翔实，表述和引证规范，是一篇较好的实证分析文章。

第十二章

云浮市立法后评估"三全"模式实践研究

——以《云浮市农村生活垃圾管理条例》为例

林小柳　简学钦　梁金龙　黄文杰　谭月丽　刘曜榕[*]

摘要：既有设区的市地方立法后评估在不同程度上存在评估地域不全面、评估方法单一和评估事项片面等问题。《云浮市农村生活垃圾管理条例》的立法后评估，将评估地域全覆盖、评估方法全运用与评估事项全方位有机结合，探索出设区的市立法后评估的"三全"模式。对《云浮市农村生活垃圾管理条例》的评估经验进行总结与提炼，有助于设区的市立法后评估真正发挥实效，进一步提高地方立法技术与立法质量。

关键词：地方立法　立法后评估　"三全"模式　云浮市农村生活垃圾管理条例

随着中国特色社会主义法律体系不断健全，我国的立法工作重心逐渐由设立新法转至修改、废除和解释法律法规。立法后评估作为评估现存法律法规实际效果、运行情况的途径，可以对现行规定的修改和完善提供针对性建议，是一项重要的基础性工作。目前，积极开展立法后评估的设区的市虽不在少数，但是评估工作在不同程度上存在评估标准不统一、体系不健全，评估方法单一等问题。为摆脱立法后评估工作的困境，对立法后评估相关问题进行研究有重要的理论价值和现实意义。本文通过对《云浮

* 林小柳，云浮市人大常委会法工委主任；简学钦，云浮市人大常委会法工委副主任；梁金龙，云浮市人大常委会法工委法规科科长；黄文杰，云浮市人大常委会机关四级主任科员；谭月丽，云浮市人大常委会机关四级主任科员；刘曜榕，云浮市人大常委会地方立法研究中心职员。

市农村生活垃圾管理条例》（以下简称《条例》）立法后评估的过程、内容与方法进行系统梳理与经验提炼，提出设区的市地方立法后评估的"三全"模式，以期为地方立法后评估工作的进一步完善提供参考。

一　《云浮市农村生活垃圾管理条例》立法后评估的背景与过程

（一）立法后评估的背景

随着生态文明建设的深入推进，垃圾管理工作日益受到党和国家的高度重视。2018 年 5 月，习近平总书记在全国生态环境保护大会上强调，应重点解决损害群众健康的突出环境问题，不断满足人民日益增长的优美生态环境需要。2019 年 6 月和 11 月，习近平总书记在考察时均对垃圾分类作出重要指示，强调完善垃圾分类管理，是环境保护的重要一环。通过地方立法总结、固化农村生活垃圾管理工作中的成功经验，为规范农村生活垃圾处理，保护农村生态环境提供制度保障，是全面推进垃圾治理工作的重要路径。作为云浮市获得地方立法权后制定的首部实体法，《条例》自2017 年 3 月 1 日起正式实施以来，有效地促进了云浮市农村地区生活垃圾的规范处理，极大地提高了当地村民的环保意识、文明意识和守法意识。依据《云浮市制定地方性法规条例》第五十七条的规定，地方性法规实施两年后，或者地方性法规实施后的社会环境发生重大变化的，市人民代表大会有关的专门委员会、常务委员会工作机构可以组织对地方性法规或者地方性法规中的有关规定进行立法后评估。"立法后评估是立法过程中不可或缺的关键环节，是提高立法质量、增强法规效应的有效途径，也是立法能力的重要组成部分。"[1] 截至 2020 年 3 月 1 日，《条例》正式生效实施已有 3 年，全方位、客观、准确评估《条例》各项内容的合理性、相关性、实效性，有充分的必要性。

（二）立法后评估的过程

在确定对《条例》进行立法后评估后，云浮市人大常委会法工委迅速

---

① 徐凤英：《设区的市地方立法能力建设探究》，《政法论丛》2017 年第 4 期，第 117 页。

组成以本单位人员和高校专家为成员的联合评估组，对云浮市云安区、云城区、新兴县、罗定市、郁南县全部五个县（市）区进行实地调研，随机抽取新兴县籂竹镇的良洞村、石头冲村、水台镇奄村和新江村，云安区的六都镇大庆村、冬城村、镇安镇河西村、南安村，云城区的河口街道双上村、田心村、南盛镇枧岭村、料洞村，罗定市的附城街道丰盛村、罗溪村、泗纶镇连城村、胜乐村、华石镇三屋村、大未村，郁南县的连滩镇西坝村、平山村、都城镇夏袭村、新城村，共22个村庄进行实地调研，对各地生活垃圾管理工作进行了记录和对比考察，以保证评估地域的广范围、全覆盖。同时，评估组还对上述村庄的村干部和村民发放问卷，并对这些村庄在生活垃圾管理中的问题进行拍照。完成问卷统计和问题归纳工作后，评估组还邀请了地方立法和环境科学方面的专家、民间环保组织负责人以及村民代表等召开座谈会，对通过实地调研、问卷调查和文本分析得出的评估结论进行论证，在此基础上形成《条例》立法后评估报告。

二 《云浮市农村生活垃圾管理条例》 立法后评估的基本结果

（一）实地调研：观察垃圾处理现实问题

评估组通过实地调研，对云浮市5个县（市、区）全部进行走访，详细考察22个村立法后的生活垃圾处理情况，发现主要以下具体问题（见表12-1）。

表12-1　　　　　　　云浮市农村生活垃圾处理的具体问题

	新兴县	云安区	云城区	罗定市	郁南县
垃圾分类意识不强	√	√	√	√	
惰性垃圾处理不到位	√				
大件垃圾处理不到位	√				√
有害垃圾处理不到位		√			
垃圾放置设施不达标		√	√		√
垃圾屋建造不达标	√	√	√		
垃圾清运不及时				√	√

总体而言，5 个县（市、区）在农村生活垃圾处理工作中均在不同层面存在有待改进之处，主要体现在以下 4 个方面：

1. 垃圾分类意识不强。正确进行垃圾分类是科学处理垃圾的前提，也是垃圾减量化、资源化、无害化处理的基础。云浮市生活垃圾分类意识普遍较弱，部分地区存在垃圾未分类、分类标志不全、垃圾分类桶放置与标识不一致的现象。大量厨余垃圾与可回收垃圾混杂，不利于后续的分类处理。

2. 特殊垃圾处理不当。考察发现，新兴县对惰性垃圾和大件垃圾的处理不符合要求，云安区对部分有害垃圾分类处理不到位，郁南县对大件垃圾处理不及时。垃圾处理工作中必须分出有害垃圾，比如锂电池、灯管、药品等，降低后续处理的危险性，改善焚烧运行安全性，减少污染排放。①

3. 垃圾设施设置不达标。健全垃圾放置设施是垃圾分类工作开展的基础和前提，是考察垃圾分类管理情况的重中之重。据统计，云浮市农村的垃圾放置设施主要包括垃圾桶、垃圾屋和垃圾池 3 种。云安区、云城区、郁南县的垃圾桶设施过于陈旧，新兴县、云城区、云安区部分村的垃圾屋存在建造不符合标准、建造不合理、遭到毁损的问题，应当及时改造、更新。

4. 垃圾清理运输不及时。部分地区存在垃圾久放不清、村民房前屋后的保洁责任落实不到位的现象，其中以郁南县和罗定市较为典型。垃圾清运不及时不仅有碍村容村貌，容易造成二次污染，不利于农村人居环境的保护。

（二）问卷调查：收集村民干部意见建议

问卷内容包含基本情况和具体内容两部分，其中封闭式问题 12 道，开放式问题 1 道，总计 13 道问题。总计发放调研问卷 234 份。

1.《条例》开展的基本情况。大部分村民和村干部对《条例》及云浮市农村生活垃圾管理的相关情况非常熟悉，据统计，其中村干部对《条例》的熟悉程度最高，占村干部总体人数的 73.17%。对于云浮市农村生活垃圾管理中存在的问题，85.37% 的村干部和 72.73% 的村民认为资金投

---

① 唐洪松：《农村人居环境整治中居民垃圾分类行为研究——基于四川省的调查数据》，《西南大学学报》（自然科学版）2020 年第 11 期，第 1—8 页。

入不足，24.39%的村干部和31.82%的村民认为缺乏科学技术支撑，29.27%的村干部和25.76%的村民认为管理体制不顺、法律法规滞后。多数村民、村干部认为在农村生活垃圾管理工作中，不存在或偶尔存在缺少法律依据导致工作无法顺利开展的情况，并指出实践中仍存在环保意识不足、杂物乱堆乱放、垃圾随意倾倒的问题。

2.《条例》实施的具体内容。主要对管理部门工作情况、管理体系现存问题、村民知情权落实状况及征求完善《条例》意见进行了调查，调研结果如下：

其一，管理部门工作情况较好。云浮市农村村民、村干部工作单位或居住地所在政府对农村生活垃圾管理工作高度重视，对于本区域内生活垃圾的处理情况，村干部中认为较好的占多数，村民中认为很好的占多数。

其二，管理体系有待完善。大多数村民、村干部认为，目前农村生活垃圾管理相关部门协调机制运行基本顺畅，但仍有必要明确规定相关部门的职责、完善协同工作机制，以减少管理中权限不明、行政部门无法处理或相互推诿的情况；受访者还指出管理不到位的主要原因包括部门监管不到位、被监管相对人责任畸轻和不可抗力，《条例》应当进一步细化垃圾分类管理人相关责任的内容。

其三，村民知情权、参与权保障不足。对于区域内垃圾管理信息平台运行，四成左右村民、村干部认为运行良好，认为运行基本畅通的占总数的六成左右。关于垃圾管理乡规民约的制定，大部分人认为全面征求了村民的意见情况，但在村委会落实生活垃圾管理规定时，仍有43.90%的村干部和34.85%的村民认为仅征求了大部分村民意见。

3.《条例》后续应当重点关注的其他问题。如村委会应当设立专职的卫生监督员，负责对本村的生活垃圾监督管理；自然村应当配备专职保洁员，村民应当缴纳一定的卫生费；明确镇政府的处罚权、完善处罚条款；加强资金投入和科技支撑；定期开生活垃圾处理会议，提高村民的农村生活垃圾管理意识；环境卫生主管部门建立健全农村生活垃圾处理监管制度；健全镇村生活垃圾治理机制，包括有效落实垃圾治理工作责任、落实村庄保洁机制；建立长效管理机制，保证农村生活垃圾及时收集、清运。

（三）综合分析：探明法律完善的落脚点

通过对《条例》进行文本分析，结合实地调研和问卷调查的情况，评估组对《条例》条文进行合法性、合理性以及具体实施中存在的问题进行综合评价，认为《条例》第五条、第六条、第十三条、第十四条、第二十二条、第二十七条存在一定程度的问题，需要在后续修改中予以重点关注。对于大多数农村生活垃圾需要转运至城市处理的客观现实情况，评估组认为《条例》受限于调整范围无法作出有效规定，相应的衔接问题有待在后续相关立法中重点关注。

三　"三全"模式：《云浮市农村生活垃圾管理条例》立法后评估的亮点

通过对《条例》的综合评估，立法者对《条例》的文本内容和实施情况有了全面认识，已经对部分地区的成功做法进行宣传介绍，对实施过程中存在的问题进行重点专项检查。通过双管齐下，评估中发现的问题已经得到很大改观。立法者还拟对《条例》的部分条款进行修改，进一步推动农村生活垃圾的科学处理和有效监管落到实处。上述成绩的取得，离不开立法后评估对《条例》的全面"体检"。本文认为，可以将《条例》立法后评估的亮点提炼归纳为"三全"模式，具体说来，有以下3个方面的重点。

（一）评估地域全覆盖

评估地域全覆盖，即对地级市所有县（市、区）进行实地调研，尽可能全面地掌握不同地区的实际情况。立法后评估过程是对立法机关工作的"回头看"，也是提高社会治理法治化水平的重要步骤。《条例》的立法后评估地域全覆盖主要包含以下3方面特点：

1. 确定县（市、区）为评估重点。立法后评估时覆盖本行政区域的范围越广，越有利于掌握全面情况。受限于时间成本和经费限制，对所有的镇街情况进行评估缺乏可行性，对所有的县（市、区）进行立法后评估就成为现实的最优选择。加之设区的市范围相对适中，使得走遍全市的县

（市、区）进行评估具有可行性。此外，不同县（市、区）之间经济、文化等情况不同，民众意识、社会生活实际情况和政府管理方式都存在明显差异，为了尽可能全面地掌握实际情况，也应当覆盖所有县（市、区）。《条例》立法后评估工作中，评估组对云浮市的新兴县、云安区、云城区、罗定市、郁南县进行实地调研，实现以县（市、区）为单位的评估地域全覆盖，真实观察、了解云浮市农村的生活垃圾管理工作，保障评估效果的全面性。例如，得益于评估地域全覆盖，评估组发现垃圾分类意识不强是云浮市所有县（市、区）存在的共性问题，这为后续改进措施的制定提供了决策信息。

2. 积极探寻范例性样本。评估地域全覆盖不能流于表面，应当深入挖掘不同县（市、区）当前存在的主要问题，以便于进行县（市、区）之间的横向比较，以及立法前后现实情况变化的纵向比较。评估组对 5 个县（市、区）农村生活垃圾的处理情况和管理工作进行记录和对比考察，记录工作先进地区生活垃圾管理模式，总结工作落后地区管理机制问题，努力寻找可复制性经验。对各个县（市、区）的农村生活垃圾管理工作经验进行分析对比，对垃圾管理工作运行质量高，但有地区特殊性、可借鉴性低的成功经验应当进行筛选，总结有益且普及性高的范例，以保证评估经验的广泛适用。同时通过重点分析各县（市、区）普遍存在的问题与不足，针对性地提出解决方案。举例来说，在健全垃圾放置设施工作中，云安区、云城区、郁南县均在不同层面上存在一定问题，而新兴县、罗定县完成情况较为理想，可以通过对这两个县的实践经验进行总结，探索出较为成熟的健全垃圾放置设施工作模式。

3. 确保走访对象的随机性。为进一步了解云浮市农村生活垃圾管理情况，评估组开展全范围调查、全覆盖走访，充分了解村民对于《条例》的认识情况，主动上门了解村民的生活环境和生活垃圾处理的实际困难。在所有村庄中随机进行抽查，对被抽查村民挨家挨户进行走访，积极寻找生活垃圾处理的真问题。同时认真听取村干部对当前垃圾管理工作的意见建议，确保做到底数清、情况明，为扎实推进《条例》的完善和实施夯实基础。注重公众参与是立法后评估推进立法工作实施、加强法治建设的应有之义。① 除

---

① 韩璐：《新时代地方高质量生态立法工作机制探析》，《广西民族大学学报》（哲学社会科学版）2020 年第 3 期。

了发现问题、收集意见建议外，随机走访也能达到强化村民知情权、参与权的效果。《条例》评估组了解到，目前《条例》的执行存在村民知情权、参与权保障不足，如部分村委会落实生活垃圾管理规定时，在征求村民意见方面存在一定问题，而随机走访有助于弥补、克服这方面的缺憾。随机走访时，评估组与受访村民进行充分的互动与沟通，一方面让村民在接受调查的过程中，加深对《条例》制定与执行情况的认识，另一方面也给村民提供反映意见的渠道，成为《条例》评估工作的参与者、亲历者。

（二）评估方法全运用

立法后评估的方法主要包括规范分析、实证研究、专家论证等。本次立法后评估，综合运用上述方法，对评估工作的具体内容、采用方法与开展步骤进行总体设计，有步骤、有条理地展开了《条例》的评估工作，保证评估的高效、有序。

1. 采用规范分析。通过对《条例》文本进行分析，探讨是否按照主流垃圾分类方式对农村生活垃圾进行分类，垃圾管理工作的投入机制与垃圾处理的城乡统筹方式的科学性、合理性等，以便后续调研有重点、有主次地推进。例如，评估组通过对《条例》第十四条进行分析，较为翔实地掌握条文中所规定的垃圾分类处理方式，因而评估组在调研过程中能够较为敏锐地发现，条文中的某些处理方式已偏离云浮市农村地区的实际，亟待进行调整。规范分析虽然能够直面立法后评估指向的修改对象——法律条文本身，但是缺点在于缺乏调研和论证会使得修改建议缺乏对法律事实真问题的观照。

2. 采用实证研究。主要是进行实地调研和发放调查问卷调研。在实地调研过程中，采用发放问卷和实地走访相结合的形式，深入考察调研地区垃圾处理工作，有利于及时总结成果优秀地区的先进经验，探究成果不足地区的问题根源。其中，《条例》调研问卷的设计是评估工作中的一大亮点，针对农村生活垃圾管理的具体情况，问卷将被调查主体区分为村干部、村民两类利益相关人，通过数据收集、对比分析，能够清晰准确地反映《条例》在调查区域内的运行状况，有助于评估主体把握评估地区的真实情况。实地调研虽然能够直观发现问题，但是受限于时间成本和经费限制，不可能在有限时间内调研所有基层农村。问卷调查能够高效快速地管窥立法重点问题的大致情况，但是受限于问题的设置和被调查人的知识背景、立场等因素，使得调查结果必须结合其他方法才能去伪存真，最终使得调查结果具有真正意义上的评估。

3. 采用专家论证与定性定量分析相结合。在前述调查结果的基础上，评估组举行评估专家论证会，邀请相关领域的专家对调研结果从定性与定量两方面进行分析，撰写调研报告。重点围绕实证材料的充分性、调查问卷的科学性、评估标准的合理性以及《条例》实施效果评估的准确性等问题进行论证，最终形成立法后评估报告，既有基于专家知识与视野的专业判断，又有充足的客观数据作为支撑，为《条例》的后续完善提供智力支持。专家论证有助于发挥专家的专业知识，高效聚焦评估问题并得出有参考性的答案，但是仍然受限于专家立场和知识局限。

综上所述，单一评估方法均不可避免地存在不足之处。只有通过上述主流评估方法的综合运用，才能克服单一方法的短板，最大程度地保证评估效果的全面性和有效性。

（三）评估事项全方位

评估事项全方位，主要是指法规文本、重点制度的可操作性以及与立法相关制度衔接性评估，通过立法后评估了解法规文本本身质量和法规运行的真实情况，然后根据不同情况作出立、改、废、释的决定，达到检验立法效果、提升立法质量的效果。

1. 法规文本评估。追求立法文字表达精准是评估的必然要求，用词准确、条理清楚的法律文本是让各方主体理解法律内容的前提，也是法律权威性的重要保障。在审查中，评估组发现《条例》第五条规定环境卫生主管部门负责本辖区内农村生活垃圾管理工作。第六条规定市、县（市、区）人民政府应当建立农村生活垃圾处理监督管理和执法工作的协调联动机制，由环境卫生、环境保护、农业、水务、商务、交通运输、公安等部门共同参与。上述条文在当前最新一轮国家机构改革基本完成的背景下，对职能部门的具体表述应当作出相应修改。此外，《条例》第二十七条第三款"违反本条例第十五条第二款规定的，由动物卫生监督机构责令无害化处理，所需处理费用由违法行为人承担，并可以处三千元以下罚款"的表述不规范，建议修改为"违反本条例第十五条第二款规定的，由动物卫生监督机构责令无害化处理，所需处理费用由违法行为人承担，可以并处三千元以下罚款"。正式通过上述修改，文字表达的规范性得以保证。

2. 重点制度的可操作性评估。法律的生命在于实施，评估《条例》的重中之重在于认真、审慎地对重点制度运行情况评估。在本次评估中，调研组着重对农村生活垃圾的资金保障制度、垃圾分类制度和垃圾处理制度进行了重点评估，发现《条例》第二十二条规定政府应当通过制定优惠政策和激励措施鼓励社会各界力量以不同方式参与到云浮市的农村生活垃圾处理工作当中。从实地调研的情况来看，一些地方出于激励村委会积极筹措生活垃圾处理资金，通过"以奖代补"的方式执行上述条款，但是实践证明，一些村因为外出务工人员较多、经济水平落后、村民环保意识不强等客观原因难以筹措到足够的生活垃圾处理经费，"以奖代补"加剧了这些地方的垃圾处理资金压力。评估组建议，应在政府对生活垃圾处理经费进行基本兜底的基础上，有选择性地适用其他激励措施。针对垃圾分类制度，《条例》第十三条规定农村生活垃圾分为可回收垃圾、有机易腐垃圾、有害垃圾、惰性垃圾和其他垃圾 5 类。第十四条规定了各种类型垃圾的相应处理方式。评估组经过实地调研发现，随着各村道路硬化工程的完成，惰性垃圾能够铺路填坑的范围越来越小，绝大多数农村倾向于对惰性垃圾集中填埋处理，这就与法律规定产生较大出入。

3. 与其他立法相关制度衔接的评估。对《条例》和其他立法的衔接状况进行评估，判断是否做到衔接的顺畅、高效。仅靠完善《条例》文本内容，并不能解决《条例》在实施过程中的所有问题，如调研组发现部分村庄生活垃圾的转运工作不到位，既使得垃圾分类最终流于形式，也伤害了村民进行垃圾分类的积极性。究其原因，在于云浮市城市生活垃圾管理没有与农村生活垃圾管理真正实现联动，而解决这一问题需要其他立法与《条例》发挥制度合力。此外，《条例》对垃圾分类的标准设置较早，与当前主流的垃圾分类标准有许多不同之处，建议进一步组织相关专家结合云浮农村地区的实际情况，对是否需要修改垃圾分类标准进行论证，确保《条例》分类标准的科学性、针对性。通过对《条例》外的自然延伸领域进行全面评估，最大程度上克服了立法后评估"头痛医头，脚痛医脚"的弊端。

四　地方立法后评估"三全"模式的可复制性经验

"从立法质量这一页，可以窥见一个国家立法乃至其法律文明之全貌。"① 立法质量是立法工作推进和国家法治化建设的核心。通过对《云浮市农村生活垃圾管理条例》"三全"评估的做法与优势进行总结，提取、形成可复制、可借鉴、可推广的经验，才能对设区的市地方立法后评估的完善提供现实助力，最终推动地方立法工作的进一步提升和完善。本文认为，下面4个方面是"三全"评估最具样本意义和参考价值之所在。

（一）注重立法后评估法制化

立法后评估作为保证立法质量的重要制度，深入推进需要以强有力的法律规范为制度支撑，避免立法后评估成为一种"表面上的评估"。② 2015年修订后的《立法法》第六十三条规定："全国人民代表大会有关的专门委员会、常务委员会工作机构可以组织对有关法律或者法律中有关规定进行立法后评估。评估情况应当向常务委员会报告。"这是首次以立法的形式确立立法后评估的合法性，有力推进立法后评估的发展完善。③ 2016年修订的《广东省地方立法条例》第六十三条规定："地方性法规实施两年后，或者根据经济社会发展的实际需要，有关的专门委员会、常务委员会工作机构可以组织对地方性法规或者地方性法规中有关规定进行立法后评估。评估情况应当向常务委员会报告"。2016年出台的《云浮市制定地方性法规条例》以立法的形式对评估主体、评估程序、评估方法、评估内容、评估标准以及评估结果的回应进行规范，切实保障了立法后评估本身的制度化、规范化与常态化，为此次《条例》的立法后评估工作提供了制度保障，确保评估工作严格按照程序和要求进行，使立法后评估有法可

---

① 佘绪新等:《地方立法质量研究》，湖南大学出版社 2002 年版，第 69 页。
② 刘志坚、郭秉贵:《地方性法规立法后评估的实践探索——以〈甘肃省水土保持条例〉为例》，《地方立法研究》2019 年第 3 期，第 127—138 页。
③ 项程舵、魏红征:《多维视域的行政立法后评估：依据与进路》，《行政论坛》2020 年第 2 期，第 131—138 页。

依、有据可循。①

（二）注重评估方法的多样性

采用多样化的评估方法是得到客观、全面评估结论的基础。评估组在对《条例》的立法后评估的过程中，十分注重评估方法的多样性，运用了评估地域县（市、区）全覆盖、主流评估方法全运用、评估事项全方位的"三全"评估模式进行调查研究，使评估结果更具公正性、有效性。

"三全"评估重视调查研究，采取文本分析、问卷调查、实地调研多种方法，多次召开座谈会，进行实地考察、专题调研、专题论证，收集有关评估对象的资料和数据以及各方面的意见建议，确保信息的真实全面。实地调研阶段，评估组一一走访云浮市下属的 5 个县（市、区），综合考察 22 个自然村的生活垃圾管理工作开展情况，对中途发现的具体问题及时进行拍照记录和文字总结，做到评估地域的全面覆盖。问卷调查阶段，有针对性地提出与《条例》及云浮市农村生活垃圾管理工作相关问题，以了解管理部门工作情况、管理体系现存问题、村民知情权落实状况。在云浮市范围内对村民和村干部定向发放问卷，分别收集整理村民和村干部的情况，确保所掌握的数据准确有效，有助于针对性地解决立法实践中存在的不足和问题。综合分析阶段，结合实地调研及问卷调查信息，对《条例》各条文进行合法性、合理性以及具体实施中存在的问题进行研究，发现垃圾管理工作职能部门、垃圾分类标准、垃圾处理经费、法律责任相关条款需要改进，与其他立法的衔接应当加强。评估过程体现了主流评估方法的全面结合与运用，评估事项的全方位、多层次考察，对不断提升立法质量具有重要作用。

（三）注重评估的公众参与

立法是集中公众舆论、反映人民意志的过程，公众参与是民主立法的必然要求。《法治政府建设实施纲要（2015—2020）》在提高政府立法公众参与度部分明确指出："建立有关国家机关、社会团体、专家学者等对政府立法中涉及的重大利益调整论证咨询机制。拟设定的制度涉及群众切

---

① 李锦：《地方立法后评估的理论与实践：以省级地方性法规的立法后评估为例》，法律出版社 2019 年版，第 206 页。

身利益或各方面存在较大意见分歧的，要采取座谈会、论证会、听证会、问卷调查等形式广泛听取意见。"公众作为经济"难点"、社会"堵点"、民生"痛点"的亲历者和体验者，对相关法律法规如何破解、如何突围、如何走向最有评判权和发言权。《条例》立法后评估工作的开展正是以广泛征集公众对评估对象实施情况及立法质量的意见和建议为基础，采用"三全"评估方法对云浮市农村的生活垃圾管理情况进行了翔实的调查，深化对《条例》实施情况的了解，保证立法后评估的质量。注重评估过程中的公众参与，实现立法机关与社会公众的良性互动和信息交流，体现以人民为中心的理念，对于地方立法完善具有重要意义。①

（四）注重评估结果的整理

评估结果是整个立法后评估工作的落脚点，是对前期立法工作和立法后评估整个过程的总结。"三全"评估中的又一可复制性经验，就是注重对立法后评估结果的整理。就目前各地的立法后评估工作而言，主要有两方面问题，一是重评估过程，轻评估成果的实际应用；二是重评估形式，轻评估结果的形成。② 这两种情形都会导致立法后评估过程与评估结果的脱节，不利于评估作用的充分发挥。此次《条例》的立法后评估采用科学方法收集资料，全面、客观地整理评估结果，注重评估报告说理部分的论证，在此基础上形成的立法后评估报告不仅真实体现了评估过程中的所有要素，增强了评估结论的科学性和专业性，为评估结论在《条例》后续完善过程中进行转化和回应提供理论支撑和实践基础。③

【专家点评】

点评人　中国社会科学院法学研究所法理研究室主任　贺海仁教授

立法后评估是立法理论与实践中的重要问题，随着 2015 年修改后的《立法法》生效，立法权扩展到设区的地级市，明确设区的市人大

---

①　康建胜、吴琼、吴灵玲：《设区的市立法后评估的价值与实践——基于甘肃四市实证分析》，《人大研究》2020 年第 11 期，第 36—41 页。

②　汪洋：《立法后评估成果应用初探》，《人大研究》2016 年第 8 期，第 28 页。

③　张显伟、张书增：《地方性立法评估成果的转化与利用》，《河南财经政法大学学报》2017 年第 1 期，第 6—7 页。

及其常委会可以对城乡建设与管理、环境保护、历史文化保护等方面的事项制定地方性法规。地方立法后评估对于提高地方立法效果、提升地方立法质量、深化地方立法能力具有十分重要的意义。地级市地方立法后评估尚处于初级阶段，已有地方立法理论和地方立法评估实践有待进一步的探索。《云浮市立法后评估"三全"模式实践研究——以〈云浮市农村生活垃圾管理条例〉为例》一文，总结了当前我国地级市地方立法后评估在不同程度上存在的评估地域不全面、评估方法单一和评估事项片面等问题，并结合《云浮市农村生活垃圾管理条例》立法后评估实践展开了系统的研究。文章介绍了该项评估的背景与过程，描述了立法后评估的基本结果，总结或者说发明了该项评估的亮点，即所谓的"三全"模式：评估地域全覆盖、评估方法全运用、评估事项全方位。难得的是，该文还提炼了地方立法后评估"三全"模式的可复制性经验，为立法后评估尤其是地级市立法后评估提供了可供借鉴的理论参考与方法经验，使研究意义得以进一步拓展。

文章选题新颖、表达精准、视角创新、内容翔实，论证规范，我认为，这是一篇优秀的研究成果。

第十三章

立良法　治扬尘

——《惠州市扬尘污染防治条例》立法实践

易清　张艺子　杨彩燕*

摘要："立良法，促善治"是地方立法的价值追求，制定《惠州市扬尘污染防治条例》有利于促进惠州市扬尘污染防治工作，也有利于扬尘污染防治地方立法实践研究的开展。基于《惠州市扬尘污染防治条例》的立法实践，重点阐述其立法过程，深入分析其在合理界定扬尘污染、明确扬尘防治职责、细化扬尘防治措施、强化防治管理制度和合理设置法律责任这五方面的立法特色，最后总结对地方立法工作的启示：地方立法应立足地方实际、地方立法应注重顶层设计、地方立法应坚持以问题为导向、地方立法应注重利益群体和公众的参与，以期对地方立法发展研究具有一定的参考和借鉴意义。

关键词：惠州扬尘污染防治地方立法

党的十九大报告提出"着力解决突出环境问题。坚持全民共治、源头防治，持续实施大气污染防治行动，打赢蓝天保卫战。[①]"大气污染会导致空气质量下降，影响人民群众的身体健康，涉及人民群众的切身利益，是人民群众重点关注的问题。在监测空气质量的六项指标中，扬尘主要影响PM10 和 PM2.5，扬尘是粒径范围比较大的空气颗粒物，会直接影响 PM10指标浓度，经转化后为粒径范围比较小的空气颗粒物，也会影响 PM2.5 指

＊ 易清，惠州学院地方立法研究院，院长；张艺子，惠州市人大常委会法工委法规科科长；杨彩燕，惠州学院地方立法研究院院长助理。

① 习近平：《决胜全面建成小康社会 夺取新时代中国特色社会主义伟大胜利》，《人民日报》2017 年 10 月 28 日第 4 版。

标浓度，造成大气污染。近年来，随着惠州经济社会的快速发展，城市化建设的步伐也在加快，城市建设项目、建筑工地不断增多，各类物料运输车辆也相应增加，扬尘污染问题日益严重。与此同时，一方面，社会对扬尘污染防治认识的提高，公众对空气质量的诉求越来越高，扬尘污染防治越来越受到重视；另一方面，环境保护理论研究的加强、地方立法保护研究的推进以及保护技术手段的改善也对扬尘污染防治提出了新的要求。而且，随着国家越来越重视大气污染防治，而扬尘污染作为大气污染的重要组成部分，因其存在范围的普遍性和污染程度的严峻性，是设区的市在大气环境保护立法方向的一个重要突破口①。设区的市通过地方立法的形式，完善扬尘污染防治法律体系，也是国家立法的细化及补充。因此，为契合惠州市环境保护的需要，改善和提高空气质量，保护人民群众的身体健康，制定一部加强扬尘污染防治、改善环境空气质量的地方性法规——《惠州市扬尘污染防治条例》（以下简称《条例》）刻不容缓。

一　《条例》的立法过程

扬尘污染防治立法工作是实现法治保障与深化改革有机统一的具体要求，既利于发挥立法对扬尘污染防治工作的引领和推动作用，完善扬尘污染防治法律体系，又利于推进扬尘污染防治管理和执法体制改革，从而提高城市管理的工作效率。惠州市高度重视扬尘污染防治工作，此前，为有效规范城市扬尘污染管理，2013 年《惠州市城市扬尘污染防治管理办法》（惠府办〔2013〕66 号）制定并实施，该规范性文件的有效期为 5 年，2018 年 12 月 1 日自动废止。但是，扬尘污染的问题仍比较突出，以 2018 年为例，从珠三角各市 PM10 和 PM2.5 比值情况分析，珠三角各市 PM10/PM2.5 为 1.39—1.81，东莞最低，江门最高，惠州扬尘污染"贡献率"居九市中第四，与深圳市相当，为 1.68（详见下表）。

此外，惠州市还出台了一系列规范性文件，如《惠州市大气污染防治行动方案（2014—2017 年）》《惠州市建筑施工扬尘专项攻坚整治行动方

---

① 参见冯岩岩《精准立法 找准大气污染防治"突破口"》，《人民之声》2019 年第 4 期，第 45—47 页。

案》等，这些规范性文件为《条例》的制定提供有益的立法参考。但是，由于这些规范性文件的刚性约束不足，部分存在部门职责划分不够明晰、监管联动机制不健全[①]等问题，扬尘污染的防治没有得到有效的解决，亟需针对扬尘污染问题制定一部专项地方性法规，因此，惠州市人大常委会明确把《条例》纳入地方立法工作计划，惠州市生态环境局牵头开展立法前期工作。为切实提高立法质量，推动立法工作的有效开展，2019 年 4 月，市生态环境局委托惠州市地方立法研究中心就《条例》开展立法调研、草案起草和论证工作，立法中心随即成立了调研工作组和起草工作组。调研工作组搜集了国家及各省、市现有的相关法律法规，形成了 60 余万字的扬尘污染防治法律汇编等资料。同时，调研工作组还前往惠州市直和各县（区）有关部门收集相关材料，多次召开相关部门人员参加的座谈会，深入惠州 4 区 3 县进行实地考察，向社会公众发放调查问卷 15000 份，其中有效问卷 1370 份。从 2019 年 4 月至 2019 年 9 月，调研工作组共进行了 21 次部门县区调研考察、召开了 6 次工作协调会推进会，在充分调研的基础上撰写完成了 14 余万字的立法调研报告，并向市生态环境局提交了《条例（草案）》初稿。由市生态环境局业务骨干和立法中心相关领域研究人员组成的起草工作组，在参与实践调研和充分掌握扬尘污染防治第一手资料的情况下，围绕《条例（草案）》初稿的框架设计、条款内容等方面，几经论证、反复修改，先后召开了 7 次条例修改会、3 次部门意见座谈会、1 次为期 1 个月的网络征求公众意见、1 次专家现场论证会，收集了 24 份省内外专家书面论证意见，充分参考、分析和吸纳了各方意见，最终形成了提请审议的《条例（草案）》（送审稿），见表 13 - 1。

表 13 - 1　　　　2018 年珠三角各市 PM10/PM2.5 比值情况表

序号	城市	东莞	肇庆	中山	广州	珠海	惠州	深圳	佛山	江门
1	PM10/PM2.5	1.39	1.41	1.50	1.54	1.59	1.68	1.69	1.71	1.81

《条例（草案）》经过惠州市人大常委会三次审议，历时 8 个月，2020 年 8 月 27 日市十二届人大常委会第三十四次会议上正式表决通过，同年 9 月 29 日广东省十三届人大常委会第二十五次会议上表决批准，10 月 19 日

---

① 冯丽均：《立法治扬尘 守护惠州蓝》，《惠州日报》2020 年 10 月 20 日第 1 版。

惠州市第十二届人民代表大会常务委员会公告（第 4 号）予以公布，自 2021 年 1 月 1 日起施行。

《条例》是惠州市制定的第五部实体性地方法规，其颁发实施是惠州市为打赢蓝天保卫战采取的强有力举措，也是惠州市发出守护"惠州蓝"的法治最强音①。回顾《条例》的立法审议过程，一是开展省外调研两次、省内调研 1 次，市内调研多次，实践考察惠州的扬尘污染防治相关情况，体现了科学性；二是《条例（草案）》4 次通过报纸、网络等方式向全社会公开征求意见，公示期间共收到意见 100 余条，体现了民主性；三是内容反复修改 30 余轮，确保内容"不越权""不抵触""可操作"，符合上位法的权限范围，同时程序上又严格按照《惠州市制定地方性法规条例》等规定，体现了依法性。这是惠州市加强环境保护立法取得的重要成果，更是惠州市坚持科学立法、民主立法和依法立法的一次生动实践。

二　《条例》的立法特色

有特色始终是地方立法保持活力的要素，是衡量地方立法质量的重要标准，也是检验地方立法能力水平的试金石②。地方立法的工作亮点在于突出地方立法特色，而突出地方立法特色则必须坚持从实际出发，反映本地区的特殊性，这一方面要求地方立法能充分反映本地区的政治、经济、文化、社会发展和各种利益关系对立法调整的需求；另一方面要求地方立法要有较强的针对性和实用性，解决本地突出的而中央立法没有或不宜解决的问题③。不同设区的市根据本区的实际情况制定扬尘污染条例或办法，其条款内容各有千秋，反映本地区的特殊性，这是其立法特色的体现。据北大法宝数据统计，目前广东省设区的市颁布的扬尘污染防治的地方性法规 6 部（揭阳、佛山、肇庆、潮州、汕尾、惠州），政府规章 6 部（深圳、江门、中山、梅州、湛江、珠海）。《条例》从惠州市扬尘污染防治的具体情况和实际需要出发，依据《中华人民共和国大气污染防治法》等法律法

---

① 冯丽均：《立法治扬尘 守护惠州蓝》，《惠州日报》2020 年 10 月 20 日第 1 版。
② 李适时：《扎实推进设区的市地方立法工作为"四个全面"战略布局提供坚实法治支撑》，《地方立法研究》2016 年第 1 期，第 14—20 页。
③ 周旺生：《立法学》，法律出版社 2000 年版，第 298 页。

规，制定了一套独具惠州特色的扬尘污染防治的制度体系，为依法进行扬尘污染防治工作提供了非常重要的法规依据，其立法特色具体体现在以下方面：

（一）合理界定扬尘污染

《条例》的实施，是面向整个惠州市的行政区域，必然离不开向公众进行《条例》普法宣传工作，因此必须合理界定扬尘污染的概念，让公众明白什么是扬尘污染，才能有效进行扬尘污染防治。扬尘污染的定义是具有地方特色的，不同设区的市对其所作定义皆有不同。在查阅文献、科学参考同类地方性法规和充分调研惠州扬尘污染相关情况的基础上，《条例》合理界定扬尘污染，符合惠州的实际情况，体现了立法特色。

一方面，查阅相关文献资料，了解扬尘污染防治相关情况。第一，了解扬尘的概念以及扬尘造成污染的过程等其他情况，根据我国《防治城市扬尘污染技术规范》（HJ/T393—2007），了解其定义"扬尘是指地表松散颗粒物质在自然力或人力作用下进入到环境空气中形成的一定粒径范围的空气颗粒物，主要分为土壤扬尘、施工扬尘和堆场扬尘。[①]"第二，了解大气污染的概念，"大气污染是指大气中污染物质的浓度达到有害程度，以至破坏生态系统和人类正常生存和发展的条件，对人和物造成危害的现象。[②]"明确大气污染和扬尘污染的联系，理解扬尘污染是一种特殊的大气污染。第三，查阅全国设区的市的扬尘污染防治地方性法规和地方规章，科学参考其关于扬尘污染的定义。

另一方面，充分调研惠州扬尘污染防治工作的实际情况，研究扬尘污染产生的具体原因，分析扬尘污染的具体情况，进而合理界定扬尘污染。据立法调研，惠州市正处于城市开发进程中，房屋建筑工程、道路施工工程等建设项目较多，而且各区存在的扬尘污染大多由建设工程施工、建（构）筑物拆除、物料运输与堆放以及泥地裸露等原因造成，其中建设工程施工、道路施工、物料运输与堆放等活动是人为因素造成扬尘的，而泥地裸露则是自然因素造成扬尘的，因此将这些因素都列入到扬尘污染的定义中，体现惠州市的实际与立法特色。因此，《条例》定义扬尘污染为

---

① 国家环保总局关于发布国家环境保护行业标准《防治城市扬尘污染技术规范》的公告，国家环境保护总局公告2007年第74号，2007年11月21日。

② 《环境科学大辞典》编委会：《环境科学大辞典（修订版）》，中国环境科学出版社2008版，第94页。

"建设工程施工、建（构）筑物拆除、物料运输与堆放、道路保洁和绿化养护等活动以及地面裸露产生的颗粒物造成的大气污染。[①]"

（二）明确扬尘防治职责

不同设区的市因经济发展、历史、文化等情况，政府部门机构设置是有所差别的，因而扬尘防治部门职责也是有所差别，这是不同设区的市特殊性的体现，体现了地方特色。《条例》结合惠州实际，一方面明确了惠州各级政府、开发区管委会、街道办事处、村（居）民委员会在扬尘污染防治工作中的责任，其中在《条例》第三条增加了村（居）民委员会的劝阻、报告和协助义务，将扬尘污染监管从市、县（区）、镇（街）延伸至基层治理的"最后一公里"[②]，这是如实根据立法调研情况而制定的，不同于其他同类地方性法规，体现其创新性。

另一方面，《条例》根据惠州市机构改革职能调整情况，对扬尘防治职责进行了明确和细化，明确规定扬尘防治主要部门均应对的工作职责和分工情况，这有利于解决各部门之间职责划分不清及工作交接较难等问题，促进部门的沟通交流与协作，保障防治工作的畅通性。《条例》第四条明确主要部门的扬尘防治职责，不是笼统地概括为相关部门，而是逐个罗列其职责范围，在第四条第一款至第七款，分别对生态环境主管部门、住房和城乡建设主管部门、城乡管理和综合执法部门、公安机关交通管理部门、交通运输主管部门、水行政主管部门和自然资源主管部门的职责作出了具体的规定。而且，《条例》也不因罗列主要部门的扬尘防治职责而分开设置为不同法条，而是统一设置为一条，简洁明了。这既充分考虑了惠州的地方实际与特色，又符合当前扬尘污染防治工作的改革趋势。

此外，《条例》在职责划分的立法细节上更加科学合理，尤为体现立法特色。比如，第四条第二款规定："住房和城乡建设主管部门负责房屋建筑和市政基础设施（不含城市道路）建设工程以及建（构）筑物拆除、预拌混凝土和预拌砂浆生产等扬尘污染防治的监督管理。[③]"这里特别用括

---

① 《惠州市扬尘污染防治条例》，惠州市第十二届人民代表大会常务委员会公告第 4 号，2020 年 10 月 19 日。

② 冯丽均：《立法治扬尘 守护惠州蓝》，《惠州日报》2020 年 10 月 20 日第 1 版。

③ 《惠州市扬尘污染防治条例》第四条。

号注明职责范围不包括市政基础设施的城市道路在内，而将这部分职责明确规定在第五款中，由交通运输主管部门负责。《条例》注意了市政基础设施的建设施工并非单纯由一个部门负责，而是分属住建部门与交通运输等部门的现实情况，使得城市道路工程施工等活动的扬尘污染防治有了明确的责任主体，避免了立法因未能与相关部门的主管工作联系而导致各部门责任难以落实，推诿扯皮情况发生。

（三）细化扬尘防治措施

在总体上，扬尘防治措施主要是在建设工程施工、道路（管线）敷设、建（构）筑物拆除、物料运输及堆场、道路保洁以及裸露地面等九方面，这是根据惠州市扬尘污染防治工作立法调研的实际情况和客观需要而制定的，需要几条就规定几条，因此《条例》针对这些重点领域制定条款，细化重点领域扬尘污染防治措施，突出强调源头治理。与此同时，这也与扬尘污染的定义相呼应，具有很强的逻辑关系，第五条至第十二条是针对人为因素造成扬尘而制定的，第十三条是针对自然因素造成扬尘而制定的，显然，这体现惠州的扬尘污染防治特色。

在细节上，《条例》根据惠州实际，制定地方特色的规定。比如，《条例》第五条第二款对建设施工工地的围挡或者围墙的具体高度作出具有符合惠州实际的规定，使用"不低于二点五米、一点八米""不低于三十厘米"① 等词语，明确细化围挡或者围墙的具体高度。再如，《条例》第七条规定"轻度以上污染天气预警期间，中心城区范围内停止房屋拆除、爆破作业。"②《条例》第十二条规定"采矿、采砂、采石和取土用地应当制定生态修复计划，及时恢复生态植被。"③《条例》第十三条对裸露地面绿化的规定，在立法上应当明确与落实具体的责任，尤其是责任空白地带，对此作出详细的规定，做到能细化的就细化，以增强条例的可操作性，体现立法特色。

---

① 《惠州市扬尘污染防治条例》，惠州市第十二届人民代表大会常务委员会公告第 4 号，2020 年 10 月 19 日。

② 《惠州市扬尘污染防治条例》第七条。

③ 《惠州市扬尘污染防治条例》第十二条。

（四）强化防治管理制度

不同地方根据各自扬尘污染防治的管理经验，都有各自独具特色的防治管理制度，指导扬尘污染防治工作的有序开展。《条例》总结惠州扬尘污染防治工作的实践经验，同时借鉴其他设区的市的经验，把本地经验和他山之石通过地方立法上升为地方性法规，强化防治管理制度，切合了惠州实际。总体而言，《条例》突出地方立法的统筹功能，整合资源配置，通过促进各级部门的有效衔接，努力形成多方参与的防治格局，促进防治格局从单一向多维转变，最大限度地增强防治合力①，在将部分环保监管手段上升为法规内容的同时，注重结合其他行之有效的社会治理手段形成多方位监管。

在社会防治层面，通过市民信任度较高的"12345热线"或者其他方式设立举报奖励制度，鼓励公众参与对扬尘污染违法行为进行举报，推进社会共治，同时明确对举报人负有告知义务，经查实予以奖励，而且还引导群众就有关职能部门和工作人员不依法履职的进行举报，发挥监察、检察机关的监督职能②。在政府防治层面，一是规定生态环境主管部门应当建立扬尘污染环境监测网络，实现信息共享等；二是规定其他负有扬尘污染防治监督管理职责的部门应当建立日常巡查制度，对于多次实施扬尘污染违法行为或违法情节严重的企事业单位和其他生产经营者，应当增加执法巡查频次。这是在充分调研现存的防治工作机制的基础上制定的，体现惠州立法特色。

（五）合理设置法律责任

《条例》根据惠州扬尘污染源防治的实际情况，合理设置法律责任，体现了立法特色。一方面明确污染源的防治及其密切关联的法律责任，针对不同污染源中违反扬尘污染防治工作的具体行为，规定了监管主体和行政管理相对人的相应法律责任，在设置法律责任时，既满足总体原则在上位法规定的法律责任幅度内，又严格根据惠州政府部门的职能范围，明确落实其扬尘污染防治工作责任，具体法律责任规定由相关部门处罚，明确

---

① 冯丽均：《立法治扬尘 守护惠州蓝》，《惠州日报》2020年10月20日第1版。
② 冯丽均：《立法治扬尘 守护惠州蓝》，《惠州日报》2020年10月20日第1版。

了处罚主体。如第十八条赋予了公安机关交通管理部门的查处责任"未按照规定的路线、区域和通行时间要求行驶的，由公安机关交通管理部门责令改正，处五千元以上二万元以下罚款；拒不改正的，车辆不得上道路行驶①"，这和第四条第四款"公安机关交通管理部门负责设定砂石、渣土、垃圾、土方、煤炭、灰浆等散装、流体物料运输车辆的禁行、限行区域，对进入限行区域行驶的车辆规定路线、时间，并进行监督管理②"的工作职责是一致的，保障立法中应有的行为与后果之间的因果关系建立，避免立法缺陷。

另一方面严格法律责任，避免在立法技术层面出现"轻责任"普遍性规则设计偏向，提高违法成本。因此，为强化扬尘污染防治义务主体的法律责任，加强处罚力度，《条例》除了根据上位法设置了常规性责任条款外，在提高罚款数额下限、新设部分行政处罚的基础上，还对上位法未涉及的道路绿化作业未按要求采取扬尘污染防治措施的行为，结合惠州市实际于《条例》第二十条新设了行政处罚。此外，针对建设工程施工、建（构）筑物拆除、贮存物料或者物料堆场、易产生扬尘污染企业的违法行为在《条例》第二十二条设置了按日连续处罚规定。这是在充分考虑惠州经济发展情况下，倘若违法成本过低，则不足以形成执法威慑，给肆意践踏法律留下空间，因此《条例》设置了按日连续处罚规定，切合惠州实际，体现了立法特色。

总体而言，《条例》立法条款的可操作性、可行性都比较强，贴合地方实际，能够切实解决惠州市扬尘污染防治问题，充分体现惠州市扬尘污染防治的本地特殊性，突出了本地特色，立法特色明显，是一部较为成熟的地方性法规。

三　《条例》立法实践对地方立法的启示

《条例》的实施能够切实促进扬尘污染防治工作，为惠州市的扬尘污染防治工作提供具体的法规依据，这进一步提高了惠州市的法治建设能

---

① 《惠州市扬尘污染防治条例》，惠州市第十二届人民代表大会常务委员会公告第 4 号，2020 年 10 月 19 日。

② 《惠州市扬尘污染防治条例》第十八条。

力，扩大了惠州市的法治影响力，也为其他设区的市相关立法的制定提供了较好的经验和蓝本。

（一）地方立法应立足本地实际

2002 年 3 月，全国人大常委会在工作报告中明确指出，地方立法要从本地的具体情况和实际需要出发，需要规定什么就规定什么，使地方性法规能够真正对地方的改革、发展、稳定起到促进和保障作用①。因此，地方性法规的制定必须以地方实际为依托，在实践中挖掘立法特色、以地方特色体现实践需求，确保立法的制度设计与实际情况准确对接，实现"立良法"的目的。

《条例》的出台切合惠州实际，充分考虑到惠州市的经济发展、历史人文和地理环境等情况，如近年来惠州城市化建设的步伐加快，房地产行业的发展，城市建设项目、建筑工地不断增多，各类物料运输车辆也相应增加，扬尘污染问题日益严重，因此迫切需要加快扬尘污染防治的立法工作，以求有效解决惠州本地的扬尘污染问题。而且，《条例》的内容设置也是在充分调研惠州实际的基础上进行的，特别是扬尘污染防治措施上，主要针对建设工程施工、道路（管线）敷设、建（构）筑物拆除、物料运输及堆场、道路保洁以及裸露地面等 9 个重点领域制定条款，需要几条就规定几条，立法精准反映本地的扬尘污染防治的实际情况和具体需求，强调本地的特殊性，体现科学立法的原则。

（二）地方立法应注重顶层设计

地方立法的法律效力处于法律与行政法规之下，具体功能定位则是承上启下，既要完成对上位法的具体化与当地实际的特色化，又要作为地方政府规章与一般规范性文件的正当性依据。因此，地方立法应注重顶层设计，注意具体条款的内容设计和逻辑关系，同时在立法过程中还要留意相关内容的细化和补充，在不违反上位法的基础上做到避免因过度追求框架内容的有序性与完整性，而忽略条款内容应明确具体，具备可操作性。

---

① 郑清贤：《反思与突围：设区市地方立法特色探寻——以福建省 7 个设区市立法为分析样本》，《福建行政学院学报》2017 年第 5 期，第 24—29 页。

《条例》在充分调研的基础上，设置具体条款时坚持精细化立法，根据扬尘污染防治的实际需要，需要几条就规定几条，设置时不求大而全，力求小而精，能够切实有效促进扬尘污染防治工作。从结构设定来看，《条例》奉行精简的原则，结构简洁明晰，框架设计合理，切合惠州实际。经反复修改 30 余轮和惠州市人大三次审议，《条例》最终确定为 24 条，不设章节，和其他设区的市类似的地方性法规相比，显得更加简洁。《条例》立法思路清晰，条文设计简明扼要，整体框架较为完整，包括总则性规定（第 1—2 条）、扬尘防治管理体制（第 3—4 条）、扬尘污染源控制（第 5—13 条）、扬尘污染防治制度（第 14—16 条）以及法律责任（第 17—23 条）共 5 个部分的内容，涵盖了扬尘污染防治的主要过程和污染防治的重要方面。从内容设定来看，《条例》对上位法已有的规定没有简单重复照搬，而是结合惠州市本地实际情况，注重顶层设计，强调可操作性，确保条款内容充实具体。《条例》对立法目的、立法依据、适用范围和概念定义等总则条款作出具体规定；对各级政府、管委会、村（居）委会以及政府部门职责等扬尘防治管理体制进行明确规定；对建设工程施工、道路（管线）敷设、建（构）筑物拆除、物料运输及堆场、道路保洁以及裸露地面等 9 个方面的扬尘污染源控制作出详细的防治要求和措施；对扬尘污染违法行为举报、扬尘污染监管等方面扬尘污染防治制度进行规范管理；对所列各类污染源的防治及其密切关联的法律责任进行合理设置；最后明确《条例》的施行时间。《条例》重点在于各类污染源的防治及其密切关联的法律责任，各类污染源的防治是扬尘污染防治的关键，《条例》针对各类污染源的防治制定了详细的防治要求和措施，抓住了防治污染问题的关键；而相关法律责任的设定则是防治措施能否发挥作用的关键，从法律责任的具体规定来看，《条例》能够较好地进行细化和落实，既贯彻了上位法的相关规定和精神，没有出现明显抵触相关法律法规的情况，又促进防治措施发挥其作用。《条例》的顶层设计合理，条款内容严格遵守法定权限，确保内容"不越权""不抵触"，体现依法立法的原则。

（三）地方立法应坚持以问题为导向

《中华人民共和国立法法》第六十四条规定，地方立法要针对中央没有或不适宜解决，而本地突出的问题，进行针对性立法，把地方立法与解决实际问题结合起来①。地方立法权存在的价值，就在于其解决了有些中央立法难以涉及的地方实际情况②。地方立法应坚持以问题为导向，具体而言，一是针对问题专门立法，制定专项内容的地方性法规；二是针对问题设置条款内容，使条款内容对应具体问题的解决。坚持以问题为导向，必须注重实用性。实用，是坚持以问题为导向的结果呈现，是地方性法规的价值体现，也是地方立法生命力的具体表现。如果一部地方性法规缺乏实用性，那么其立法价值就难以发挥和体现，容易失去其立法意义。

《条例》针对惠州市扬尘污染问题进行立法，深入惠州 4 区 3 县进行实地考察，总共进行了 21 次部门县区调研考察，此外还发放并收回惠州市扬尘污染防治立法调查问卷，利用网络平台广泛了解社会公众意见。通过立法调研，围绕惠州市扬尘污染防治工作的现状，找准需要立法解决的主要问题，如惠州市扬尘污染主要在哪些方面以及什么原因造成的、如何实施扬尘污染防治措施、如何明确为相关管理机构的职责分工情况与管理制度等，最大程度地坚持了问题导向，具有较强的针对性。《条例》在设置条款时充分考虑这些问题，根据问题设置条款，尤其是对建设工程施工、道路（管线）敷设、建（构）筑物拆除、物料运输及堆场、道路保洁以及裸露地面等 9 个方面的扬尘污染源，明确防治要求，细化扬尘防治措施，注重其实用性。

（四）地方立法应注重利益群体和公众的参与

公众参与是地方立法实现民主性的重要保障，一部法规只有被公众理解、接受，才是好法规，从而实现"立良法"的目的。地方性法规的颁布实施，必然会涉及社会不同的利益群体，而利益群体是特殊的公众，肩负的身份角色是多重的，其参与立法是尤为重要的。地方立法应注重利益群体和公众的参与，充分考虑并吸纳其合理的参与意见，促使公众理解地方性法规制定的目的与相关内容，提高公众对地方性法规的接受度，才能更好地促进地方性法规的贯彻与执行。

《条例》的立法实践中，一是立法调研中除了深入惠州 4 区 3 县进行实地考察，还对 11 个市直主要部门、两个行业协会和两个集团公司进行

---

① 《中华人民共和国立法法》，中华人民共和国主席令第 20 号，2015 年 3 月 15 日。
② 周旺生：《立法学教程》，北京大学出版社 2006 年版，第 305—307 页。

一对一的座谈调研，了解其利益诉求，尤其是关于扬尘防治部门职责的划分、防治措施的细化和防治管理制度的建立与完善等；二是通过调查问卷和网上公示《条例（征求意见稿）》等方式征求公众的意见，保障条款设置广泛反映民意，集中民智，体现民主立法的原则。公众参与《条例》的立法过程，既反映立法机关对公众民主权利的尊重，保障公众的知情权和参与权，也有效地增强公民的立法参与意识，使制定的《条例》最大程度反映民意，这样更有利于提高公众对《条例》的接受度，自觉遵守《条例》内容。

"立良法，治扬尘"是《条例》立法实践的真实反映，也是其所追求的价值目标。《条例》的立法实践，践行了科学立法、民主立法、依法立法，以地方实际为依托，在实践中挖掘立法特色，如实反映惠州的特殊性，其颁布实施将会为切实解决扬尘污染问题提供法规依据，推动惠州市扬尘污染防治工作达到新的高度。《条例》立法实践在惠州市人大的主导、各级政府部门的支持和社会公众的积极配合下进行，促使《条例》立法工作的有序开展，同时也为今后的立法实践提供较好的经验，促进地方立法实践研究的发展。

【专家点评】

点评人　中国立法学研究会常务副会长，中国人民大学法学院 冯玉军 教授

在选题方面，该文选题精准凝练，紧紧围绕 2020 年度广东地方立法实践的实际情况展开研究，与广东地方立法实践高度相关。该文关注了《惠州市扬尘污染防治条例》的立法实践。扬尘污染问题是设区的市立法事项的重要构成部分，作者从这一角度对惠州市人大制定的这一部地方性法规，具有一定的创新性。空气质量问题关系到百姓每日生活，作者从污染防治的视角展开研究，体现了作者对立法实践的敏锐的观察能力。

在内容方面，该文内容丰富，具有一定的创新性，较好地体现地方立法规律和特色。在阐述其立法过程时，对比了珠三角地区各市的空气质量，试图论证立法的必要性，并与已有其他规范性文件进行比较，

此举意在明确该《条例》与其他地方性法规的不同之处。在立法特色方面，作者认为需要首先合理界定扬尘污染，明确该《条例》的调整范围，并继而论述该《条例》需要明确扬尘防治职责、细化扬尘防治措施、强化防治管理制度和合理设置法律责任，避免陷入空泛规定的后果。同时，该文的行文过程中，适时对学术专著进行引用，体现了作者良好的学术能力。

在意义方面，该文对示范意义和可借鉴经验有较为丰富的论述，具有较强的理论和实践价值。在丰富的内容之外，该文更进一步地阐述该法的立法实践对地方立法的启示。作者主张地方立法应当立足本地实际，"《条例》在充分调研的基础上，设置具体条款时坚持精细化立法，根据扬尘污染防治的实际需要，需要几条就规定几条，设置时不求大而全，力求小而精，能够切实有效促进扬尘污染防治工作。"这种论断体现了地方立法应该贯彻的科学立法的原则。同时作者论及的地方立法对民主立法的意义，也值得肯定。

在形式方面，该文结构完整，论证较为严谨，引用规范，语言相对流畅，避免了生活化语言，并能够做到同时满足学术语言和政策语言的要求，有利于读者在阅读该文的过程中有所收获。

综合而言，《立良法 治扬尘——〈惠州市扬尘污染防治条例〉立法实践》的选题新颖，内容丰富，意义突出，形式合格，是一篇优秀的参评作品。

第十四章

餐饮浪费治理法治化的"广州样本"

——《广州市反餐饮浪费条例》立法问题研究

陈尚龙[*]

摘要: 2020 年 8 月,习近平总书记对制止餐饮浪费行为作出重要指示后,广州迅速聚焦反餐饮浪费开展"小切口"立法,率先在全省乃至全国制定《广州市反餐饮浪费条例》,以法治的方式建立健全反餐饮浪费长效治理机制,这不仅为广州反餐饮浪费提供了法治保障,而且为全国人大正在制定《反食品浪费法》以及各地推进餐饮浪费治理法治化提供了"广州样本",推动反餐饮浪费进入立法规制与道德约束的新时代。立法过程中,特别注重正确认识反餐饮浪费与鼓励餐饮消费的关系,科学把握法治与德治两种治理手段,综合运用柔性引导与刚性约束相结合的治理方式,广泛听取民意充分吸收民智,将中央要求、群众期盼、实际需要、实践经验有机结合,形成有效管用的良法善法。

关键词: 反餐饮浪费 地方立法 "小切口"立法 治理法治化

厉行节约、反对食品浪费是中华民族的优良传统,更是事关国家粮食安全的大事。但是,受讲排场、比阔气等不良风气以及不文明、不科学的消费习俗影响,不珍惜粮食甚至浪费食物的现象不同程度地存在。近年来,拒绝餐饮浪费、践行"光盘行动"等日益成为了社会热潮,餐饮浪费问题也引起了社会的广泛关注。新冠肺炎疫情发生后,有些国家出现了粮食短缺、食品供应不足等问题,更为我们敲响了警钟。2020 年 8 月,习近

---

* 陈尚龙,法学博士,广州市人大常委会法制工作委员会工作人员、华南师范大学法学院院长助理。

平总书记对制止餐饮浪费行为作出重要指示，指出"餐饮浪费现象，触目惊心、令人痛心！"，强调"要加强立法，强化监管，采取有效措施，建立长效机制，坚决制止餐饮浪费行为。"① 对此，全国人大常委会迅速成立立法工作专班，开展制止餐饮浪费行为立法②，并形成《中华人民共和国反食品浪费法（草案）》后于 2020 年 12 月提请初次审议③。除全国人大加快反食品浪费国家立法工作进度外，各地也迅速开展不同形式的立法活动，如河北省人大常委会通过《河北省人民代表大会常务委员会关于厉行节约、制止餐饮浪费的规定》④，北京市人大常委会修改《北京市生活垃圾管理条例》并加入制止餐饮浪费行为的内容⑤，广东省人大常委会出台《广东省人民代表大会常务委员会关于制止餐饮浪费的决定》⑥，深圳市人大常委会拟修订《深圳经济特区文明行为条例》将餐饮浪费治理作为文明行为规制的范围⑦，此外，上海、河南、河北、山东、西安等省市也紧锣密鼓地开展相关地方立法工作。

广州作为全国首个营收超千亿元的餐饮大市，餐饮行业发展历史悠久、颇具岭南特色，广州市民长期以来也形成了"理性消费""剩菜打包"的良好餐饮习惯，但受各方面因素的影响，餐饮浪费现象依然不同程度存在。为贯彻落实习近平总书记的重要指示精神⑧，广州市人大常委会

---

① 《习近平作出重要指示强调 坚决制止餐饮浪费行为切实培养节约习惯 在全社会营造浪费可耻节约为荣的氛围》，《人民日报》2020 年 8 月 12 日第 1 版。

② 《全国人大常委会法工委：成立专班开展制止餐饮浪费行为立法工作》，中央纪委国家监委网，http：//www.ccdi.gov.cn/toutiao/202008/t20200813_ 223716.html，访问时间：2020 年 12 月 20 日。

③ 白阳、任沁沁：《反食品浪费要立法了，今后"下馆子"要注意啥？》，新华网，http：//www.xinhuanet.com/politics/2020－12/22/c_ 1126893500.htm，访问时间：2020 年 12 月 20 日。

④ 《河北省出台国内首部关于勤俭节约、反对餐饮浪费的地方性法规》，凤凰网，http：//hebei.ifeng.com/a/20200925/14483616_ 0.shtml，访问时间：2020 年 12 月 15 日。

⑤ 李玉坤：《北京将制止餐饮浪费写进法条，自助剩餐过量可收费》，《新京报》2020 年 9 月 25 日第 8 版。

⑥ 《广东省人民代表大会常务委员会关于制止餐饮浪费的决定》，《南方日报》2020 年 11 月 28 日第 7 版。

⑦ 刘芳：《不得设置最低消费 深圳拟修订文明行为条例反对餐饮浪费》，《中国青年报》2020 年 9 月 15 日第 2 版。

⑧ 为贯彻落实习近平总书记关于制止餐饮浪费行为的重要指示精神，广东省人大常委会提出广州、深圳两市要率先制定相关地方性法规，其他各市要逐步建立相关法规制度。参见骆骁骅《省人大常委会党组召开会议 李玉妹主持 着手研究制定制止餐饮浪费行为地方性法规》，《南方日报》2020 年 8 月 28 日第 1 版。

主动行使地方立法权，聚焦制止餐饮浪费行为开展"小切口"立法，率先在全省乃至全国制定反餐饮浪费的专门地方性法规——《广州市反餐饮浪费条例》（以下简称《条例》），为广州推进反餐饮浪费提供法治保障，也为全国人大常委会制定《反食品浪费法》以及各地推进食品浪费治理法治化提供"广州样本"。《条例》经广州市十五届人大常委会第四十二次会议于 2020 年 10 月 28 日审议通过，经广东省十三届人大常委会第二十六次会议于 11 月 27 日批准，于 12 月 15 日起正式施行。可以说，这项立法既涉及反餐饮浪费与当前疫情背景下经济恢复的关系问题，又涉及道德约束与立法规制的界限问题，社会关注度高，立法难度大，工作进度紧。为此，《条例》制定过程中，始终坚持和贯彻科学立法、民主立法、依法立法的原则，充分发挥人大在地方立法中的主导作用，将中央要求、群众期盼、实际需要、实践经验有机结合，努力形成有效管用的良法善法，立法质量受到全国人大常委会法工委和省人大常委会的高度评价。

一　立法的前提：正确处理反餐饮浪费与鼓励餐饮消费的关系

餐饮作为老百姓日常生活中不可或缺的部分，但餐饮浪费现象由来已久。据统计，我国餐饮业人均食物浪费量为每餐 93 克，浪费率为 11.7%；我国每年被损耗和浪费的粮食约 3500 万吨，接近全国粮食总产量的 6%。[①]长期以来，对餐饮浪费行为主要通过教育倡导的方式予以评价。2013 年，针对人民群众对餐饮浪费等各种浪费行为特别是公款浪费行为反映强烈的突出问题，习近平总书记在人民日报《专家学者对遏制公款吃喝的分析和建议》等材料上的批示，要求"努力建立健全立体式、全方位的制度体系，以刚性的制度约束、严格的制度执行、强有力的监督检查、严厉的惩戒机制，切实遏制公款消费中的各种违规违纪违法现象"[②]；随后，中共中央、国务院陆续制定了《党政机关厉行节约反对浪费条例》《党政机关国内公务接待管理规定》《关于厉行节约反对食品浪费的意见》等党内法规

---

①　朝暾：《餐饮浪费触目惊心，何不换种"攀比"方式?》，央视新闻网，http：//m.news. cctv.com/2020/08/16/ARTIc2UK0VbbWGB934dCaISS200816.shtml，访问时间：2020 年 10 月 15 日。

②　习近平：《习近平谈治国理政》，外文出版社 2014 年版，第 364 页。

或者规范性文件，将公款消费中的餐饮浪费问题纳入党规党纪的管理范围。经过近几年的努力，机关企事业单位公款吃喝的现象得到了极大遏制，同时随着"光盘行动"等活动的推行，反餐饮浪费已然成为社会共识。

当前，中央提出坚决制止餐饮浪费行为，广州开展反餐饮浪费地方立法，是以刚性要求约束老百姓"舌尖上的自由"，这与以往的道德评价、教育引导的方式规范餐饮浪费行为存在本质不同，并且，也从之前仅规范公款吃喝、公务接待中的餐饮浪费扩展至所有餐饮经营消费活动的主体，直接涉及公民用餐消费与餐饮浪费管理之间的关系。有观点认为，通过立法约束消费者用餐行为，会抑制社会公众的餐饮消费需求，担心会打击消费信心、不利于深受疫情影响的餐饮行业的回暖。这反映了如何认识和处理反餐饮浪费与鼓励餐饮消费的关系问题，直接影响着立法目的、指导思想和具体制度设计。实际上，《条例》的制定，首先要解决如何认识反餐饮浪费与鼓励餐饮消费之间关系的问题。实际上，制止餐饮浪费是从反对浪费、珍惜食物的角度提出的要求，是在鼓励餐饮消费的同时，通过立法引导社会公众树立按需消费、杜绝浪费的理性消费观念，推动形成绿色健康文明消费新风尚，同时，可以有效减少社会资源的浪费、维护粮食安全；另一方面，立法制止餐饮浪费又可以有效引导餐饮服务经营者主动履行社会责任、不断创新经营模式、努力提高餐饮和服务质量，给消费者以更贴心、更温馨的消费体验，从而带动促进餐饮行业的可持续、高质量发展。因此，反餐饮浪费与鼓励餐饮消费两者并行不悖、互不矛盾，《条例》的制定，有利于以法治的理念和完善的制度形成各环节、全链条、长效化的反粮食浪费长效治理体系。

二　立法的关键：科学把握德治
与法治两种治理手段

长期以来，餐饮浪费主要通过道德规范予以调整，即便将公款吃喝纳入党规党纪的管理规范，对餐饮浪费的刚性约束毕竟也只是局限于一定范围之内。当前，开展反餐饮浪费立法，通过国家强制力干预老百姓"舌尖上的自由"，势必对社会公众的日常餐饮消费习惯产生一定的冲击。因此，对于餐饮浪费行为，到底应当尊重传统的道德约束的方式，还是应当选择立法规制的方式，是这项立法的重大争议焦点。

《条例》制定过程中，不少人认为餐饮浪费只是个人道德问题，是对自身权利的处分，法律法规不应当干涉。也有专家提出担忧，"法治并不意味将社会一切活动都法律化，法律也不可能将一切社会活动都纳入自己的规范体系。法律只能因其结构功能特点对行为发生作用，法治意味在法治诸原则的支配下运用法律来调整国家、公民及社会组织的关系，以保证人们的最大自由与相互和谐。"① 事实上，餐饮浪费表面上是一种个人处置餐饮食物所产生的现象，而从更大范围和意义看，其属于超出正常需求和合理范围、未能充分有效利用食品从而造成社会食物资源不合理消耗的非理性行为，积少成多将危及粮食安全，具有一定的社会危害性。判断一部法律是不是良法有规范标准、正义标准以及社会标准等多种标准，但归根结底要看是否能够解决它所针对的社会问题，是否符合立法所调整的社会关系的发展规律。② 长期以来，餐饮浪费主要由道德规范进行引导和评价，但随着社会文明进步发展，尤其面对维护粮食安全的严峻形势，餐饮浪费行为容易导致社会公共资源的不合理消耗。因此，反餐饮浪费不能仅靠个人自觉和道德引导，还需要立法引领和法律规制。

法律是道德的底线和后盾，道德是法律的遵循和提升，尽管两者有区别和界限，但其内核是相通的。"法律通过对社会基本道德原则的确认，使道德义务转化为法律义务，从而为道德的遵守提供法律支持。"③ 因此，当一种行为最初只属道德约束范畴，但其已较为普遍并影响社会公共利益时，将其上升到法律评价层面、以法治的手段予以调整，是有其合理性和必要性的，也符合法治原则。习近平总书记强调，必须坚持依法治国和以德治国相结合，使法治和德治在国家治理中相互补充、相互促进、相得益彰。制止餐饮浪费行为，既需要德治也需要法治，离不开道德与法律的融合、德治与法治的并用、以德治国与依法治国的结合。开展反餐饮浪费立法，就是将餐饮浪费行为从违反道德的层面上升到违法的层面，通过发挥法治的作用，引导社会公众形成厉行节约、反对浪费的思想观念，增强

---

① 黄建武：《对文明促进类立法策略的几点思考》，《中国法学会立法学研究会 2020 年学术年会论文集——中国立法的理论与实践》2020 年版，第 1791 页。

② 朱景文：《制定良法是依法治国的前提》，《学习月刊》2015 年第 5 期，第 7 页。

③ 《法理学》编写组：《法理学》，人民出版社、高等教育出版社 2010 年版，第 278 页。

"浪费不但可耻还属违法"的认识，以强制性规范遏制餐饮浪费行为。

三　立法的保障：综合运用柔性引导　与刚性约束的治理方式

餐饮浪费主要是由文化传统、价值观念、消费习惯、攀比心态等综合因素造成，属于一种社会不文明现象。遏制餐饮浪费现象，有人认为主要靠宣传教育引导，也有人认为关键在于检查监管处罚。事实上，"生产方式、地理环境、人口因素等物质生活条件必然决定和制约作为该国上层建筑组成部分之一的立法制度"[①]，对某一行为或者现象进行规范所采取何种方式、措施，也是由当时所处的历史阶段和特定条件下所决定的。因此，为及时有效制止餐饮浪费行为，《条例》针对不同的餐饮浪费场景、不同的餐饮浪费主体、不同社会危害程度的餐饮浪费行为分别设定行为义务，稳妥处理公权力与私权利的关系，科学运用、充分发挥柔性引导与刚性约束这两种治理手段的作用，形成全方位、系统性、真管用的反餐饮浪费综合治理体系。

针对餐饮浪费社会现象，《条例》侧重运用柔性的宣传教育引导方式，专门设立反餐饮浪费宣传周；鼓励餐饮服务经营者提升精细化管理水平，从源头上减少食材食品浪费；发挥行业自律和引导作用，发展节约型餐饮；倡导婚丧喜庆宴席、聚餐活动从简节约，自觉抵制讲排场、比阔气、搞攀比等陋习。针对造成餐饮浪费的重点对象、重点环节，《条例》明确将其纳入规制范围，明确餐饮服务经营者、单位食堂、家庭个人在反餐饮浪费中的义务及其法律责任，确立反餐饮浪费日常监督检查、投诉举报等机制，注重加强检查监督管理，用刚性的制度约束为制止餐饮浪费行为提供法治保障。

四　立法的基础：广泛听取民意充分吸收民智

民主立法是地方立法的基本原则，"民主立法的核心在于为了人民、

---

① 徐向华主编：《立法学教程》，北京大学出版社2017年版，第31页。

依靠人民"①。反餐饮浪费，与每一位老百姓的日常生活密切相关，开展反餐饮浪费立法，更要注重拓宽公众参与方式，保证人民通过多种途径有序参与立法，尤其是"对关系广大人民群众切身利益和群众反映强烈的、需要通过立法解决的问题，立法机关应注意从立法角度加以研究和考虑，切实解决人民群众最关心、最直接、最现实的利益问题，确保每项立法都符合宪法精神、反映人民意志、维护人民利益、得到人民拥护"②，使立法更好地体现民情、汇聚民意、集中民智。

立法制止餐饮浪费，直接关涉老百姓日常的生活习惯和消费方式，也直接影响餐饮服务经营者的经营模式，社会关注度极高。《条例》的草案征求意见稿向社会公布后，法治日报、南方日报、广州日报、新京报、新华网、人民网、中国政府网、澎湃网、广东电视台等媒体均作了报道。《条例》中关于餐饮服务经营者的义务设定、禁止设置最低消费额、提供剩饭剩菜打包以及单位及其食堂的配餐供餐义务等等规定，社会不同主体对相关制度规定的态度不同、观点多元。面对社会主体多样化、社会利益多元化的背景，对任何一种立法决策或者制度设计，都可能出现有赞同、也有反对的情况。究根到底，就是立法中如何处理各方利益关系和问题。"认识利益关系是立法活动的起点，在正确认识利益关系的基础上合理地平衡、协调利益关系是立法的关键。"③ 为此，面对不同主体的不同利益诉求，要注重立法调研的全面性、系统性，秉承"要使所立的法反映人民的意志和利益，就要使人民成为立法的主人"④ 的理念，广泛听取各方面的意见建议，充分了解各方面的利益诉求。

《条例》制定过程中，尽管立法任务重、进度安排紧，但是坚持广泛听取社会公众、人大代表、政协委员、餐饮服务经营者、行业协会等各方面的意见，确保法规内容立得住、行得通、真管用。一方面，广州市人大常委会严格遵守立法程序规定，扩大公众对立法工作的有序参与，通过采取线上征集意见与线下同步跟进等形式，广泛听取民意、集中民智，注重提高立法质量。另一方面，注重拓宽渠道听取民意，通过召开征求意见座

---

① 习近平：《关于〈中共中央关于全面推进依法治国若干重大问题的决定〉的说明》，《人民日报》2014 年 10 月 29 日第 2 版。

② 石佑启、朱最新、潘高峰、黄喆：《地方立法学》，高等教育出版社 2019 年版，第 58 页。

③ 曾粤兴主编：《立法学》，清华大学出版社 2014 年版，第 51 页。

④ 周旺生：《立法学》，法律出版社 2009 年二版，第 78 页。

谈会、论证会，并与市广播电视台联合举办《羊城论坛》"立法制止餐饮浪费大家谈"，加强面对面意见征集，广泛征询政府有关部门、人大代表、专家以及相关行业商会协会、餐饮服务经营者等社会各界意见；通过大洋网、直播广州、花城 FM 融媒体和广州市人大常委会官方网站、立法官方微博、微信等网络媒体和社交平台，加强网络意见征集，让网友参与立法活动，听取公众意见。立法过程中，共收集、整理各类回复意见 400 余条，均作了认真研究讨论，充分吸纳各方面意见建议，有近 300 条回复意见在法规条文的修改中得到回应和体现。通过拓宽公众参与地方立法的方式，广泛听取民意、汇聚民智，为《条例》的制定奠定了坚实的社会基础。

五　立法的重点：建立健全反餐饮浪费长效治理制度机制

（一）合理设置反餐饮浪费的行为义务

针对造成餐饮浪费的主要原因和突出问题，《条例》结合广州的实际情况，分别对机关单位、公职人员以及餐饮服务经营者、单位及其食堂、家庭个人等设置反餐饮浪费的行为义务。

1. 国家机关或者单位在公务活动用餐中的反餐饮浪费义务。《条例》要求国家机关、群团组织、事业单位、国有企业严格执行相关公务活动的用餐管理规定，遵守公务接待、会议、培训、出差用餐标准和要求，杜绝公务活动用餐浪费，通过国家机关或者单位的示范行动带动引领形成社会文明节约用餐的新风尚。此外，还规定了公职人员、人大代表、政协委员、先进模范人物等应当带头倡导健康文明节俭的理念和餐饮消费方式，在反餐饮浪费中发挥表率作用。

2. 餐饮服务经营者在经营活动中的反餐饮浪费义务。餐饮经营消费是产生餐饮浪费的重要场景。针对餐饮消费中容易出现餐饮浪费的环节，《条例》分别规定了餐饮服务经营者的一般义务以及在提供宴席团餐与自助餐用餐中的特别义务。第一，规定餐饮服务经营者的一般义务，明确餐饮服务经营者应当建立健全反餐饮浪费制度，执行国家、地方和行业有关标准，主要包括以下几个方面：一是餐品供应的义务，规定根据消费者需求可以提供小份、小量组合等不同规格、不同分量符合节约要求的餐品。二是宣传标识的义务，要求在餐饮服务场所醒目位置张贴或者摆放节约食物、文明用餐、杜绝浪费等标识标牌。三是内部培训和信息标注义务，要求对服务人员进行点菜培训，在菜单上标注或者由服务人员提示餐品分量、建议消费人数等信息。四是点餐提醒义务，规定在订餐、点餐、加餐等环节提醒消费者适度点餐，发现消费者明显过量点餐的，主动进行提醒劝告。五是提供打包服务的义务，要求在消费者用餐后提示消费者打包剩余饭菜，配备卫生环保的餐盒、餐袋等用具，提供打包服务。六是禁止设置最低消费额的义务，要求餐饮服务经营者明示服务项目和收费标准，不得设置最低消费额。第二，明确餐饮服务经营者在提供宴席或者团餐服务中，应当指导消费者合理点餐，根据用餐人数和预定需求提出点餐建议，主动告知消费者菜品分量，合理确定原材料采购量。第三，规定餐饮服务经营者在提供自助餐服务中，应当主动告知消费规则，提醒消费者按需、少量多次取餐，对有特殊食用要求的餐品进行说明。

3. 单位及其食堂的反餐饮浪费义务。《条例》明确单位应当建立健全本单位反餐饮浪费规章制度，督促单位落实主体责任。第一，明确单位的反餐饮浪费义务，规定国家机关、群团组织、事业单位、企业和其他社会组织等单位应当建立健全本单位反餐饮浪费规章制度，加强宣传教育，强化单位食堂反餐饮浪费管理。第二，明确单位食堂的反餐饮浪费义务：一是规定单位食堂应当加强食品采购、储存、加工等环节的管理，建立用餐人员登记和用餐动态管理制度，科学评估用餐人员的用餐需求，按用餐人数采购、做餐、配餐，提升烹调、保鲜等技术，科学营养配餐，提高饭菜质量，提供不同分量的餐品。二是明确具备条件的单位食堂，应当实行自助点餐、计量收费。三是针对学校食堂向学生供餐的不同情况，规定采用校内配餐供餐的学校以及向学生集中配餐供餐的餐饮服务经营者应当提供小份和整份两种规格的套餐选择。

4. 家庭以及个人的反餐饮浪费义务。个人践行"光盘行动"，体现制止餐饮浪费人人有责的理念。从家庭的角度，《条例》明确3方面的义务：一是明确家庭应当按照实际需求采购食材食品，采用适当方式加工、储藏，减少食材食品浪费。二是家庭教育的义务。家庭应当对未成年子女加强反餐饮浪费教育，培养未成年子女形成勤俭节约、健康饮食的生活习惯。三是倡导婚丧喜庆宴席、聚餐活动从简节约，自觉抵制讲排场、比阔气、搞攀比等陋习。从个人的角度，《条例》始终贯彻反餐饮浪费人人参与、人人有责的理念，规定个人用餐应当按需合理点餐、适量取餐、文明节约用餐，践行"光盘行动"。

5. 网络吃播中相关主体的反餐饮浪费义务。针对网络直播者通过互联网平台以网络吃播等形式散播量大多吃、暴饮暴食内容的行为，《条例》分别明确了网络直播平台与网络直播者的义务。第一，明确网络直播平台应当制定平台服务规则，采取必要措施加强直播内容审核，及时制止网络直播者涉及餐饮浪费的直播行为。第二，规定网络直播者应当遵守法律法规规定，弘扬健康文明餐饮文化，不得采用假吃、催吐、猎奇等方式散播量大多吃、暴饮暴食的内容。

（二）清晰划分反餐饮浪费的监管职责

餐饮浪费涉及的主体多、范围广、链条长，《条例》明确了政府职能部门和相关组织的检查监管职责，明确执法责任主体，确保有力制止餐饮浪费行为，实现预期立法目的。

1. 反餐饮浪费的政府职责。规定市、区人民政府应当加强本行政区域内反餐饮浪费工作的统筹协调，保障工作经费，建立健全反餐饮浪费综合治理体系和工作机制，推进反餐饮浪费工作；镇人民政府、街道办事处应当依法做好本辖区内反餐饮浪费相关工作。

2. 反餐饮浪费的组织实施部门职责。《条例》规定商务部门为本条例的组织实施部门，负责制定政策措施，引导发展节约型餐饮企业，在餐饮业推广普及相关国家标准、地方标准，促进餐饮行业商会、协会制定和落实反餐饮浪费行业标准、自律公约，开展餐饮业反餐饮浪费的协调指导。

3. 反餐饮浪费的相关监管部门职责。《条例》针对不同的监管对象，分别规定了不同的监管主体，实现餐饮浪费的有效监管。第一，市场监督管理部门负责餐饮服务经营者反餐饮浪费的监督管理工作，建立日常检查机制，督促餐饮服务经营者落实相关责任和义务，并对餐饮服务经营者违反本条例规定的行为进行查处。第二，文旅广电部门负责星级酒店反餐饮浪费的监督管理工作，指导有关行业协会制定反餐饮浪费行业自律公约。第三，教育部门负责学校反餐饮浪费的监督管理工作，指导学校将反餐饮浪费工作纳入学校管理内容并建立健全反餐饮浪费制度，督促学校加强食堂管理。第四，互联网信息主管部门负责网络平台中直播餐饮浪费行为的监督管理工作，督促网络平台强化对餐饮直播内容的监测和审核。此外，还明确发展和改革、工业和信息化、农业农村、城市管理和综合执法、卫生健康等部门按照各自职责做好反餐饮浪费相关工作。

（三）有效推动反餐饮浪费的宣传教育

《条例》重视发挥反餐饮浪费宣传教育引导的作用，注重引导餐饮服务经营者、消费者等社会主体将勤俭节约意识内化于心、外化于形，推动形成浪费可耻、节约为荣的社会氛围。

1. 确立反餐饮浪费宣传的部门及其职责。第一，规定精神文明建设委员会办公室负责组织开展反餐饮浪费的宣传、教育和引导工作，加强公益宣传，组织设计相关宣传标识标牌。第二，要求工会、共青团、妇联等群团组织开展有针对性的反餐饮浪费宣传教育活动；居民委员会、村民委员会应当将反餐饮浪费纳入社区居民公约、村规民约，协助做好反餐饮浪费工作；企业、社会组织等应当将反餐饮浪费纳入管理规约、社团守则等，引导成员自觉反餐饮浪费。

2. 确立反餐饮浪费宣传周。《条例》明确每年8月第一周为本市反餐饮浪费宣传周，要求市精神文明建设委员会办公室应当会同相关部门组织开展反餐饮浪费主题宣传活动，并将反餐饮浪费纳入世界粮食日、全国粮食安全宣传周等活动的内容，在全社会营造浪费可耻、节约为荣的氛围。

3. 注重新闻媒体的舆论监督。规定新闻媒体应当加强反餐饮浪费的宣传和舆论监督，宣传反餐饮浪费的经验和先进典型，曝光餐饮浪费行为，形成良好社会氛围。

4. 将反餐饮浪费纳入学校教育管理内容。《条例》规定学校应当将厉行节约、反对浪费纳入学生思想品德教育内容，着力培养学生勤俭节约的思想意识和行为习惯。明确规定各级各类学校、幼儿园应当将厉行节约、反对浪费纳入学生、幼儿思想品德教育内容，加强宣传教育，组织开展相关教育实践活动，培养学生勤俭节约的思想意识和行为习惯。同时，《条例》鼓励和支持开展粮食安全、反餐饮浪费等志愿服务活动，充分发挥志愿服务的社会力量。

5. 发挥行业自律与消费引导的作用。《条例》要求餐饮行业协会发挥行业自律作用，明确消费者委员会倡导勤俭节约的消费方式。一方面，规定餐饮行业商会、协会应当制定厉行节约、反对浪费的行业自律公约，促进餐饮业标准的推广实施，开展本行业反餐饮浪费的培训和指导，推广餐桌文明礼仪知识，将反餐饮浪费纳入行业先进评选指标体系，引导餐饮企业发展节约型餐饮。另一方面，规定消费者委员会应当倡导勤俭节约的餐饮经营服务和消费方式，引导餐饮服务经营者履行社会责任、创新经营方式，引导消费者适量点餐、文明节约用餐。

（四）着力建立反餐饮浪费治理机制

反餐饮浪费绝非一劳永逸。《条例》紧扣反餐饮浪费长效常治的目标，着力建立健全反餐饮浪费长效治理机制。第一，明确各级精神文明建设委员会办公室将反餐饮浪费纳入各类群众性精神文明创建活动的考评内容。第二，建立投诉举报机制，明确任何单位和个人有权对餐饮浪费行为进行劝告并可投诉举报。第三，规定有关部门应当建立健全日常检查和监管协作联动机制，加强反餐饮浪费的日常监督检查，对发现的餐饮浪费问题及时督促整改，并向社会公开反餐饮浪费检查情况。第四，明确市、区人大常委会可以通过听取和审议政府专项工作报告、执法检查、专题调研、代表视察等方式加强对反餐饮浪费工作的监督检查。第五，鼓励餐饮服务经营者在保证食品质量和食品安全的前提下，通过低价销售或者捐赠等方式处理临近保质期的食品；同时，明确逐步实施餐厨垃圾计量收费、分类计价等收费管理制度。

（五）科学设定餐饮浪费行为的法律责任

《条例》注重提高立法的威慑力和制度刚性，科学设定餐饮浪费相关违法行为的法律责任。

1. 机关单位以及公职人员的法律责任。明确国家机关、群团组织、事业单位、国有企业及其工作人员违反公务活动用餐管理规定，在公务接待、会议、培训、出差活动中造成餐饮浪费的，依法追究单位及相关责任人员责任；公职人员违反本条例规定，在操办婚丧喜庆宴席、组织聚餐活动中造成餐饮浪费，情节严重的，依法给予处分。

2. 餐饮经营者的法律责任。针对餐饮服务经营者未张贴或者摆放标识标牌、拒绝提供打包服务、误导诱导过量点餐、设置最低消费额等违法行为，设定责令限期改正、给予警告以及一定数额罚款的处罚措施。

3. 单位及其食堂的法律责任。针对单位食堂违反条例规定造成餐饮浪费的违法行为，明确规定单位的法律责任，规定单位食堂违反本条例规定，造成餐饮浪费的，由有关行政主管部门责令单位限期改正，给予警告；拒不改正的，处以1000元以上1万元以下罚款。

4. 网络直播平台以及网络直播者的法律责任。针对网络直播者通过网络平台散播涉及餐饮浪费内容的行为，《条例》分别规定了网络直播平台以及网络直播者的法律责任，即网络直播平台未及时制止网络直播者涉及餐饮浪费直播行为的，或者网络直播者散播餐饮浪费内容的，由互联网信息主管部门依法处理。

结　语

广州市人大常委会在全省乃至全国率先制定《广州市反餐饮浪费条例》，将长期以来广州地区良好的餐饮文明习惯以及近年来实践中行之有效的政策措施上升为地方性法规，有利于发挥立法的引领和规范作用，在全社会确立餐饮消费的基本行为准则，这预示着广州反餐饮浪费从道德规范约束为主进入了立法规制与道德约束并重的新时代，为国家开展反食品浪费立法以及各地推进餐饮浪费治理法治化提供了"广州样本"。诚然，法律的生命在于实施，《条例》实施执行的实际效果，值得继续关注和期待。

【专家点评】

点评人　广东外语外贸大学广东省地方立法研究评估与咨询服务基地 谢宇博士

在选题方面，加强防治餐饮浪费行为立法，通过建立健全相关法律法规制止浪费食物的行为是当前社会广泛关注的重要议题。《餐饮浪费治理法治化的"广州样本"——〈广州市反餐饮浪费条例〉立法问题研究》立足于广州市的先进立法实践，分别从立法的前提、关键、保障、基础、重点五个方面阐释了《广州市反餐饮浪费条例》的内容与特点，具有重要的理论和实践意义。

在内容方面，文章虽以《广州市反餐饮浪费条例》为阐释对象，但并非简单地对法条进行罗列和介绍，而是充分把握住《条例》背后的 3 对深层次关系，即反餐饮浪费与鼓励餐饮消费的关系、法治和德治的关系、柔性引导与刚性约束的关系展开，使文章的论述更为深刻。同时，文章重点介绍了《条例》所建立起的反餐饮浪费长效治理制度机制，阐明了《条例》根据广州市实际情况，区分不同对象设置反餐饮浪费的行为义务和监管职责等，对《条例》的内容与特色进行了非常清晰和翔实的介绍。

在形式方面，文章分为 5 个部分对《条例》进行阐释，5 个部分层层深入，逻辑清晰，结构严谨，重点突出，表达流畅，符合学术规范要求。

综上所述，文章在选题、内容、形式等方面均十分突出，是一篇兼具理论性和实践性的优秀立法实践作品。

第十五章

广东省农村人居环境治理
地方立法制度创新与经验梳理
——以肇庆市地方立法为分析样本

魏旭[*]

摘要： 农村人居环境治理立法与推进乡村振兴战略息息相关，对农民权益保护、推进农村全面发展、实现城乡一体化发展和减轻城市环境压力等具有重要意义。《肇庆市农村人居环境治理条例（草案征求意见稿)》作为广东省农村人居环境治理的第一部地方立法尝试，在管理体制上重视村委会职能发挥，创新农房建设管理"四到场"制度，强化传统村落和历史建筑的重点保护，健全生活垃圾分类治理中的两网联合与再生资源回收利用机制，构建广泛的监督机制和公众参与制度，对广东省地方立法具有创新示范意义，从中提取的立法经验为后续省内地方立法的开展提供经典适用规则。

关键词： 农村人居环境治理　广东省地方立法　制度创新

一　农村人居环境治理立法：乡村振兴语境中的农民环境权益保护与农村风貌建设

党的十九大报告提出乡村振兴战略，并将其内涵概括为五个具体要求，即"产业兴旺、生态宜居、乡风文明、治理有效、生活富裕"。其中

* 魏旭，广东汕头人，华南农业大学人文与法学学院副教授，广东省城镇化法治研究会理事，广东省地方立法学研究会理事。

"生态宜居""乡风文明""治理有效"3 项均与农村人居环境治理直接相关。解决"三农问题",实现乡村振兴最终都归结于农村人居环境的优化与改进。由于我国长期以来城乡二元化结构的发展现实,农村人居环境治理的进程远远落后于城市,在此背景下大力推进农村人居环境治理、通过立法手段固定治理方式和保障措施,具有特别重大的现实意义。

(一) 加强农民环境权益保护

农村人居环境治理的核心在于以人为本,对农村人居环境的治理和改善,必须以农民为主体向度展开制度设计。我国学界对环境权的研究已经开展多年并取得了十分丰硕的成果,但对公民环境权保护的讨论并没有严格区分农民与城市居民分别进行制度探讨,相关立法也鲜见专门针对农民环境权益的特别保护。事实上,农民环境权益的保护具有其特殊性——农民既是农村的居住主体,又是农业生产的主体,在"三农问题"中居于核心地位,对农村人居环境的治理和保护不能简单套用城市居民环境权益保护的模板。有学者甚至主张我国应当针对"三农问题"的特殊性出台专门的《农村生态环境法》,"以强调农村生态整体性功能的发挥以及对于农民环境权益的保护,从而实现全社会的环境正义"。[①]这背后的逻辑与农村人居环境治理对农民权益保护的推动意义是一致的:农村人居环境治理的展开,是专门围绕农民这一核心和主体的特别制度设计,其中不乏环境治理的共性,但更多体现农民对人居环境的特别需求,从这个角度而言,农村人居环境治理对农民环境权益保护、农民生态宜居环境建设具有定向意义。

在确认权益保护核心基础之上,农村人居环境治理的推进及其法制化,让农民切实享受人居环境的优化,并以制度设计塑造农民参与人居环境治理的路径及保障,则有助于增强农民环境意识和社会公共事务参与意识。

(二) 推进新农村建设发展新阶段,全面提高农村生活水平

党的十六届五中全会提出"建设社会主义新农村"目标,标志着我国农村发展进入"以工促农、以城带乡"的阶段。"按照统筹城乡经济社会

---

① 张忠民、李萱:《切实保障农民环境权益》,《人民论坛》2018 年第 22 期。

发展的要求，落实工业反哺农业、城市支持农村的方针，就是这次提出'建设社会主义新农村'的最鲜明的特征。"① 新农村建设发展至今，随着新型城镇化政策的深化发展，城镇的日益壮大和工业发展速度加快虽然为农村带来经济发展机遇，也产生了诸如垃圾跨界储运处理造成污染转移等负面影响，已经严重阻碍新农村建设的进一步发展。

农村人居环境治理立法以治理农村环境污染存量、预防污染增量、改善乡村风貌为宗旨，对推进新农村建设顺利发展有针对性意义。一方面，缩减农村环境治理与城镇环境治理差距，致力于消融城乡二元化差别，增强农民幸福感和主人翁意识，为新农村建设注入新动力；另一方面，农村人居环境的改善也可能带来生态旅游、餐饮投资等众多第三产业发展机会，增加农村就业几率，加快农村经济发展，与社会主义新农村建设"建立农民增收长效机制，千方百计增加农民收入"的目标高度一致。

（三）促进农业可持续发展，确保粮食安全和生态安全

农村人居环境治理，包括自然环境治理和人文环境治理。其中，自然环境治理针对农村的土壤污染、水污染、大气污染等各种既有环境问题展开清除、缓解，并对未来环境问题形成预防机制。显而易见，土壤、水、大气等自然环境与农业生产密切相关，构成农业生产条件的核心要素，对农村人居自然环境的治理能够使农业生产具有更加清洁的土壤、水和大气资源，有利于提高农产品质量和安全水平，而农产品本身又构成自然环境的一部分，与其他环境要素相互作用，形成良性互动、动态平衡的生态环境。

而且，农村人居环境治理还有助于提高农业产出效率。例如，在农村人居环境治理中具有典型意义的有机生活垃圾堆肥，不仅能够减少生活垃圾数量及对环境的负担，将其回归农业、再次利用于农业生产，也对推动生态农业有积极助推作用，降低化肥的使用率的同时也减少农业生产成本。

（四）减轻城市生态环境治理压力，促进城乡一体化发展

随着城镇化政策的推进，城镇发展规模不断扩大，城镇人口的迅速增

---

① 陈锡文：《关于建设社会主义新农村的若干问题》，《理论前沿》2007 年第 1 期。

加，对自然资源的需求日益增长，同时城镇人口附带的污染风险也剧增。
农村人居环境治理的意义，不仅在于对农村地区环境质量的提高，也会为
周围城市增加环境容量，体现在两方面：

一是通过全面改善农村地区人居环境质量，减少对周围城镇转移污染
物的风险。以农村生活垃圾治理为例，农村地区的生活垃圾得以减量化、
无害化和资源化，提高有效回收利用率，无法回收利用的予以有效分类，
大部分的生活垃圾可以实现就地处置，需要对外储运及处置的垃圾量便大
大减少，降低周围城镇垃圾处置集中点的处置压力，同时也减少了中途遗
撒风险。甚至，推进农村生活垃圾治理能力建设，完善生活垃圾分类和处
置设施，还有可能分担周围城镇生活垃圾处理的负担。

二是治理农村人居环境，提高农村生活水平，能够形成城镇人口与农
村人口的双向迁移，减少城市人口聚集带来的资源压力和环境压力，进一
步促进城乡一体化发展。农村地区环境脏、乱、差，以及农村经济发展的
滞缓，是吸引农村人口向城市迁移的核心原因。治理农村人居环境，可以
缩小农村与城市之间的环境差距，积极发展特色生态产业，使农民生活更
加安定、富足，减少农村人口向城市的聚集。

二　广东省首部农村人居环境治理地方立法制度创新

广东省委、省政府高度重视农村人居环境整治工作，将农村人居环境
治理作为践行乡村振兴战略的一项重要内容加以落实。2014年广东省政府
办公厅发布了《广东省人民政府办公厅关于改善农村人居环境的意见》，
对全省农村人居环境整治的总体思路、基本原则、城乡规划、重点问题、
保障机制等做了全面部署。2018年广东省委、省政府联合印发《关于全域
推进农村人居环境整治建设生态宜居美丽乡村的实施方案》，进一步强化
指导思想、明确目标任务和基本原则，确定村庄人居环境整治、推进生活
垃圾和生活污水处理、推进厕所改造等多项具体措施及其实施路径，为全
省农村人居环境治理规划良好布局。借助这一政策东风，以地方立法规范
农村环境治理的要求，肇庆市拔得头筹。2020年，肇庆市启动了《肇庆市
农村人居环境治理条例》的立法起草工作，委托华南农业大学专家团队进
行专家建议稿立法起草，目前已经完成了专家意见稿起草工作，经过肇庆

市各相关行政单位征求部门意见之后，进入肇庆市人大审议程序。作为广东省首部农村人居环境治理地方立法，《肇庆市农村人居环境治理条例（草案征求意见稿）》（下简称"《条例（草案征求意见稿）》"）代表着立法界对农村人居环境治理问题制度化的诸多尝试和制度创新，为广东省农村人居环境整治实践和立法树立标杆。

《条例（草案征求意见稿）》包括十章共六十七个条款，内容涵盖总则、村庄规划与建设、传统村落与历史建筑保护、生活垃圾分类治理、生活污水治理和粪污处理、农业面源污染治理、乡村风貌提升、保障和监管措施、法律责任及附则。其中的创新点主要包括：

（一）管理体制创新

《条例（草案征求意见稿）》确定地方政府总体负责＋职能部门分工合作的管理体制。其中，市、县（区）两级政府分别对辖区内的农村人居环境治理工作承担统筹领导职责，乡级政府及街道办事处则作为基层执行机构组织实施辖区内的治理工作。部门职责划分上，市、县（区）级农业农村行政主管部门作为主要监管机构负责行政区域内农村人居环境治理的组织协调等工作，其他行政主管部门（包括自然资源、生态环境、住房和城乡建设、发展和改革、民政、财政、交通运输、水利、林业、卫生和健康等行政主管部门）按照各自法定职责承担农村人居环境治理工作。

值得一提的是，《条例（草案征求意见稿）》高度重视村委会在农村人居环境治理中的基层组织功能。虽然理论上村委会只是协助、配合乡镇人民政府开展相关治理工作的村民自治组织，但在具体职责分工中，村委会承担着重要的实质管理职责。比如，组织引导村民参与村庄规划的编制和实施并征询专家意见和村民建议、制定农房建设计划、代管无人认领的历史建筑、保管村民交存的惰性生活垃圾、收取生活垃圾费用、开展村庄绿化活动和清洁行动等。村委会成为连接乡镇政府和村民之间的桥梁，按照乡镇政府的要求组织村民开展各项治理工作。有学者主张，就村委会的概念、规范、事实和价值的角度，将其定位为基层人民政府比现有通说将其归为社会组织更为准确、恰当，[①] 无论学界研究和立法动向如何发展，村委会作为基层组织承担众多行政管理职能的实际现状，农村人居环境治理

---

① 黄柳建：《再议村民委员会作为一种社会组织》，《法治研究》2020 年第 3 期。

地方立法中不能忽视这一组织的实际功能，必须重视村委会的职能定位及其管理措施设计。

（二）农房建设管理制度创新

《条例（草案征求意见稿）》将农房建设管理与村庄规划、村庄建设规划及农村风貌提升有机结合，在村庄规划制度中明确农房建设规划的禁止性要求，将农房建设纳入村庄规划许可制度，确立乡镇人民政府的审核、验收、巡查监督、房屋质量安全监管等职责，明确农房建设遵守乡村建设规划许可有关高度、风貌等方面的要求。其中，对农房建设的适量安全监管机制细致规定了"审查、验线、监督检查、竣工核实"的"四到场制度"，并将绿色建筑理念融入农房建设要求，鼓励推广绿色建筑技术和建筑材料，这在国内现有的农村人居环境治理地方立法中是绝无仅有的。

（三）传统历史要素保护制度创新

《条例（草案征求意见稿）》的另一特色是对地方历史要素的特别保护制度，包括对传统村落和历史建筑的保护机制。一方面，明确传统村落判定标准及申报条件，确立传统村落发展规划制度和传统村落保护措施，例如对传统村落实施整体保护，设置传统村落范围内的禁止性规定；另一方面，对具有保护价值的历史建筑进行普查登记并纳入保护措施适用范畴，确立重点保护历史建筑的认定标准和特别保护措施，并对上述传统村落及历史建筑实施网格化管理。

相比国内其他省市已有立法，《条例（草案征求意见稿）》对传统村落和历史建筑的保护体现了广东省对传统文化传承与发展的重视。2014 年广东省人民政府办公厅印发《关于历史建筑保护的意见》，指出"保护和弘扬传统优秀建筑文化，建设有历史记忆、文化脉络、地域特色的美丽城镇，是推进新型城镇化建设、建设文化强省的重要内容。"[①] 2018 年，广东省住房和城乡建设厅向全社会发布公告，公开征求对《广东省传统村落保护利用办法》的意见，规定了多项保护传统村落的具体措施。肇庆市向来十分注重当地历史建筑和传统村落保护，在推进《条例（草案征求意见

---

① 参见《广东省人民政府办公厅关于加强历史建筑保护意见》（粤府办〔2014〕54 号文件）。

稿）》起草工作的同时，也在积极推进《肇庆市乡村历史建筑保护条例（草案）》的起草，两部地方立法相互呼应，形成在治理中保护、在保护中治理的良好互动局面，成为本次农村人居环境治理地方立法的地方人文特色。

（四）农村生态环境保护制度创新

对农村环境污染的治理是农村人居环境治理的题中应有之义。《条例（草案征求意见稿）》对农村环境问题的应对通过3条主线展开：农村生活垃圾分类治理制度、生活污水治理和粪污处理制度以及农业面源污染治理制度。这3个方面是农村环境污染共同的治理方向，在其他省市农村人居环境治理地方立法中也均有规定。但是，相比其他省有关地方立法，《条例（草案征求意见稿）》在这3个共同治理方向上仍有独特之处：

一是在农村生活垃圾分类治理制度上引入污染治理与资源再利用相结合的理念，并充分运用激励机制提高村民对生活垃圾分类的认识与参与积极性。《条例（草案征求意见稿）》根据肇庆市地方实际，并结合广东省城乡生活垃圾处理相关立法和政策发展趋势，设置再生资源回收体系与农村生活垃圾处理体系的"两网融合"制度，充分利用供销合作社的社会角色和特殊地位，将农村生活垃圾处理中能够析出的可回收利用资源以便于交售为原则建立再生资源回收体系，设置一系列鼓励措施推动农村生活垃圾治理中减量化、资源化、无害化目标的实现。

二是响应地方乡村"厕所革命"政策要求，将农村粪污处理和生活污水治理从无序推向有序管理。除了建设规范标准化公共厕所和推广户用无害化卫生厕所以外，《条例（草案征求意见稿）》还特别规定新建住房卫生户厕与住房同时设计、同时施工、同时投入使用的"三同时"制度，以及对已建住房未达标户厕进行有序改造的要求，在农村人居环境治理地方立法中将"厕所革命"进行到底。

（五）多元化资金制度创新

《条例（草案征求意见稿）》紧密跟随社会发展趋势，设计多元化、灵活性的资金供给渠道，确保农村人居环境治理工作的资金来源支撑。一方面，充分发挥公共财政资金的引导作用，优先保障生活污水治理、生活垃圾分类治理等项目以及人口集中片区相关设施建设的资金支持；另一方面，鼓励社会资本参与农村人居环境治理建设过程，以政府购买服务、社会资本合作、特许经营等方式，引导社会资本通过投资、捐助、认建等途径参与农村人居环境治理，开拓灵活多样的资金筹措渠道。

尤其具有特色的是，在农村生活垃圾治理问题上，《条例（草案征求意见稿）》赋予了村委会收取生活垃圾处理费的权限，并可以按照经济发展水平、农户承受能力等因素确定收费标准，并可对村民和单位实行差别化收费。这种灵活的收费标准设计既确保生活垃圾处理费收取符合农村实际情况，又能尽可能筹集生活垃圾处理所需的部分资金，实现污染者担责原则。

（六）监督机制与公众参与制度创新

《条例（草案征求意见稿）》设立3种监督方式，一是涉及公共利益和公众权益的重大决策或重大项目设立信息披露和公众参与途径；二是监督员制度，由行政主管部门建立义务监督员或乡镇人民政府通过购买服务、招募志愿者等方式设立监督员，依法对农村人居环境治理工作展开监督；三是相关行政主管部门以专项工作报告、执法检查等方式接受人大对农村人居环境治理工作的监督。三种监督方式从点到面，既有权力部门的监督，又有行政主管部门和社会公众的监督，形式多样，形成多元而广泛的监督工作实施机制。

除了公众参与社会监督机制以外，《条例（草案征求意见稿）》还设置了公益社会组织、乡贤参事会、和谐共建会等农村社会组织参与农村人居环境治理的途径，依法开展相关活动。尊重农村民俗和传统，依据农村熟人社会的特点，重视乡贤等民间力量参与人居环境治理过程，成为《条例（草案征求意见稿）》的又一特色。

三　广东省首部农村人居环境治理地方立法的经验梳理

作为广东省第一部农村人居环境治理的综合性立法，《条例（草案征求意见稿）》在上述领域进行大胆创新，紧密联系地方实际情况，积极兼容相关政策的前瞻性内容，形成地方农村人居环境治理立法范例。在其起草和审议前的反复讨论过程中，笔者总结出《条例（草案征求意见稿）》的以下几点立法经验。

（一）因地制宜、因时制宜、因实制宜

2015 年《立法法》将地方立法权下放至设区的市，目的在于让设区的市能够因地制宜、按需立法。肇庆市成为广东省第一个制定农村人居环境治理地方立法的市，有其深厚的社会基础和历史背景。早在 2015 年，四会市便开始全面推进"美丽乡村"建设，成立专门的建设工作领导小组并确定具体考核指标。[①] 2018 年至 2019 年，肇庆市全域推进农村人居环境治理工作已经初具规模，取得初步成效：截至 2019 年 4 月，肇庆市的村庄中，生活垃圾得到收集、转运和处理率达 100%，98.15% 以上的农村生活垃圾得到有效处理，分类减量比例达 53.95%，农村保洁覆盖率达 100%，全市农村无害化卫生户厕普及率达到 97.18%，111 个省定贫困村和前四批示范片配备建设标准公厕 757 间。四会市成功入选"全国 2018 年农村人居环境整治成效明显激励县。"[②] 在此基础之上将相关治理措施和经验做法以地方性法规的形式固定、规范，已具备现实条件。在立法草案起草过程中，起草团队深入德庆、四会、怀集、封开等地展开立法前期调研，掌握当地实际情况及对农村人居环境治理的立法需求，以地区实际作为立法的基本出发点。

在立法条文的字字斟酌过程中，起草团队注重与相关行政主管部门的实时有效沟通，多次与行政主管部门、肇庆市人大及其他利益相关主体的反复讨论、研究，注重法规内容的实用性和可行性，力求每一个条文都能反映实际问题、产生实际规制效果，并注意条文设计与相关政策的原则、理念、发展趋势保持一致，例如，将《条例（草案征求意见稿）》与乡村振兴相关政策和立法趋势相结合，以确保《条例（草案征求意见稿）》内容能够与时俱进、实事求是。这种基于实地、实时、实际情况的严格要求融入立法条文，确保条文内容的实效性。

（二）地方立法与上位法的契合与博弈

地方立法的合法性原则要求地方立法不得违反上位法的强制性规定。

---

① 张苑卉、林琪：《整治人居环境，改善生活条件，增强发展活力　四会：全面推进"美丽乡村建设"》，《西江日报》2015 年 8 月 19 日第 3 版。

② 袁绫：《肇庆全域推进农村人居环境整治》，《西江日报》2019 年 5 月 29 日第 2 版。

而如上文所述，之所以需要有地方立法，正是出现上位法未能给出明确指引的地方特色问题，或者对上位法的概括性规定进行细化。因而，在不违反上位法的强制性规定与实现地方立法创新两极之间，地方立法权的行使需要进行契合与博弈，使地方立法内容能够反映实际问题，又不违反上位法划定的红线。

以《条例（草案征求意见稿）》中的"生活垃圾分类治理"问题为例。生活垃圾分类治理的上位法既有《中华人民共和国环境保护法》《中华人民共和国固体废弃物污染防治法》等法律法规，又有《广东省环境保护条例》《广东省城乡生活垃圾处理条例》等省级地方性法规，遵循上位法规定的要求在立法起草中表现为对设定禁止性义务的规定（例如生活垃圾分类治理中的禁止性义务）及其法律责任设置必须对标上位法。尤其是罚则的设置，其对应情形、处罚种类、幅度等均不得超越上位法规定——大于上位法限制则违反合法性原则，小于上位法限制又可能面临地方立法放水的嫌疑。因此，但凡上位法对法律责任的规定已经有明确内容的，地方立法可以设置指引性条款适用上位法的规定即可，既能够避免立法条文重复上位法规定的冗余，又能有效避免违反合法性原则及立法放水的可能。

而对上位法未做规定、地方具有规制需求的问题，则应当充分发挥地方立法创新优势，例如，将两网融合和再生资源回收利用制度写入立法条文，属于在上位法未有规定的情况下地方根据实际而定的特色内容。而对于鼓励性、倡导性内容，应当结合现有政策和社会发展趋势，具有前瞻性地设置激励机制。比如，对于生活垃圾分类治理的激励机制设定，应根据我国现阶段环境保护法制发展的协同治理、嵌入式治理、公民环境意识和法律意识的社会现实及趋势合理设置激励机制内容，引导农村地区生活垃圾分类治理的个人行为。

（三）保持地方立法的横向平衡

地方立法的内容不仅要保持与上位法的契合，还应当注意与同级其他地方立法（包括现行已经生效及正在制定中的地方立法）之间保持横向平衡。比如，肇庆市正在制定《肇庆市城市生活垃圾分类管理条例》《肇庆市历史建筑保护条例》等地方性立法，基于城乡一体化的发展要求，《条例（草案征求意见稿）》中关于农村生活垃圾分类治理、传统村落和历史建筑保护、乡村风貌提升等问题的规定，在起草时不仅考察了肇庆市现行已经生效的地方立法相关内容，还提前考虑、融入即将出台的地方立法中相应的制度设置，确保条例出台以后与相关地方立法也保持一致而不至于出现地方性法规的冲突。

当然，保持横向平衡的同时也应当有适度边界，《条例（草案征求意见稿）》中涉及的内容存在专门立法规定，则相关条款的范围和规制程度应有所取舍。举例说明。《条例（草案征求意见稿）》中关于饮水水源保护和其他特殊水体保护制度的规定，与《肇庆市星湖风景名胜区七星岩景区保护管理条例》中关于星湖、七星岩等特殊水体保护的规定存在重叠的可能性，后者作为专门针对星湖风景名胜区七星岩景区水源及其他生态要素保护管理的地方性法规，体现当地对特定生态资源的特殊保护，《条例（草案征求意见稿）》则不应进行太过详细的规定，只作原则性、概括性规定即可，具体特别保护要求可交由地方特定立法进行规制。

（四）坚持"以人为本"的地方立法原则

"以人为本"是科学发展观在立法工作中的具体应用，"以人为本"在法律上就是以人的权利为本、以人权为本。[1] 农村人居环境治理地方立法中的人，是以农民为主体的广大村民，立法内容的勘定必须时刻围绕如何使其权益得以确认和保护、利益得以保障和发展而展开。例如，《条例（草案征求意见稿）》关于农业面源污染防治的规定中，对如何促进农村养殖粪污和农业废弃物的有效处理、促进资源回收利用方面，既要充分尊重当地村民的习惯做法，又要引导村民依法依规防治养殖污染和固体废弃物污染，并以激励机制鼓励村民参与农业废弃物的回收利用。这其中既有规制重点的取舍（例如农业养殖粪污集中堆肥），又有立法技巧和规制方法（例如禁止性义务＋鼓励性条款并举）的选择，以实现村民环境权益最大化为根本目的和核心要旨。再比如，《条例（草案征求意见稿）》关于社会监督机制和公众参与制度的构建，将社会公众（村民）纳入治理工作监督网络，对村民的知情权、参与权进行塑造和引导实施，体现地方立法对村民的人权保护及利益保障。

总之，《条例（草案征求意见稿）》的设计理念、立法框架和条文设置

---

[1]　尹奎杰：《地方立法中的问题及其破解思路》，《学术交流》2019 年第 10 期。

均紧密围绕村民的切身利益和合法权益展开，体现"以人为本"的立法主线，这在所有地方立法中都应当得以贯彻。

四　结论

农村人居环境治理在建设美丽乡村、实现乡村振兴中的意义不言而喻。作为广东省首部农村人居环境治理地级市立法，《肇庆市农村人居环境治理条例（草案征求意见稿）》对农村人居环境治理的管理体制、农房建设管理、传统历史要素保护、生活垃圾分类治理、多元资金制度、监督机制和公众参与制度等方面的规定独树一帜，为广东省内其他地市的农村人居环境治理立法和广东省促进乡村振兴立法树立了良好范例，从立法草案的制定过程可以提取出求实、不同级立法契合与平衡、以人为本等立法经验，为地方立法实践进一步发展、成熟增添经典范本。

【专家点评】

点评人　广东外语外贸大学广东省地方立法研究评估与咨询服务基地副主任 杨治坤教授

一、选题契合了国家实施乡村振兴、全面建设小康社会的重大战略需求。农业农村农民问题是关系国计民生的根本性问题，"三农"问题一直作为党和政府的工作重点，改善农村人居环境是实施乡村振兴战略的重要内容；以地方立法规范农村人居环境，也是实现乡村环境治理法治化的重要抓手。该文以肇庆市农村人居环境立法实践为样本，具有一定的新颖性，凸显了作者从农村人居环境治理立法视角对实施乡村振兴战略、推进农村全面发展和全面建设小康社会的强烈现实关注。

二、研究成果展现了肇庆市人居环境立法的地方特色和在相关制度体制机制上的创新性。如在阐述地方立法中，确立了地方政府总体负责＋职能部门分工合作的管理体制，注重发挥村委会在农村人居环境治理中的功能；规定农房建设管理与村庄规划、村庄建设规划及农村风貌提升有机结合；完善对传统村落和历史建筑的保护机制；实现农村生活垃圾污染治理与资源再利用相结合，推进乡村"厕所革命"等，无不体现了地方立法对农村人居环境治理需求的制度回应，以及制度设计的问题导向和可执行性。同时，在文章中对制度进行阐释时佐以理论说理实现理论与实践结合，体现了作者比较扎实的学术功底。

三、文章对肇庆市农村人居环境立法的经验加以梳理和总结，展示了该立法所具有的示范意义和可借鉴经验。该文提出的"因地制宜、因时制宜、因实制宜""地方立法与上位法的契合与博弈""保持地方立法的横向平衡"和"坚持'以人为本'的地方立法原则"等，这些经验提炼很精准。尽管是肇庆市的地方立法经验，但具有一定的方法论意义和实践样本，对其地方相关立法具有借鉴意义。

四、文章结构完整，说理比较充分，引用规范，论证较为严谨，理论与实践结合比较紧密，在学理阐释中展现制度实践的可行性，也很好地反映了肇庆市农村人居环境立法的整体框架和制度创新。

综上，《广东省农村人居环境治理地方立法制度创新与经验梳理——以肇庆市地方立法为分析样本》的选题新颖，理论阐释与制度分析细致，立法经验提炼精确。